LES FORUMS DE DISCUSSION : AGORAS DU XXIᵉ SIECLE ?

Langue et Parole.
Recherches en Sciences du Langage
Collection dirigée par Henri Boyer (Université de Montpellier 3)

Conseil scientifique :
C. Alén Garabato (Univ. de Montpellier 3, France), M. Billières (Univ. de Toulouse-Le Mirail, France), P. Charaudeau (Univ. de Paris 13, France), N. Dittmar (Univ. de Berlin, Allemagne), V. Dospinescu (Univ. "Stefan cel Mare" de Suceava, Roumanie), F. Fernández Rei (Univ. de Santiago de Compostela, Espagne), A. Lodge (St Andrews University, Royaume Uni), I.-L. Machado (Univ. Federal de Minas Gerais, Brésil), M.-A. Paveau (Univ. de Paris 13, France), P. Sauzet (Univ. de Toulouse-Le-Mirail), G. Siouffi (Univ. de Montpellier 3, France).

La collection Langue et Parole. Recherches en Sciences du Langage *se donne pour objectif la publication de travaux, individuels ou collectifs, réalisés au sein d'un champ qui n'a cessé d'évoluer et de s'affirmer au cours des dernières décennies, dans sa diversification (théorique et méthodologique), dans ses débats et polémiques également. Le titre retenu, qui associe deux concepts clés (et controversés) du* Cours de Linguistique Générale *de Ferdinand de Saussure, veut signifier que la collection diffusera des études concernant l'ensemble des domaines de la linguistique contemporaine : descriptions de telle ou telle langue, parlure ou variété dialectale, dans telle ou telle de ses/ leurs composantes; recherches en linguistique générale mais aussi en linguistique appliquée et en linguistique historique; approches des pratiques langagières selon les perspectives ouvertes par la pragmatique ou l'analyse conversationnelle, sans oublier les diverses tendances de l'analyse de discours. Elle est également ouverte aux travaux concernant la didactologie des langues-cultures.*

La collection Langue et Parole *souhaite ainsi contribuer à faire connaître les développements les plus actuels d'un champ disciplinaire qui cherche à éclairer l'activité de langage sous tous ses angles. Rappelons que par ailleurs la Collection* Sociolinguistique *de L'Harmattan intéresse les recherches orientées spécifiquement vers les rapports entre langue/ langage et société.*

Dernières parutions

Paul BACOT, *La construction verbale du politique, Etudes de politologie lexicale*, 2011.

Carmen ALEN GARABATO, Xosé A. ALVAREZ, Mercedes BREA, *Quelle Linguistique Romane au XXIe siècle ?*, 2010.

Maurice TOURNIER, *Des noms et des gens en république (1879-1914)*, 2010.

Catherine GUESLE-COQUELET, *Les termes d'adresse en français. Comment aider les non-francophones à en comprendre et maîtriser l'utilisation*, 2010.

Isabelle OLIVEIRA, *Nature et fonctions de la métaphore en science*, 2009.

Carmen ALEN GARABATO, Teddy ARNAVIELLE et Christian CAMPS, *La Romanistique dans tous ses états*, 2009.

Teddy ARNAVIELLE et Christian CAMPS (éd.), *Discours et savoirs sur les langues dans l'aire méditerranéenne*, 2009.

Nathalie AUGER Nathalie, Fred DERVIN, Eija SUOMELA-SALMI (sous la dir.), *Pour une didactique des imaginaires dans l'enseignement-apprentissage des langues étrangères,* 2009.

Marie J. BERCHOUD (sous la dir.), *Les mots de l'espace : entre expression et appropriation. Contribution à une coordination des points de vue autour des sciences du langage*, 2009.

Sous la direction de
Eléonore YASRI-LABRIQUE

LES FORUMS DE DISCUSSION : AGORAS DU XXIe SIECLE ?

*THEORIES, ENJEUX ET
PRATIQUES DISCURSIVES*

Préface de Marinette MATTHEY
Epilogue de Michel MARCOCCIA

L'Harmattan

Du même auteur

La Turquie et nous.
Enquête sur l'imaginaire turc de la France,
L'Harmattan, 2010.

© L'HARMATTAN, 2011
5-7, rue de l'École-Polytechnique ; 75005 Paris

http://www.librairieharmattan.com
diffusion.harmattan@wanadoo.fr
harmattan1@wanadoo.fr

ISBN : 978-2-296-55369-9
EAN : 9782296553699

Préface

Si j'en crois la communauté *commentfaiton.com*, qui me propose aussi des solutions pour, entre autres, retirer la buée d'un masque de plongée ou supprimer un groupe MSN de sa messagerie, le rôle d'une préfacière est de préparer le lecteur ou la lectrice à la découverte du livre en lui indiquant les traits généraux mais sans divulguer les détails ou « les tournants inattendus de l'œuvre ». Il s'agit surtout de lui donner envie de lire ce qu'il tient entre les mains. On me recommande aussi d'adopter le plan général des dissertations en choisissant un plan dialectique, analytique ou thématique, et d'opter pour un style soutenu et essentiellement neutre car « la préface n'est pas le lieu de discussions visant à faire l'éloge ou à déprécier ce qui va suivre ». Bien !

Comme la lecture de ce livre m'a suggéré de nombreuses idées, mais que je n'ai pas suffisamment de temps pour les organiser en plan, je me lance dans le texte, en espérant que cette préface rendra ses lecteurs effectivement curieux de connaître le contenu de cet ouvrage collectif réalisé en grande partie par de jeunes chercheurs, et qu'ils seront désireux de le découvrir par le menu.

Il n'aura échappé à personne que l'usage des forums pénètre aujourd'hui de nombreux domaines de la société. Ce livre nous donne l'occasion de découvrir les ressorts de la communication forumeuse grâce à l'analyse d'un certain nombre d'échantillons de différents types de forums, où l'on parle de sa maladie, de son métier, de ses recettes de cuisine, de sa passion, de ses loisirs ou de ses opinions politiques.

Mais les forums ne sont pas uniquement des lieux où l'on « parlécrit », ce sont aussi des outils d'apprentissage informel dans tous les domaines de l'expérience humaine, qu'elle soit domestique (cuisine, ménage) ou plus intellectuelle (notamment l'apprentissage des langues, thème traité dans trois contributions de cet ouvrage), qu'elle se situe dans les domaines les plus intimes comme la santé ou la sexualité (une simple recherche « nuit de noce » dans un moteur de recherche montre à quel point l'éducation sexuelle informelle est présente sur le net) ou le partage des perceptions olfactives.

La communication sur les forums est médiée par un clavier, elle est asynchrone et les énonciateurs y sont le plus souvent masqués par des pseudos. Ces caractéristiques font peu à peu partie de notre capacité à communiquer et l'on voit se développer une sorte de style *parlando*

(Sieber 2004 : 236[1]), qui emprunte effectivement à l'écrit toutes les ressources de l'alphabet (graphies phonétiques, valeur épellative des lettres, abréviations diverses) et de la ponctuation forte, mais manifeste une syntaxe et un style de parole qui semblent mimer des interventions conversationnelles (la dernière contribution en donne une bonne illustration). C'est néanmoins souvent dans cette variété de langue qu'on apprend, qu'on partage ses soucis de santé ou ses opinions politiques, qu'on révèle ses petits trucs du quotidien, qu'on s'indigne contre ou s'enthousiasme pour quelque chose... Les émotions me semblent d'ailleurs souvent décuplées dans les posts. Les ponctuations fortes *???, !!!* comme les émoticônes, en palliant certes l'absence de la multimodalité nécessaire à l'interprétation de toute énonciation (intonation, modalité de la voix, expression du visage, gestes...), me font l'effet d'un certain vacarme. J'ai souvent l'impression qu'on parle, rit et pleure beaucoup plus fort dans les forums que dans les interactions où les personnes sont physiquement présentes.

Les forums modifient ainsi nos représentations de la communication et de la langue. Les aspects purement formels des articles, posts ou commentaires laissés sur les plateformes diversifient l'image de la langue en bouleversant la morphologie, la syntaxe mais surtout la graphie de la langue écrite. A tel point parfois qu'il est possible de distinguer deux images de la langue d'un seul coup d'œil balayant la page : la langue du forum objet de l'analyse et celle de l'article est bien la même (toujours le français), mais sa mise en discours passe par deux systèmes graphiques différents : l'auteur-e de l'article a recours au système canonique qui n'a quasiment pas évolué depuis les dernières grandes réformes orthographiques du XVIIIème siècle, mais certains forums font exploser ce canon, sans pour autant menacer son existence. Jean-Pierre Jaffré utilise le terme de *digraphie* pour caractériser cette situation (par exemple Jaffré 2010[2]). La digraphie est un indice d'une profonde mutation des compétences scripturales de la population. Dans cette situation de diglossie à l'écrit, on voit se développer la coexistence de deux variétés relativement stables. La première, qui peut être qualifiée de vernaculaire digital, est accessible à toutes celles et ceux qui ont appris à manier une souris et un clavier dans leur plus tendre enfance et qui sont capables d'écrire en court-circuitant l'orthographe. La seconde nécessite une acculturation réussie à l'écrit

---

[1] Sieber, P. (2004), « Le développement de la compétence d'écrire : Que peut-on en dire? Qui peut le dire? », *in* Chatelanat, G., Moro, C., Saada-Robert, M., (éd.) *Unité et pluralité des sciences de l'éducation*. Bern [etc.] : P. Lang.
[2] Jaffré, J.-P. (2010), « De la variation en orthographe », *Etudes de linguistique appliquée* 159/3, pp. 309-323.

par le biais des institutions formelles du système éducatif. L'originalité des communautés réseautées par les forums est que la non maitrise de la deuxième n'empêche pas l'accès au terrain de la parole.

Les forums modifient aussi la construction de l'identité personnelle et sociale dans la relation avec autrui. L'absence d'énonciateurs clairement identifiés met au premier plan la seule polyphonie des « voix » qui s'enroulent autour des fils des discussions, et ce n'est pas le moindre paradoxe de notre époque hyperindividualiste que la communication sur les forums mette finalement les individus réels à l'arrière-plan : seul compte sur l'écran le discours, le texte, qu'il soit témoignage, récit, conseil, explication, polémique... Comment ne pas mettre en parallèle cet anonymat des voix et l'augmentation du phénomène de plagiat (et de sa répression), notamment à l'université ? L'évolution technique de l'écriture permise par l'ordinateur et l'Internet modifie le statut de l'énonciateur. Il est en quelque sorte flouté. A l'ère du copier-coller et de l'anonymat banalisé, le texte semble se tisser tout seul. Dès lors, la notion d'auteur comme « ayant droit » sur ce qu'il écrit n'apparait-elle pas de plus en plus anachronique ?

Je terminerai par une dernière remarque : ce livre illustre bien la double utilité des forums pour les sciences humaines. D'une part, ils deviennent objets d'analyse en soi : les chercheurs vont s'intéresser aux différentes *communautés* (de pratiques, d'apprentissage, de formation informelle...) qui les animent, en différenciant les « actifs » (*posters* ou posteurs, *leaders*, agissants...) qui contribuent à la fabrication du texte et les « passifs » (*lurkers*, passagers clandestins...) qui n'en font que sa lecture. D'autre part, les forums se substituent à des techniques méthodologiques d'enquête classique. Plutôt que de réunir un panel de lectrices de romance pour réaliser des entretiens puis les transcrire pour en faire du texte (activité chronophage s'il en est), on peut désormais analyser les échanges entre forumeuses en ayant directement accès au texte, auquel on peut appliquer, par exemple, des techniques de lexicométrie classique ou des analyses thématiques.

J'espère donc que le but visé par cette préface sera atteint et que vous aurez autant d'intérêt que j'en ai eu à lire les différents chapitres qui composent très intelligemment cet ouvrage !

Marinette MATTHEY
Université Stendhal Grenoble 3
LIDILEM

Introduction :
Au fil des discussions...

Cet ouvrage collectif, que j'ai eu le grand honneur et l'immense bonheur de coordonner, est avant tout le fruit de rencontres et de discussions. Rencontres et discussions en présentiel lors du colloque international de Montpellier « *Pour une épistémologie de la sociolinguistique* » de décembre 2009, au cours duquel il m'est apparu que les forums de discussion, abordés dans ma thèse de doctorat, suscitaient de plus en plus d'intérêt dans la communauté des chercheurs en Sciences du Langage ; rencontres et discussions en ligne lorsque l'idée de ce livre a été lancée en mars 2010 à travers un appel à contributions posté sur le site de l'équipe d'accueil Dipralang auquel de nombreux universitaires francophones ont répondu... Mais avant d'aborder plus en détails la genèse de cet ouvrage et d'en présenter le cheminement, je voudrais poser quelques brefs repères introductifs.

1. Quelques jalons

A notre époque, Internet occupe une place de plus en plus importante dans les relations sociales et interpersonnelles. La quantité et l'impact des forums de discussion disponibles sur le Web sont en constante augmentation. Le présent ouvrage a pour objectifs de se pencher sur les différents types d'interactions qu'ils génèrent et d'en étudier les fonctionnements discursifs récurrents ainsi que les principaux enjeux socioculturels, dans une double perspective, épistémologique et pragmatique.

Rappelons tout d'abord que, pour le commun des mortels, un forum de discussion est intimement associé à Internet. C'est un espace virtuel ouvert à tous où chaque utilisateur peut à sa guise lancer un débat en créant un sujet ou intervenir sur un thème donné, sous forme de messages ponctuels. La grande différence à ne pas négliger avec un *tchat* est que le dialogue ne se fait pas en direct, de manière instantanée, mais sous forme d'interventions brèves où chacun s'exprime sans forcément tenir compte du dernier *post* écrit. On entend par là qu'il n'y a pas de véritable continuité dans cet échange entre utilisateurs. De plus, cette conversation, bien qu'évolutive et transitoire, n'est pas nécessairement placée sous le sceau de l'éphémère, elle peut être appelée à se prolonger et à rester accessible de longs mois, voire à s'étaler sur plusieurs années. Le forum de discussion est donc un outil de communication autour duquel les internautes peuvent se retrouver en formant ce que d'aucuns appellent des communautés d'interlocuteurs, professionnels ou passionnés.

Autrefois, c'est-à-dire dans les années 1980, tous les utilisateurs du réseau pouvaient se retrouver sur des groupes de discussion Usenet (Unix User Network) pour partager des informations : en effet, « Usenet (également connu sous le nom Netnews) est un système en réseau de forums de discussions, inventé en 1979 » et qui « a rapidement été rendu utilisable via Internet où il reste au début du XXIe siècle en usage » (http://fr.wikipedia.org/wiki/Usenet). Actuellement encore, les « news-groups » ont de nombreux adeptes (il y aurait à ce jour 44000 groupes thématiques) qui apprécient la spécialisation des serveurs et l'extraordinaire organisation de ce réseau collaboratif mondial même si les échanges ne peuvent se faire qu'au format texte et avec un léger différé. La plupart des internautes considèrent toutefois que ce système précurseur est moins simple d'emploi que les forums disponibles depuis l'apparition du Web et des interfaces graphiques en 1991. D'une part, le système hypertexte public fonctionnant sur Internet permet, à l'aide d'un navigateur, de consulter toutes les pages mises en ligne dans des sites. D'autre part, animations et vidéos peuvent être rendues à l'écran. Ainsi, depuis bientôt vingt ans, avec la démocratisation des technologies modernes, « les forums de discussion se sont multipliés et se sont dotés de nouvelles options avec lesquelles il est possible de partager images et sons » (http://www.lesannuaires.com/annuaire-forum.html). Si l'on se rend sur l'un des répertoires français de forums de discussion parmi les plus complets (http://www.1001forums.fr), on trouve l'information selon laquelle, pour ce seul site, près de 20000 forums sont identifiés et classés selon les rubriques suivantes : Achats ; Actualités / Réflexion ; Art et culture ; Commerce / Economie ; Informatique / Internet ; Jeux / Divertissement ; Loisirs / Hobbies ; Musique / Chanson ; Régional ; Religion / Croyances ; Rencontres ; Santé / Médecine ; Science / Education ; Société ; Sports ; TV / Vidéo / Cinéma ; Vie de famille. Sous ces 17 entrées se regrouperaient plus de 4000 catégories de sujets abordés, ce qui permet aux visiteurs d'exprimer leurs idées, de publier leurs réalisations ou de faire connaître leurs activités dans les domaines les plus hétéroclites. On a ainsi l'impression que toutes les connaissances sont partagées sur la toile et que la liberté d'expression atteint son point culminant par la publication de n'importe quelle idée sur ce réseau d'extension mondiale.

Toutes ces données, qu'elles soient techniques, sociologiques ou psychologiques, ne peuvent qu'être accompagnées de questionnements quant à l'intérêt ou la pertinence d'aborder de tels discours d'un point de vue sociolinguistique. C'est pourquoi, tout au long de la constitution de cet ouvrage, nous avons gardé à l'esprit de multiples interrogations.

2. La construction de l'ouvrage

Coordonner un tel ouvrage collectif fait penser au travail d'un architecte : lancer les idées, établir des plans, disposer d'une vue d'ensemble, intégrer les nouvelles données, faire des choix au sein du matériau à disposition, sélectionner, organiser puis assembler, pour enfin aboutir à une construction finale à laquelle chacun a contribué, est une aventure humaine passionnante, riche en apprentissages.

Je voudrais revenir ici rapidement sur les étapes qui ont conduit à l'élaboration de ce livre à visée transdisciplinaire consacré à ce phénomène sociologique considérable que constituent les différentes formes de cybercommunication et notamment les forums de discussion. Dès le départ, il s'agissait de mener une réflexion collective et plurielle s'inscrivant dans plusieurs domaines de recherche tels que l'analyse des discours, l'approche des imaginaires communautaires ou encore l'étude des productions d'identité.

En nous penchant sur cette question d'actualité en plein développement, nous voulions dans un premier temps proposer des repérages théoriques et historiques précis (définitions, conditions d'émergence...) puis cerner, à travers l'examen d'un certain nombre de sites, les thématiques qui non seulement retiennent l'attention mais surtout provoquent la participation des internautes. L'appel à contributions s'adressait donc aux sociolinguistes mais également aux chercheurs issus d'autres champs disciplinaires qui s'intéressent, à différents titres, aux forums de discussion. Nous souhaitions ainsi apporter des éléments de réponse aux interrogations suivantes : De quoi parle-t-on lorsqu'on emploie l'expression « forums de discussion » ? De quel type de communication s'agit-il précisément ? Comment analyser, en Sciences Sociales ou en Sciences du Langage, le positionnement de ces énonciateurs, protégés par l'anonymat, qui postent des messages sur ces agoras numériques ? Quels sont leurs objectifs, leurs motivations, leur représentativité par rapport à l'opinion publique ? Existent-ils des dimensions communes aux thématiques qui suscitent l'implication des internautes ? Quels sont les enjeux sociaux et culturels qui se trouvent révélés à travers ces discussions à échelle nationale, voire transnationale ? Pourquoi et comment se mettent en place les débats qui se distinguent par leur ampleur ou par leur inscription dans la durée ? C'est entre autres à ces questionnements que notre ouvrage collectif entend apporter des éléments de réponse, en proposant d'une part des approches synthétiques, d'autre part des analyses plus spécifiques et des études de cas.

Nous avons donc rassemblé des interventions très variées, visant à identifier les mises en mots et les mises en scène privilégiées des *forumeurs*, et à déterminer dans quelle mesure leurs messages, discours sociaux au carrefour du discours médiatique, politique et public, contribuent à la circulation des informations ou des émotions, dévoilent des positionnements identitaires, reflètent des idéologies ambiantes.

En tant que coordinatrice de l'ouvrage, j'ai reçu plus de 30 propositions d'articles et j'ai alors dû procéder à une sélection visant à ne garder que la moitié de ces contributions. Les critères retenus étaient les suivants : non seulement il fallait que les communications proposées correspondent au projet initial et s'intègrent dans l'une des parties de l'ouvrage pour en constituer un chapitre original et cohérent, mais elles devaient également représenter au mieux la diversité des approches souhaitée dès le départ. Dans la mesure du possible, ce livre, qui s'inscrit dans l'espace francophone tout en ayant un ancrage français, se voulait aussi ouvert à tous, jeunes universitaires et chercheurs confirmés de divers horizons. C'est en veillant à un certain nombre d'équilibres en rapport avec ces éléments hétérogènes que des choix ont été opérés et que l'ouvrage a finalement pris la tournure qui est la sienne aujourd'hui.

Je tiens donc à remercier tous ceux qui, de près ou de loin, ont pris part à cette aventure : l'équipe de recherche Dipralang (en particulier sa composante ARSER) qui a soutenu ce projet ; chacune des personnes ayant manifesté son intérêt pour cet ouvrage en construction en proposant un texte ou en faisant des suggestions diverses ; et bien sûr tous les chercheurs qui ont contribué avec enthousiasme à l'écriture de ce livre. Les nombreux échanges qui ont eu lieu autour de ce chantier commun nous ont permis de tisser des liens de travail et d'amitié, dont ce recueil, composé de 3 parties et de 15 chapitres, est un témoignage précieux. Mais cet ouvrage est avant tout une mise à disposition de connaissances, d'expériences et de réflexions à partager avec les lecteurs. Signalons simplement ici que les propos tenus dans chaque intervention le sont sous la responsabilité de leur(s) auteur(s).

3. Le cheminement de l'ouvrage

Les 3 parties qui composent cet ouvrage collectif n'ont pas été constituées *a priori*. Certes, dès le départ, il est apparu que le livre serait divisé en plusieurs sections, mais leur détermination s'est faite au regard des objectifs initiaux du projet et des contributions reçues. Il s'est avéré que les différents chapitres abordaient, d'une manière ou d'une autre mais de façon récurrente, certaines questions liées aux forums de discussion : les aspects théoriques, les enjeux et les pratiques discursives, ce qui a contribué à établir les lignes directrices du recueil sans que nous ayons toutefois voulu faire des ruptures tranchées entre ces données, caractérisées davantage par le continuum qui les unit.

3.1. Repérages théoriques et questionnements sociolinguistiques

Il paraissait logique de commencer cette exploration par des contributions plutôt définitoires permettant de mieux cibler notre objet d'étude. C'est pourquoi Anaïs Théviot ouvre cette réflexion par un chapitre intitulé « Les forums : un espace commun de discussion publique sur Internet ? ». Ce chapitre se propose d'identifier ce qui distingue les forums de discussion et d'établir une typologie de cet outil. Après en avoir dégagé quelques caractéristiques, il vise à construire une définition stricte qui engloberait tous les types de forums de la toile. En effet, les forums de discussion sont multiples et ne se ressemblent pas bien que ce soient tous des espaces de discussion publique sur Internet. Rappelons que, dans la Rome antique, le mot latin *forum* désignait la place publique d'échanges. C'est donc son acception antique qui est revisitée aujourd'hui pour définir le forum de discussion. L'hypothèse selon laquelle un forum est un espace d'échanges et de débats numériques ouverts à tous, est donc discutée ici, une hypothèse reprise et élargie dans la contribution suivante. Sous la plume de Céline Paganelli et de Viviane Clavier, d'autres interrogations se dessinent. « Le forum de discussion : une ressource informationnelle hybride entre information grand public et information spécialisée » étudie en effet l'articulation de ces différents types d'information au sein des messages échangés à travers, par exemple, les niveaux de langages qui cohabitent au sein d'un même fil ou les catégories d'informations présentes dans les messages. Les méthodologies utilisées sont relativement classiques pour l'analyse des contenus des forums. Ce qui est en revanche plus original, c'est de qualifier le contenu en regard de concepts propres aux sciences de l'information.

Avec « Digito in foro ergo sum », Maria Rosaria Compagnone fait non seulement un petit clin d'œil aux origines romaines du forum évoquées ci-dessus, mais surtout elle aborde en tant que linguiste cet espace virtuel où plusieurs utilisateurs peuvent converser à la fois, et dans lequel chacun peut déposer avis et informations, plus ou moins librement. Du point de vue de l'analyse linguistique, l'impossibilité de contrôler les habituelles variables sociologiques, centrales dans l'approche variationniste, constitue une limite très forte. Cependant, de nouvelles variables, spécifiques d'Internet, caractérisent les forums. C'est à l'émergence de ces données et aux paradoxes que leur observation suscite pour le chercheur qu'elle s'intéresse, explorant avec doigté différents aspects liés à l'étude des forums. Cette enquête se poursuit avec Hassan Atifi, Nadia Gauducheau et Michel Marcoccia qui, dans « L'expression et le rôle des émotions dans les forums de discussion », se penchent davantage sur les formes et les fonctions de la communication émotionnelle au sein des forums de discussion, lesquels peuvent apparaître comme des dispositifs rendant *a priori* problématiques l'expression et le partage des émotions. Ils indiquent en effet que l'absence de face à face, l'utilisation du code écrit, l'asynchronie des échanges, l'anonymat et le caractère public sont autant de paramètres susceptibles de limiter la communication émotionnelle, mais soulignent également que l'observation des forums de discussion permet de noter de nombreuses manifestations émotionnelles, par exemple l'expression des émotions par les smileys et les émotions racontées dans les séquences de dévoilement de soi. Leur analyse sociolinguistique et interactionnelle d'un corpus de messages extraits de différents types de forums de discussion permet de traiter cet autre paradoxe. Cette recherche est ainsi l'occasion de montrer comment les internautes dépassent les contraintes des forums pour mener des échanges répondant à leurs objectifs sociaux et relationnels.

3.2. Au cœur des communautés virtuelles

Ces différents jalons étant posés, il s'agissait d'analyser non plus ce qu'est un forum de discussion et ce qui s'y passe sur le plan informationnel, linguistique ou interactionnel, mais d'élargir la réflexion aux enjeux et aux pratiques spécifiques à cette communication entre individus qui tissent, à travers ces échanges, des liens particuliers, aboutissant à la mise en place de communautés d'interlocuteurs. Dans le premier chapitre de la deuxième partie, qui a pour titre : « Communautés Virtuelles : genèse, définitions et fonctionnement », Cédric Ghetty s'attache à analyser la notion de communauté et son évolution au fil du temps de manière générale, puis à comprendre son intégration dans le champ des Sciences de Gestion. L'idée poursuivie est de définir le concept de Communautés Virtuelles, d'en comprendre plus précisément le processus de structuration, les caractéristiques et les règles de fonctionnement. Il s'agit aussi de savoir comment une communauté virtuelle reposant sur les forums peut être pertinente dans une activité de consommation en étudiant la circulation interne des discours et des informations. Aurélia Lamy, quant à elle, consacre sa réflexion à un type de communauté virtuelle tout à fait particulier. En effet, dans le chapitre intitulé « Les forums comme alternative aux médias traditionnels : la construction d'une communauté de "conspirationnistes" sur Internet », elle s'interroge sur les "truthers" qui, au lendemain des attentats du 11 septembre 2001, s'approprient de nombreux forums de discussion pour remettre en cause la configuration médiatique initiale proposée par la télévision ou la presse écrite. Selon elle, ces forums constituent « un cadre de participation » au sens de Goffman, un espace public où les relations et les idées non seulement se construisent mais s'exposent aux yeux de tous, où circulent des arguments dissonants et où se maintient une communauté qui cherche à exister médiatiquement. Elle décortique alors le fonctionnement discursif de ces lieux d'expression publique en appliquant une analyse sémiopragmatique de contenu sur un certain nombre de messages et s'intéresse aussi aux enjeux sociocommunautaires qui transparaissent dans ces forums, lieux d'échanges où l'identité individuelle, exprimée à travers des indices laissés par les internautes, est confrontée au groupe.

Viennent ensuite trois contributions qui abordent un phénomène largement présent sur la toile : les communautés d'apprentissage. Cathia Papi est la première à se concentrer sur cette question. Le chapitre qu'elle nous propose, « La communauté de formation informelle : au cœur des apprentissages en ligne » pose un certain nombre de questions primordiales. De façon générale, elle signale d'abord que les recherches de la dernière décennie offrent divers éclairages sur la constitution et la nature du lien social en ligne et qu'elles mettent notamment en relief que, si l'activité de certains membres conduit parfois à la constitution de communautés, les interactions ne vont pas de soi. Ainsi, même au sein des dispositifs de formation à distance, le constat est souvent celui d'une moindre participation aux lieux de discussion proposés mais non imposés. Mais bien qu'étant de plus en plus nombreux, les forums visant l'apprentissage hors contexte institutionnel ont, quant à eux, été peu étudiés. Alors que les membres sont totalement libres et que leurs efforts ne leur apporteront aucune certification, les taux de participation sont-ils différents ? Sans enseignant ou tuteur institutionnel, comment s'organisent les interactions ? Quel est le processus de socialisation à l'œuvre et dans quelle mesure s'inscrit-il dans la visée d'entraide à l'autoformation annoncé ? C'est afin de répondre à ces questions et de mettre en lumière les processus de constitution, de fonctionnement et d'évolution d'une communauté sur des forums de discussion, œuvre d'une initiative individuelle, qu'elle se penche sur un site visant l'entraide dans l'apprentissage des langues française et turque et interprète les résultats obtenus à l'issue d'analyses statistiques et ethnométhodologiques. Christelle Combe Celik poursuit cette réflexion. Son article « Pratiques discursives en forums pédagogiques : une étude comparative » se propose d'étudier l'évolution des pratiques des différents membres d'une communauté d'apprentissage dans un forum de suivi pédagogique universitaire. Le postulat de départ sur lequel se fonde ce travail est le suivant : contrairement aux formations à distance traditionnelles, les formations en ligne sont censées créer des liens qui pallient en partie l'éloignement physique, ces liens étant de nature à la fois socio-affective et sociocognitive. Dans le premier cas, il s'agit de créer un sentiment de communauté et de rompre ainsi l'isolement de l'étudiant à distance, dans le second d'améliorer la qualité de l'apprentissage à travers les interactions entre les différents membres du groupe. Or, si le rôle de la communication entre les membres est primordial, la communication par média interposé dans un contexte pédagogique ne va de soi ni pour les enseignants-tuteurs, ni pour les apprenants. Elle tente donc de répondre à un questionnement repris dans le chapitre suivant : quelles pratiques discursives les acteurs mettent-ils en œuvre dans un forum pédagogique ? En effet, pour clôturer cette partie, Catherine Jeanneau et Christian Ollivier s'interrogent au sujet « Des limites du forum pédagogique ». En mobilisant les théories récentes de la compétence communicationnelle et actionnelle, ils mettent en évidence l'impact de l'aspect pédagogique – notamment de la présence de l'enseignant – sur le rôle qu'adoptent les participants sur de tels forums. Ils montrent que les étudiants agissent plus en apprenants réalisant une tâche à visée didactique qu'en usagers et acteurs sociaux engagés dans une interaction sociale, ce que viserait pourtant une didactique fondée sur la perspective actionnelle du CECR (Conseil de l'Europe, 2001). Ils font alors ressortir que les objectifs d'apprentissage linguistique et la relation apprenant-enseignant déterminent plus largement les interactions entre apprenants et locuteurs natifs que la relation unissant ces derniers, et que la présence de l'enseignant sur ce genre de forum peut conduire à fausser, voire même entraver la communication. Ils tirent alors un certain nombre de conclusions et de proposition pour l'utilisation des forums de discussion dans l'apprentissage/enseignement des langues.

3.3. Enjeux socioculturels et positionnements identitaires

Mais la réflexion sur les communautés virtuelles, leur utilisation et leur impact, ne se limite pas, loin s'en faut, à un questionnement didactique. Les enjeux sociaux et identitaires que les forums de discussion impliquent, déjà abordés dans les sections précédentes sous différents angles, sont au cœur de la troisième partie.

Cette section s'ouvre sur une contribution proposée par Magali Prost, Béatrice Cahour et Françoise Détienne : « Collectifs virtuels de soutien entre professionnels : formes des échanges et vécus associés ». Selon elles, les évolutions technologiques et organisationnelles incitent les professionnels à mettre en place de nouveaux moyens de "coping" (stratégies plus ou moins conscientes) afin de gérer des situations d'inconfort émotionnel. Aucune méthode cognitive ou comportementale n'étant efficace en soi, il s'agit d'un équilibre entre les possibilités d'action provenant de l'individu, de son réseau social et de sa personnalité. Les professionnels ont donc investi les forums de discussion sur lesquels ils échangent leur vécu de situations de travail problématiques. Les forums peuvent alors être considérés comme le reflet de ce qui met en péril l'équilibre des professionnels. Le soutien social, outil susceptible d'aider à redonner du sens à son travail, peut favoriser le processus d'adaptation à la situation difficile et de transformation de celle-ci. Ce chapitre s'intéresse aux formes des échanges discursifs et à leurs effets sur le bien-être au travail. Il vise à proposer la construction d'une méthodologie d'analyse des formes d'échanges de soutien, puis à les mettre en perspective ainsi que leurs vécus associés à travers l'exemple d'une discussion. La réflexion sur les enjeux sociaux de cette cybercommunication se poursuit avec Grégory Spieth qui étudie « Le rôle des forums de discussion dans la gestion des organisations publiques locales ». Partant du constat selon lequel le mouvement de désinstitutionalisation des administrations publiques historiquement marqué par les lois de décentralisation de 1982 a considérablement modifié la société française, il s'interroge sur la nouvelle conception de la gestion des actions publiques mise en place par le gouvernement français ainsi que sur les nouvelles possibilités offertes par la modernisation technique, juridique et managériale des échanges, qui amène les villes à se questionner sur le rôle d'un citoyen à la fois usager, client et contribuable, dans la performance de la gestion publique. Cette contribution tente donc d'analyser au travers des forums de discussion institutionnels des grandes villes françaises, les modalités de relations entre les usagers et les administrations, pour mieux comprendre leurs applications de la gestion publique locale. Il s'agit alors d'identifier les enjeux modernes de la gestion publique, de décrire grâce à l'étude des modèles théoriques de la démocratie électronique le renouvellement de l'impact de l'information fournie par les citoyens dans la gestion des administrations et de dresser un diagnostic de l'utilisation des forums de discussion dans les processus de la gestion locale.

Avec son intervention intitulée « L'odeur d'Internet : ce que les forums de discussion apportent à l'anthropologie des sens », Olivier Wathelet nous plonge dans un univers différent où se posent de façon originale et aiguë les questions de mémoire et d'identité. Après avoir expliqué que l'anthropologie des sens est un courant de recherche dont le développement récent repose sur le développement de méthodes ethnographiques nouvelles, susceptibles d'explorer le caractère intime des cultures des sens, l'auteur se penche sur les compétences olfactives domestiques en France et les moyens de leur transmission. Sa démarche ethnographique est notamment basée sur l'exploitation de conversations non suscitées sur des forums de discussions francophones consacrés à la cuisine, à l'entretien du corps, à l'espace domestique et au quotidien en général. Dans le cadre de cette contribution, il expose d'une part la spécificité du matériau collecté sur les forums de discussion au regard d'une approche par entretien et d'autre part la qualité épistémique des communications sur les forums ainsi que les modalités selon lesquelles des savoirs tacites, liés à l'intime et à l'infra-ordinaire, font l'objet de négociations, de transformations et de transmissions sur les forums de discussion. Quant à Magali Bigey, elle scrute le lien entre « Forums de discussion et réception de la lecture ». Rappelant que les forums de discussion sont de formidables espaces d'échanges permettant de parler de tout et de donner un avis en malmenant le politiquement correct sous couvert d'anonymat, elle choisit de s'intéresser à l'opinion des lecteurs au sujet des productions littéraires que l'on pourrait qualifier "de gare". A travers des forums dédiés au roman populaire en général ou au roman sentimental sériel contemporain, elle relève les thématiques, les idées, les titres et genres qui plaisent. Grâce à la lexicométrie et aux logiciels de traitement automatique de textes, il lui est possible de traiter des millions de mots, des milliers de billets, ce qui l'amène à proposer une analyse contrastive sur le roman populaire et à ouvrir des pistes de réflexion sur l'importance et la portée de la lecture pour le public hétérogène constitué d'internautes.

Les deux derniers chapitres de cet ouvrage concernent plus particulièrement des positionnements identitaires révélés à travers des échanges sur Internet. Gersende Blanchard nous livre d'abord une réflexion sur « Les participants des forums de discussion électroniques des partis politiques à travers la mise en scène discursive de leur(s) identité(s) ». Elle analyse la manière dont se manifestent les productions d'identités sur les forums de discussion des sites web officiels de partis politiques français. En effet, les forums de discussion électroniques publics sont présentés par les partis politiques français comme un moyen de donner la parole aux internautes, au-delà des seuls membres du parti. Dès lors, il est légitime de se demander qui sont ces internautes qui prennent la parole sur les forums de discussion électroniques des partis politiques. Comment se présentent-ils ? Au nom de quoi et à quel(s) titre(s) s'expriment-ils ? Comment est géré ou instrumenté le caractère a-contextuel de l'échange par les participants à ces forums ? Dans la mesure où la participation est caractérisée par l'anonymat, ce n'est bien sûr pas tant de l'identité "réelle" des contributeurs des forums de discussion des partis politiques dont il est ici question, mais bien de l'analyse de l'identité construite par ceux-ci, dans leurs discours publiés sur ces forums de discussion dans la mesure où la présentation de soi revêt une dimension stratégique qui a même parfois valeur d'engagement. Enfin, avec « Parler de l'Autre dans les discours identitaires en ligne : l'exemple turc », Éléonore Yasri-Labrique se penche non plus sur les auto-représentations mais sur les hétéro-représentations dans un contexte où l'identité nationale ou supranationale (européenne par exemple) est souvent questionnée. En étudiant des forums de discussion consacrés à l'éventuelle entrée de la

Turquie dans l'Union européenne, elle aborde la difficulté que manifestent les internautes à se positionner, plongés dans un contexte multiforme. Parviennent-ils alors à définir l'identité de l'Autre, en l'occurrence l'identité turque ? Quels sont les mises en mots et les mises en scènes pour évoquer l'altérité ? Comment s'exprime la perception de cet autre, à la fois si proche et si éloigné ? Echappe-t-elle à la stéréotypie ? Et qu'est-ce qui est en jeu derrière ces discours anonymes, où la communication émotionnelle prend souvent le pas sur l'information référentielle ? C'est sur des éléments de réponse à ces dernières interrogations que s'achève le cheminement de cet ouvrage.

Mais ce recueil, où prévaut un double souci d'harmonisation et de respect des spécificités de chacun, n'est pas conçu comme un dispositif de fermeture, bien au contraire. C'est pourquoi Michel Marcoccia, spécialiste reconnu de l'analyse des discours en ligne, propose en fin de parcours, un « Epilogue », à la fois synthèse et ouverture, qui permet de conclure momentanément cette réflexion visant à démêler certains nœuds des forums de discussion et à dévoiler ainsi une partie de leurs secrets.

Eléonore YASRI-LABRIQUE
Université Paul-Valéry Montpellier 3
DIPRALANG

Montpellier, avril 2011

PREMIERE PARTIE

REPERAGES THEORIQUES

ET

QUESTIONNEMENTS SOCIOLINGUISTIQUES

Les forums : un espace commun de discussion publique sur Internet ?

Anaïs THEVIOT[3]

Les forums fleurissent aujourd'hui sur Internet. Chaque internaute peut trouver un forum sur sa passion, ses centres d'intérêt, ses préoccupations du moment : bricolage, sport, cuisine, politique... En effet, les forums de discussion sont multiples et ne se ressemblent guère : quoi de commun entre les groupes de discussion non modérés accessibles depuis Usenet[4], un forum de santé (tel que *Doctissimo*[5]) et le forum municipal de la ville de Cenon (étudié par Stéphanie Wojcik[6])?

Comme le souligne Mangenot[7], il existe un certain flou autour de la notion de « forum » (notamment chez les Québécois qui ne disposent pas d'un terme spécifique pour désigner notre objet d'étude) comme en témoignent notamment « les fluctuations terminologiques entre deux versions successives d'un même texte »[8] (Henri et Lundgren-Cayrol, 1998 / Henri et Lundgren-Cayrol, 2001), où les systèmes de type forum sont appelés « téléconférences » en 1998, puis tantôt « interaction écrite asynchrone », tantôt « forum électronique » en 2001.

Dans sa thèse en informatique, Anne Lavallard souligne, elle aussi, la confusion qui entoure le terme « forum » même chez les experts (programmateurs, informaticiens, webmasters...). « Forum » est un terme générique qui peut désigner plusieurs éléments. Au premier abord, il correspond à l'ensemble des messages que l'on y trouve, organisés en fils de discussion, et éventuellement sur une arborescence

---

[3] Doctorante, Sciences Po Bordeaux, Centre Emile-Durkheim (UMR 5116)
Thèse en cours : *« Forumeurs » Etude sur l'engagement politique et la socialisation des usagers des forums de discussions en ligne,* sous la direction d'Antoine ROGER.
a.theviot@sciencespobordeaux.fr

[4] En 1979, le Réseau Usenet se développe pour faciliter la coopération au sein d'une communauté d'informaticiens. Il devient par la suite le premier réseau mondial de forums, fondé sur une optique non marchande.

[5] http://forum.doctissimo.fr

[6] WOJCIK S. (2005), *Délibération électronique et démocratie locale. Le cas des forums municipaux des régions Aquitaine, Languedoc-Roussillon et Midi-Pyrénées*, Thèse de doctorat de science politique.

[7] MANGENOT F. (2002), « Ecriture collective par forum sur le Web : un nouveau genre d'écrit universitaire ? », publié en ligne :
http://hal.archives-ouvertes.fr/docs/00/06/21/15/PDF/sic_00000268.pdf

[8] HENRI F. et LUNDREN-CAYROL K. (1998), *Apprentissage collaboratif et nouvelles technologies,* Montréal, LICEF.
HENRI F. et LUNDREN-CAYROL K. (2001), *Apprentissage collaboratif et formation à distance*, Presses universitaires du Québec.

plus complexe. On peut employer le terme de « forum », voire de « sous-forum » afin de désigner simplement un ensemble de fils de discussion. Cette notion est aussi utilisée pour parler des scripts qui permettent de gérer ce type de site dynamique[9].

Les différentes conceptions que recouvrent cette notion, ainsi que la prolifération de travaux sur la question produisent un effet de brouillage conceptuel. Il s'agit ici d'effectuer une mise au point afin de proposer une « définition synthétique ».

1. Forum, blog, chat, liste de diffusion, wiki...

Difficile de savoir ce que recouvre réellement le terme de « forum » d'autant plus que la Toile regorge d'autres dispositifs. Blogs, chats, wikis, réseaux sociaux, sites de débats publics, liste de diffusion, messageries instantanées, forums... Ces nouveaux outils numériques ne cessent de se multiplier. Si bien que l'on ne sait plus vraiment comment les distinguer, ni ce qu'ils recouvrent. Une comparaison des forums avec d'autres outils numériques peut nous aider à dégager quelques caractéristiques du forum et à en donner une définition relative.

Quelle est la différence par exemple entre une messagerie instantanée et un forum ? Les conversations sur un forum sont archivées (contrairement à celles d'une messagerie instantanée), ce qui permet une communication asynchrone (c'est-à-dire différée). On dégage ici une première caractéristique de ce dispositif : les forums sont des espaces de communication asynchrone répandus sur Internet et les intranets. Un dialogue asynchrone correspond à des échanges séparés par un intervalle chronologique entre le moment où le contributeur écrit son message, le voit s'afficher sur l'écran et la prochaine contribution. L'immédiateté n'est donc pas la caractéristique des forums malgré parfois ce que nous laisse croire la spontanéité des propos. Marcoccia parle de « conversations discontinues »[10].

Ce dialogue asynchrone différencie aussi le forum des « chats » (débats en direct entre une ou plusieurs personnes). Sur les chats, l'internaute prend connaissance du message au moment où il est tapé sur le clavier.

Il se passe un certain temps aussi entre l'écriture d'un mail, sa réception et son éventuelle réponse. Ce n'est donc pas le caractère asynchrone du forum qui le distingue du courrier électronique. Ce

---

[9] LAVALLARD A. (2008), *Exploration interactive d'archives de forums : Le cas des jeux de rôle en ligne*, Thèse en informatique, sous la direction d'Eric Bruillard, Université de Caen.
[10] MARCOCCIA M. (2003), « Parler politique dans un forum de discussion », in *Langage et société,* n°104, pp. 9-55.

dispositif permet d'échanger des messages (e-mails) entre une ou plusieurs personnes par le biais d'un logiciel de messagerie. Des pièces jointes (images, vidéos, documents...) peuvent être attachées à ce message. Ce qui différencie le courrier électronique du forum, c'est son caractère privé. L'e-mail est en effet envoyé à une ou plusieurs personnes choisies par l'auteur du message et ne peut être lu par tous les internautes. Un forum se veut public.

Il convient également de distinguer le forum des listes de diffusion, destinées à un public d'abonnés[11]. Dans ce dernier cas, nous avons affaire à une communication écrite asynchrone utilisant le courrier électronique, mais possédant une dimension privée ; c'est là encore le caractère public du forum qui le différencie des listes de diffusion. Ce système collectif est beaucoup moins pratique qu'un forum car il passe automatiquement par la boite de réception mail ce qui peut encombrer cette dernière. De plus, chaque message est envoyé à l'ensemble du groupe (logique de « push ») alors qu'avec le forum, l'internaute se connecte quand il le souhaite à ce dispositif et prend connaissance de la nouvelle contribution selon son désir (logique de « pull »). Le forum, contrairement aux listes de diffusion, permet d'avoir une vision d'ensemble construite des différents messages.

Le forum diffère enfin des pages personnelles ou blogs qui correspondent davantage à une présentation de soi, de ses réflexions ou de ses centres d'intérêt qu'à un dispositif de discussions et d'échanges publics. Selon Vincent Raynauld, « il s'agit de pages Web soumises à peu ou pas de révision externe, offrant des commentaires ou des éléments d'information, mis à jour régulièrement et présentés en ordre chronologique inversé, avec des hyperliens pointant vers des ressources en ligne »[12]. Pour une définition précise du dispositif technique, Nolwenn Hénaff dans sa thèse[13] se réfère, quant à elle, à celle donnée par l'Office québécois de la langue française : « page Internet évolutive

---

[11] Bien que selon la liste des « moyens de communication électronique sur le Web » élaborée par Tardif et Karsenti, l'entrée « groupe ou forum de discussions » rassemble à la fois la liste de diffusion et le forum. Il faut concéder que la liste de diffusion est l'outil numérique qui se rapproche le plus du forum.
TARDIF M. et KARSENTY T. (2001), « Technologies et fondements de la communication pédagogique », in *Les TIC... au cœur des pédagogies universitaires*, pp. 89-115.
[12] RAYNAULD V. (2005), *Mise en réseau d'un média émergent : l'utilisation des sources d'informations en ligne par les blogues durant la campagne présidentielle américaine en 2004*, Mémoire présenté à la Faculté des études supérieures de l'Université Laval dans le cadre du programme de maîtrise en communication publique pour l'obtention du grade de Maître des arts.
[13] HENAFF N. (2008), *Parole authentique versus parole instrumentalisée : le pouvoir communicationnel des blogs*, Thèse de doctorat en Sciences de l'information et de la communication, Directeur de thèse : Yves Chevalier, Septembre 2008.

et non conformiste présentant des informations de toutes sortes, généralement sous forme de courts textes mis à jour régulièrement, et dont le contenu et la forme, très libres, restent à l'entière discrétion des auteurs ». On voit bien ici que le forum diffère du blog au sens où ce dernier se veut personnel et gérer en interne par son auteur.

A travers la comparaison de ces différents outils numériques avec le forum, se dessine les contours du périmètre des forums de discussion. Deux caractéristiques se dégagent: le caractère asynchrone et public des échanges.

2. « Communication écrite, asynchrone, publique et structurée »

Mangenot, dans son analyse des forums pédagogiques, a lui aussi identifié ces deux dimensions et définit d'ailleurs le forum selon les propriétés suivantes : communication écrite, asynchrone, publique et structurée[14] : « C'est donc cette quadruple dimension écrite, asynchrone, publique et structurée qui constitue la spécificité communicationnelle des forums. »

L'asynchronicité semble être une dimension inhérente à l'outil étudié, se couplant d'ailleurs d'une permanence des messages, et permet de parler à la fois d'extériorisation et de partage de la cognition[15]. Mais les trois autres caractéristiques dégagées par Mangenot peuvent être discutées.

Il commence à apparaître des forums vocaux qui remettent en cause la communication strictement écrite de ce dispositif (même si cela reste relativement rare).

En s'appuyant sur les travaux de Marcoccia[16], Mangenot considère que le polylogue constitue une des caractéristiques majeures de cet outil: toute intervention est en effet publique puisque le multi-adressage en est la norme. Pourtant, il existe des lieux de discussion accessibles seulement à un petit groupe de personnes qui portent la dénomination de « forum » : forums privés (par exemple sur un site spécifique, comme *Mayetic Village* ou *Yahoo groups)*, intranet et extranet. Peuvent-ils réellement être perçus comme des forums de discussions en

---

[14] MANGENOT F. (2004), « Analyse sémio-pragmatique des forums pédagogiques sur Internet », in J.-M. SALAÜN, C.VANDENDORPE (Dir.), *Les défis de la publication sur le Web : hyperlectures, cybertextes et méta-éditions*. Villeurbanne, France. Presses de l'Enssib, pp.103-123.
[15] HENRI F., LUNDGREN-CAYROL K. (2001), *Apprentissage collaboratif à distance. Pour comprendre et concevoir les environnements d'apprentissage virtuels.* Québec, Canada. Presses Universitaires du Québec.
[16] MARCOCCIA M. (1998), « La normalisation des comportements communicatifs sur Internet : étude sociopragmatique de la netiquette », in GUEGUEN N. et TOBLIN L. (éds.), *Communication, société et Internet*, Paris L'Harmattan, pp. 15-22.

ligne au sens où ils ne sont pas entièrement publics ? On peut y voir une utilisation large du terme « forum » afin de faire ressortir la volonté d'échanges asynchrones en ignorant la dimension publique ou du moins en la limitant (accès à un grand nombre de personnes, mais pas à tous). On peut ici souligner le caractère collectif de ce dispositif : il faut que plusieurs personnes prennent part au forum pour qu'il survive sur la Toile.

Enfin, le caractère structuré, repéré par Mangenot, peut lui aussi varier fortement d'un forum à l'autre. Les interventions sont répertoriées en « fil de discussion », « sujet » ou « topic ». Une intervention peut soit débuter un nouveau fil, soit en enrichir un, en répondant à une intervention précédente. Les fils de discussion peuvent avoir, selon le format du forum, une structure linéaire ou arborescente. Dans le premier cas, toutes les interventions d'un fil peuvent être considérées comme réponses à la première intervention, et s'affichent dans l'ordre chronologique de publication. Dans le second cas, les fils se structurent suivant les réponses faites à chaque message posté, et sont généralement affichés en tenant compte de cette structure en arbre. Une intervention est publiée dans un « canal de diffusion » qui peut porter divers noms comme forum, sous-forum, liste, section... Une intervention est donc identifiable par ses données intrinsèques (auteur, titre, date, texte), mais également par sa position dans la structure du forum (fil de discussion, place dans ce fil, canal de diffusion, et éventuellement catégorie)[17].

Mangenot considère que l'organisation des discussions par le biais des « fils de discussion » structure les interactions. Ainsi, un contributeur a trois possibilités : créer un nouveau fil de discussion, poster une intervention *initiative* dans un fil existant, poster une intervention *réactive* dans un fil existant.

Mais cette construction du forum n'aide pas forcément à la lecture des contributions et peut laisser place à une certaine confusion. Plusieurs auteurs se sont interrogés sur l'interactivité des messages de forum : « la dominante discursive (…) est-elle interactive, le sujet [de discussion] étant composé principalement de messages qui "se répondent", ou au contraire est-elle de nature monologique, les contributions de chacun étant simplement juxtaposées à la suite les unes des autres, sans lien évident entre elles ? »[18]. Ainsi, le système observé (la plateforme Esprit) par Quintin et Masperi n'aide pas à identifier l'interdépendance entre les échanges, ce qui oblige les utilisateurs à

---

[17] LAVALLARD A. (2008), *Exploration interactive d'archives de forums : Le cas des jeux de rôle en ligne*, Thèse en informatique, sous la direction d'Eric Bruillard, Université de Caen.
[18] QUINTIN J.-J. et MASPERI M. (2006), « Analyse d'une formation plurilingue à distance : actions et interactions », *Alsic,* vol. 9.

pallier cette lacune par des marques verbales explicites d'adresse : « (Les sujets de discussion) se présentent sous la forme d'un fil unique de messages disposés de manière chronologique, le dernier message s'affichant au-dessus des messages précédents, ce qui implique que l'utilisateur qui souhaite répondre à un message éloigné dans le fil de discussion est souvent amené à y faire référence de manière explicite ».

Ouvrir de nombreux fils de discussion ou poster un message qui ne correspond pas à la thématique du fil dans lequel il est inséré ne facilite pas la compréhension des discussions sur les forums. Le caractère structuré existe bel et bien au sens où il existe des sections et sous sections, mais ce caractère structuré ne doit pas être compris comme un facteur permettant davantage d'organisation dans le forum favorisant une meilleure lecture. Kear pense même que ce désordre est dû à la difficulté pour les internautes d'avoir une vision globale des échanges qui leur permettrait de distinguer les thématiques des fils de discussion[19]. Ainsi, nous considérons que les forums sont davantage caractérisés par leur « décomposition thématique » ou « fragmentation thématique »[20] que par leur structure.

De plus, les systèmes de gestion des forums offrent une grande diversité dans la présentation des messages, l'organisation des fils de discussion, la possibilité ou non d'attacher des fichiers...[21] Ce dispositif présente donc une grande hétérogénéité dans sa structure.

3. Multiplicité des définitions

Nous avons choisi ici de discuter la définition donnée par Mangenot, mais il en existe bien d'autres. Marcoccia, par exemple, dans son article consacré à l'animation des forums de discussion, nous donne une autre définition de ce dispositif en s'attachant à faire un lien direct avec la notion de « document numérique ». Il caractérise les forums de discussion en ligne

---

[19] KEAR K. (2001), « Following the thread in computer conferences », *Computers & Education*, n°37, p.82.
[20] HERRING S. (2001), "Computer-Mediated Discourse Analysis, An approach to Researching Online Behavior", in BARAB S., KLING R., GRAY J. (eds.) *Designing for Virtual Communities in the Service of Learning*, Cambridge University Press, pp. 338-376.
[21] Pour Dimitracopoulou et Bruillard « *si on peut recenser un grand nombre de logiciels de forum, ils n'offrent finalement qu'assez peu de différences entre eux* ». Il faut en effet reconnaître que les systèmes des forums présentent tout de même des caractéristiques sémio-pragmatiques communes.
DIMITRACOPOULOU A., BRUILLARD E. (2006), « Enrichir les interfaces de forums par la visualisation d'analyses automatiques des interactions et du contenu », *Revue STICEF*, vol. 13.

comme « des documents numériques dynamiques, collectifs et interactifs »[22]. On retrouve bien les critères évoqués ci-dessus : asynchrone et collectif. En revanche, nous n'avons pas encore évoqué le caractère dynamique du forum qui fait référence aux échanges et à l'évolution permanente d'un forum due à la multiplicité des messages postés (du moins pour un forum qui fonctionne et rencontre beaucoup de participation). Une autre définition est avancée par France Henri, Bernadette Charlier et Daniel Peraya : « lorsque nous parlons de forum, nous entendons l'échange de messages télématiques asynchrones entre des personnes inscrites à un forum de discussion ou à une liste de distribution portant sur un sujet donné »[23]. Ils mettent ainsi au jour une autre caractéristique: l'inscription. Sur un forum de discussion en ligne, est-on obligé de s'inscrire pour participer ou même pour le visualiser? S'inscrire pour lire les contributions sans en poster revient à s'interroger sur le caractère public d'un forum. Par exemple, pour visualiser le forum du Parti socialiste (PS), la *Coopol* [24] (coopérative politique), l'internaute doit nécessairement procéder à une inscription en ligne. Cependant, cette inscription préalable n'est pas encore la norme : l'internaute peut souvent consulter le forum sans inscription. En revanche, l'inscription est souvent demandée pour y participer. Celle-ci est fondée la plupart du temps sur deux champs obligatoires (le pseudonyme et le mail) et d'autres optionnels à remplir uniquement si l'usager le désire (fonction, adresse, numéro de téléphone). Le choix est souvent donné aux internautes de faire apparaître ces informations sur le forum, de les rendre publiques. Il existe aussi des espaces de discussion où l'on peut contribuer sans forcément s'inscrire. C'est le cas par exemple du site des *Entretiens de la liberté*[25] : une inscription automatique est demandée, mais si l'internaute ne veut pas y répondre, il n'y est pas obligé. Sa contribution apparaît alors comme « anonyme ». L'inscription ne semble donc pas être une dimension qui caractérise réellement les forums de discussion en ligne. En revanche, il reste un autre critère que nous n'avons pas encore étudié : la gratuité. Pour visualiser un forum ou même y participer, il est rarement demandé une contribution financière de la part de la part du *lurker*[26] ou du *forumeur*[27].

---

[22] MARCOCCIA M. (2001), « L'animation d'un espace numérique de discussion : l'exemple des forums usenet », *Document numérique,* vol. 5, pp. 11-26.
[23] HENRI F., CHARLIER B., PERAYA D. (2006), « Les forums de discussion en milieu éducatif, témoignages sur les pratiques de recherche », Colloque JOCAIR'06, Amiens.
[24] http://www.lacoopol.fr/presentation
[25] http://www.lesentretiensdelaliberte.org
[26] Personne qui consulte et lit les messages postés sur les forums de discussion en ligne sans y participer.
[27] Terme utilisé par les internautes fréquentant les forums de discussion pour se qualifier. « Les contributeurs ou partenaires de la discussion se désignent eux-mêmes par le nom de «forumeur», LOPEZ MUNOZ J.M. (2004), «Effacement énonciatif et co-construction de l'opinion dans les forums du journal Le Monde », *Langages*, n° 156, pp. 79-95.

Toutefois, il ne faut pas ignorer qu'Internet représente encore un coût non négligeable pour une certaine catégorie de la population : il faut investir dans un ordinateur et payer régulièrement la connexion au réseau. Philippe Braud signale la « croissance de nouvelles inégalités » avec Internet : « Un nouvel alphabétisme technologique se profile, qui exclura ceux qui n'ont pas les moyens matériels ni intellectuels de tirer profit des immenses ressources disponibles »[28]. Au-delà de l'abonnement au réseau, il n'y a pas de contribution financière demandée pour la seule participation au forum. Encore une fois, devant la grande diversité des forums, nous avons repéré un forum qui contredit cette thèse de la gratuité : « Egalité et Réconciliation »[29]. Pour lire et participer au forum « d'Egalité et réconciliation », il est obligatoire d'adhérer à l'association[30].

4. S'exprimer sur un forum

Ces définitions des forums sont indissociables du cadre de la « communication médiatisée par ordinateur » (CMO)[31], développé sur la base des théories de la communication et des sciences du langage[32]. Cette forme de communication a ses propres caractéristiques ; Hert évoque ainsi, dans son analyse des débats scientifiques en ligne, la « quasi-oralité de l'écriture électronique »[33]. Par le biais de son analyse des *smileys* dans les forums, Marcoccia souligne lui aussi que la CMO présente certaines caractéristiques de la communication orale, allant même jusqu'à tenter d'en simuler certaines[34]. Lorsque l'on fait une lecture rapide d'un forum, même en survolant les messages, cette volonté de l'internaute de s'exprimer à l'écrit comme à l'oral est frappante. L'orthographe, la ponctuation, les expressions, le ton des messages renvoie à une discussion orale. Au-delà de cette tendance à

---

[28] HERMET G., BADIE B., BIRNBAUM P., BRAUD P. (2001), *Dictionnaire de la science politique*, « Internet », Armand Colin, p.148.
[29] http://www.egaliteetreconciliation.fr/index.php?option=com_jcs&task=add&Itemid=176
[30] Cette association se réclame de « la gauche du travail et de la droite des valeurs », mais certains titres la qualifient d'extrême droite : « l'association Egalité et Réconciliation d'Alain Soral a été fondée par d'anciens membres du GUD, un groupuscule dissous d'étudiants d'extrême droite. Depuis sa création il y a deux ans, Egalité et Réconciliation gravite autour du Front national. » *Le Monde*, « Les étranges amitiés de Dieudonné, humoriste », 25/02/09.
[31] La CMO (ou CMS, Computer-Mediated Communication) peut aussi désignée la « communication médiée par ordinateur ».
[32] La CMO est étudiée par Mourlhon-Dallies et Colin (1995), Anis (1998), Marcoccia (1998), Beaudoin et Velkovska (1999), Hert (1999) pour ne citer qu'eux (voir bibliographie).
[33] HERT P. (1999), « Quasi-oralité de l'écriture électronique et sentiment de communauté dans les débats scientifiques en ligne », *Réseaux*, vol. 17, n°97, pp. 211-259.
[34] MARCOCCIA M. (2000), « Les smileys : une représentation iconique des émotions dans la communication médiatisée par ordinateur », in PLANTIN C., DOURY M., TRAVERSOV. (dir.) *Les émotions dans les interactions communicatives*, Presses universitaires de Lyon, pp. 249-263.

conserver les propriétés de l'oralité à l'écrit, cette forme de communication se caractérise aussi par la présence de procédés de représentation du non verbal (gestuelle, mimique repérée dans une conversation en face à face). Certains travaux ont en effet tenté de comparer la communication sur les forums avec celle en face à face (prise alors comme référence)[35]. Selon Michel Marcoccia, la CMO correspond à une « conversation numérique »[36]. Cette forme de communication favoriserait la production de messages courts, pas toujours bien argumentés (« des écrits spontanés naïfs »[37]) et de « flames » (insultes en ligne)[38]. Dans son analyse de contenu de trois forums de discussions canadiens, Michael Dumoulin a observé ce qu'il nomme des « monologues interactifs »[39], c'est-à-dire des messages qui forment une unité sans remise en cause de sa propre opinion lors « d'interactions » (virtuelles). Ainsi, chaque participant expose son avis et rejette de façon automatique les idées opposées des autres internautes sans chercher à comprendre leur opinion, à étayer leur thèse ou à demander des explications. Ce manque de volonté de trouver un compromis ou de débattre avec les autres internautes est bien visible puisque la plupart des participants postent un unique message afin d'exposer leur opinion et ne reviennent pas, par la suite, sur le forum (ou du moins ne postent pas de nouvelles contributions). Les véritables échanges sont donc peu nombreux et les messages peu reliés entre eux (degré de pertinence faible)[40].

D'autres considèrent le forum comme un lieu où les citoyens peuvent s'exprimer en grand nombre et dans la plus grande égalité - au-delà de leur statut social - grâce à l'anonymat des messages. Masquer son nom,

---

[35] CLARK H., BRENNAN S.E. (1991), "Grounding in communication", in L.B RESNICK., J. M. LEVINE, S.D. TEASLEY (eds.), *Perspectives on Socially Shared Cognition*. Washington, USA, American Psychological Association, pp. 127-149.
[36] MARCOCCIA M. (1998), « La normalisation des comportements communicatifs sur Internet : étude sociopragmatiue de la Netiquette », in GUEGUEN N. et TOBIN L. (eds.), *Communication, société et Internet*, l'Harmattan, pp. 15-32.
[37] CUSIN-BERCHE F. (1999), « Courriel et genre discursif », in ANIS J. (ed.), *Internet, communication et langue française*, Paris, Hermès, p.68.
[38] Les recherches de V. Light et P. Light[38] soulignent que les contributions ne sont pas forcément agressives, elles peuvent être aussi humoristiques, autocritiques et orientés vers l'aide et la socialisation plutôt que vers la compétition et le dénigrement. LIGHT P. et LIGHT V. (1999), "Analyzing asynchronous learning interactions. Computer mediated communication in a conventional undergraduate setting", in LITTLETON K. et LIGHT P. (éds.), *Learning with computers. Analysing productive interaction,* London Routledge, pp.162-178.
[39] DUMOULIN M. (2002), «Les forums électroniques: délibératifs et démocratiques?», in MONIERE D., *Internet et la Démocratie*, Québec, Monière et Wollank éditeurs, p. 149-150.
[40] HERRING S. C. (1999), «Interactional coherence in CMC». *Journal of Computer-Mediated Communication* 4(4).

c'est aussi masquer son identité c'est-à-dire tous les indicateurs sociaux-professionnels. Cette absence de marqueur sociaux (ou en tout cas l'absence d'obligation d'en faire part) permet selon William Dutton d'exprimer ses idées sans remettre en cause le « pacte de stabilité sociale », présent dans des relations amicales ou de voisinage[41]. Les échanges en ligne semblent donc offrir la possibilité de débattre en toute égalité alors que les discussions dans la vie « réelle » sont toujours ancrées par une certaine domination sociale et culturelle qui parasite le débat[42].

Mais là encore, des études empiriques viennent contester cette hypothèse. Beaudoin, Fleury et Velkovska ont dressé une typologie des messages (échange technique, rappel de la charte d'utilisation, provocation, surenchère humoristiques..) sur un forum de discussion grand public et ont ainsi identifié des pratiques langagière (maitrise de la langue, facilité à développer des arguments, subtilités des jeux du langage) spécifiques détenues par des petits groupes qui prennent souvent la parole. L'hypothèse de l'absence d'indicateurs sociaux est ici contrariée puisqu'il existe des indicateurs repérables à travers le style d'écriture des messages : « Dans ce type d'interaction médiatisée, l'écrit concentre de manière forte les traces des déterminants sociaux classiques. »[43].

Steven Schneider, qui a analysé un *newsgroup* d'Usenet sur l'avortement en 1994-95, avait appréhendé ce dispositif dans ses hypothèses de recherche comme une « arène conversationnelle» éloignée des pressions économiques et étatiques. Les résultats montrent que les internautes ne participent pas de manière égale et que « la parole » (écrite) est en fait confisquée par un petit groupe : 53 % des participants n'interviennent qu'une fois et l'ensemble de leurs contributions correspond à 4 % du contenu des discussions, alors que moins de 1 % d'entre eux concentrent plusieurs centaines de messages chacun, soit 43 % du total des contributions[44].

Axel Lefebvre, quant à lui, a étudié deux dispositifs numériques : les forums de discussion en ligne et les courriers électroniques. Il

---

[41] DUTTON W. H. (1996), "Network rules of order: regulating speech in public electronic fora", *Media, Culture & Society*, vol. 18, n° 2, pp. 269-290.
[42] GASTIL (2000) ; WITSCHGE (2004) cité par WOJCIK S. et GREFFET F. (2008), « Parler politique en ligne. Une revue des travaux français et anglo-saxons », *Réseaux*, n° 150, pp. 19-50.
[43] BEAUDOIN V., FLEURY S., VELKOVSKA J. (2000), « Études des échanges électroniques sur internet et intranet : forums et courriers électroniques », RAJMAN. M. & CHAPPELIER J.-C. (eds.), JADT 2000. *5emes Journées internationales d'Analyse statistique des Données Textuelles*, EPFL, pp. 17-26.
[44] SCHNEIDER S. (1996), "Creating a Democratic Sphere Through Political Discussion", *Social Science Computer Review*, vol. 14, n° 4, pp. 373-393.

considère que parler sous couvert d'un pseudonyme induit une « parole irresponsable vis-à-vis de la collectivité »[45].

Turkle montre que les internautes qui ne se voient pas, n'ont pas de contacts physiques et ne discutent que par l'intermédiaire d'un dispositif technique développent un sentiment d'impunité et utilisent Internet comme un défouloir, pour déverser leur activité ou projeter leurs fantasmes dans l'espace public[46].

Ainsi, l'anonymat ou la possibilité de masquer (utilisation de pseudonymes[47]), voire de s'inventer une identité[48] (« mise en scène discursive de soi »[49]) n'ont pas que des avantages : cela ne semble pas favoriser un débat cohérent et structuré : un internaute peut changer d'avis, tenir des propos inconstants[50] et ne pas être sincère dans ses déclarations.

5. Tentative de définition synthétique

Nous avons ainsi relevé plusieurs propriétés du forum (et de la prise de parole sur les forums) : asynchrone, écrit (même s'il existe quelques forums vocaux), collectif (et non forcément public), « fragmentation thématique », caractère structuré (qui ne doit pas être synonyme d'organisation et de lecture facilitée des messages), interactif, dynamique (propriété des forums qui veulent perdurer sur la Toile), gratuité (hors coût de la connexion au réseau), la CMO (privation d'indicateurs sociaux[51] et non verbaux…).

---

[45] LEFEBVRE A. (2002), « Espace public et technologies de l'information : le cas du courrier électronique et du forum de discussion », in SERFATY V., *L'Internet en politique, des Etats-Unis à l'Europe*, Strasbourg, Presses universitaires de Strasbourg, p. 393.

[46] TURKLE S. (1995), *Life on the Screen. Identity in the Age of Internet*, New York, Simon & Shuster.

[47] BECHAR-ISRAELI H. (1995), « From <Bonehead> to <cLoNeEAd>: Nicknames, Play and Identity on Internet Relay Chat », *Journal of Computer-Mediated Communication*, vol.1, n°2.

[48] On peut, à l'instar de Cusin-Berche et Mourlhon-Dallies distinguer trois types d'identités construites : l'identité subie, qui correspond aux données péritextuelles objectives, lorsqu'il y en a, comme l'adresse électronique; l'identité clamée, mise en scène de soi explicite à travers sa signature par exemple, et l'identité discursive à proprement parler, construite tout au long de son discours.
CUSIN-BERCHE F. et MOURLHON-DALLIES F. (2000), « Le débat autour des OGM sur internet : entre parole citoyenne et parole savante », *Les Carnets du CEDIS-COR*, n°6, pp. 113-126.

[49] MARCOCCIA M. (2003), « Parler politique dans un forum de discussion », *Langage et société* n°104, pp. 9-55.

[50] ROOBSKY E. (1997), « Computer Mediated Democracy ?», in *Woman on the Verge of New Technology Conference Papers*, Australia.

[51] MARCOCCIA M. (2003), « Parler politique dans un forum de discussion », *Langage et société*, n°104, pp. 9-55.

Nous retiendrons ici une définition large du forum. Ainsi, nous définissons le forum comme *un espace d'échanges et de débats numériques écrits asynchrones et collectifs*. Dans la Rome antique, le mot latin *forum* désignait la place publique d'échanges. C'est donc son acception antique (de façon toutefois symbolique[52]) que nous retenons encore aujourd'hui pour définir le forum, devenu numérique.

Conclusion

Le forum reste un objet d'étude assez flou car difficile à circonscrire. Nous avons ici fait le pari de proposer une définition stricte des forums qui pourrait valoir pour tous. Avec une telle ambition, nous ne pouvons que donner une définition large qui regroupe les différentes dimensions d'un forum.

Au-delà même de la question de sa définition, le forum se présente comme une entité remplie de contradictions : considéré à la fois comme un outil améliorant les échanges d'idées et comme un dispositif ne produisant que du « bruit » (« espace commun d'incompréhension »[53]). Le forum reste donc encore un dispositif[54] hybride[55] en discussion.

Bibliographie

BEAUDOIN V., FLEURY S., VELKOVSKA J. (2000), « Études des échanges électroniques sur internet et intranet : forums et courriers électroniques », RAJMAN M. & CHAPPELIER J.-C. (eds.), JADT

---

[52] Il conviendrait de se pencher de manière plus détaillée sur les forums antiques pour établir une comparaison au sens strict. Le lien établit ici entre forum de discussion en ligne et forum antique se veut donc métaphorique.
[53] BEAUDOIN V., VELKOVSKA J. (1999), « Constitution d'un espace de communication sur Internet », *Réseaux*, n°97, p.124.
[54] Le terme « dispositif » est fortement marquée par la définition qu'en donne Michel Foucault : « un ensemble résolument hétérogène, comportant des discours, des institutions, des aménagements architecturaux, des décisions réglementaires, des lois, des mesures administratives, des énoncés scientifiques, des propositions philosophiques, morales, philanthropiques, bref : du dit aussi bien que du non-dit (...) Le dispositif lui-même c'est le réseau que l'on peut établir entre ces éléments. »
« Le jeu de Michel Foucault », *Ornicar ? Bulletin périodique du champ freudien*, n°10, juillet 1977, in *Dits et Ecrits 1976-1979*, Gallimard, 1994, vol. 3, texte n°206, p.299.
Nous préférons adopter la définition donnée par Peeters et Charlier que Michel Marcoccia rappelle dans son article « Parler politique dans un forum de discussion en ligne »: « un dispositif est la concrétisation technique d'une intention à travers la mise en place d'environnements adaptés à cette intention ». PEETERS H. et P. CHARLIER (1999), « Contributions à une théorie du dispositif », *Hermès,* n° 25, p.18.
[55] Il existe en effet une grande diversité de forums qui constituent un ensemble hétéroclite.

20005, *5emes Journées internationales d'Analyse statistique des Données Textuelles*, EPFL, pp. 17-26.

BEAUDOIN V., VELKOVSKA J. (1999), « Constitution d'un espace de communication sur Internet », *Réseaux*, n°97, pp 121-177.

CUSIN-BERCHE F. et MOURLHON-DALLIES F. (2000), « Le débat autour des OGM sur internet : entre parole citoyenne et parole savante », *Les Carnets du CEDIS-COR*, n°6, pp. 113-126.

DIMITRACOPOULOU A., BRUILLARD E. (2006), « Enrichir les interfaces de forums par la visualisation d'analyses automatiques des interactions et du contenu », *Revue STICEF*, vol. 13.

DUMOULIN M. (2002), « Les forums électroniques: délibératifs et démocratiques ? », in MONIERE D., *Internet et la Démocratie*, Québec, Monière et Wollank éditeurs, pp. 141-157.

DUTTON W. H. (1996), "Network rules of order: regulating speech in public electronic fora", *Media, Culture & Society*, vol. 18, n° 2, pp. 269-290.

HENAFF N. (2008), *Parole authentique versus parole instrumentalisée : le pouvoir communicationnel des blogs*, Thèse de doctorat en Sciences de l'information et de la communication, dirigé par Yves CHEVALIER.

HENRI F., CHARLIER B., PERAYA D. (2006), « Les forums de discussion en milieu éducatif, témoignages sur les pratiques de recherche », Colloque JOCAIR'06, Amiens HENRI F., LUNDGREN-CAYROL K. (2001), *Apprentissage collaboratif à distance. Pour comprendre et concevoir les environnements d'apprentissage virtuels*, Québec, Canada, Presses Universitaires du Québec.

HERRING S. (2001), "Computer-Mediated Discourse Analysis, An approach to Researching Online Behavior", in BARAB S., KLING R., GRAY J. (eds.) *Designing for Virtual Communities in the Service of Learning*, Cambridge University Press, pp. 338-376.

HERT P. (1999), « Quasi-oralité de l'écriture électronique et sentiment de communauté dans les débats scientifiques en ligne », *Réseaux*, vol. 17, n°97, pp. 211-259.

KEAR K. (2001), « Following the thread in computer conferences », *Computers & Education*, n°37, pp. 81-99.

LAVALLARD A. (2008), *Exploration interactive d'archives de forums : Le cas des jeux de rôle en ligne*, Thèse en informatique, dirigé par Eric BRUILLARD, Université de Caen.

LEFEBVRE A. (2002), « Espace public et technologies de l'information : le cas du courrier électronique et du forum de discussion », in SERFATY V., *L'Internet en politique, des Etats-Unis à l'Europe*, Strasbourg, Presses universitaires de Strasbourg, pp. 377-397.

LOPEZ MUNOZ J.M. (2004), « Effacement énonciatif et co-construction de l'opinion dans les forums du journal *Le Monde* », *Langages*, n° 156, pp. 79-95.

MANGENOT F. (2004), « Analyse sémio-pragmatique des forums pédagogiques sur Internet », in J.-M. SALAÜN, C.VANDENDORPE, *Les défis de la publication sur le Web : hyperlectures, cybertextes et méta-éditions*, Villeurbanne, France, Presses de l'Enssib, pp.103-123.

MANGENOT F. (2002), « Ecriture collective par forum sur le Web : un nouveau genre d'écrit universitaire ? », publié en ligne : http://hal.archives-ouvertes.fr/docs/00/06/21/15/PDF/sic_00000268.pdf

MARCOCCIA M. (2003), « Parler politique dans un forum de discussion », *Langage et société*, n°104, pp. 9-55.

QUINTIN J.-J. et MASPERI M. (2006), « Analyse d'une formation plurilingue à distance : actions et interactions », *Alsic,* vol. 9.

SCHNEIDER S. (1996), "Creating a Democratic Sphere Through Political Discussion", *Social Science Computer Review*, vol. 14, n° 4, pp. 373-393.

WOJCIK S. (2005), *Délibération électronique et démocratie locale. Le cas des forums municipaux des régions Aquitaine, Languedoc-Roussillon et Midi-Pyrénées*, Thèse de science politique.

WOJCIK S. et GREFFET F. (2008), « Parler politique en ligne. Une revue des travaux français et anglo-saxons », *Réseaux*, n° 150, pp.19-50.

Le forum de discussion :
une ressource informationnelle hybride entre information grand public et information spécialisée

Céline PAGANELLI[56]
Viviane CLAVIER [57]

Les forums de discussion connaissent un grand engouement sur Internet. L'observatoire des usages Internet de Médiamétrie[58] note que 4 internautes sur 10 ont consulté un forum au cours du mois de février 2010, et que plus de 13 millions d'internautes ont lu des messages sur des forums, soit 10% de plus que l'année précédente. Médiamétrie relève en outre que l'écriture de messages est une pratique répandue en France puisque 6 millions d'internautes écrivent sur les forums, soit une augmentation de 8% par rapport à 2009.

Les sciences de l'information, qui étudient les ressources et les outils d'accès à l'information sous l'angle des publics, des usages de l'information ou du thème, distinguent les forums spécialisés, professionnels et thématiques. D'autres disciplines se sont également attachées à l'analyse des forums de discussion sous divers angles : approche sociologique (Beaudouin, 2002), communicationnelle (Thiault 2009 ; Staii 2009) et linguistique (Mondada 1999 ; Marcoccia, 2004 ; Doury 2007). Se revendiquant parfois d'un cadre de recherche autonome, certains travaux analysent ces outils asynchrones en vue d'applications précises telles que la pédagogie (Mangenot 2004 ; Peraya 2005 ; Bruillard 2006) ou la santé (Nabarette 2002 ; Akrich 2007 ; Harry 2008).

L'ensemble de ces travaux souligne le caractère hybride des forums qui se manifeste à différents niveaux. « Dispositifs hybrides de communication interpersonnelle de masse »[59], les forums permettraient à la fois l'échange personnel et la communication de masse (Marcoccia 2004 : 26). Ce « média hybride », abolirait les frontières entre écriture,

---

[56] Université Paul Valéry, Montpellier 3 - Laboratoire Gresec, Grenoble 3
Maître de conférences en Sciences de l'Information et de la Communication
Celine.Paganelli@univ-montp3.fr
[57] Université Stendhal, Laboratoire Gresec, Grenoble 3
Maître de conférences en Sciences de l'Information et de la Communication
Viviane.Clavier@u-grenoble3.fr
[58] Médiamétrie, Communiqué de presse, février 2010. En ligne :
http://www.mediametrie.fr/comportements/communiques/les-forums-en-pleine-forme.php?id=209 (consulté le 13 août 2010)
[59] Baym, 1998 : 39, cité par Marcoccia, 2004 : 4

lecture et analyse critique (Beaudouin 2002 : 207-208). Plus récemment, ces dispositifs se voient réinterrogés dans le contexte du web social et d'autres formes d'hybridation sont observées (Millerand et al. 2010 : 5sqq) : brouillage des frontières entre usagers et concepteurs, entre experts et amateurs, enchevêtrement des sphères de travail et de loisirs.

Inscrivant notre travail dans la continuité de ces observations, nous cherchons à mettre en évidence le caractère hybride de ces ressources en adoptant les outils conceptuels et méthodologiques des sciences de l'information. Ainsi, nous proposons d'analyser les formes d'entrelacs que revêtent les informations éditées et validées d'une part, et les échanges interpersonnels d'autre part. L'étude de ces effets de *contamination* est pour nous l'occasion d'une re-définition et d'une ré-interrogation de concepts clés en sciences de l'information : les propriétés de l'information, les notions de transfert ou d'usages de l'information que la forme même des forums fait évoluer. Notre approche présente une double spécificité. Il s'agit d'une part de travailler sur un forum dédié à l'information de santé, et d'autre part, d'analyser les forums comme ressources informationnelles vers lesquelles on va se diriger pour s'informer dans un contexte particulier, celui de la maladie.

1. Contexte et méthodologie

1.1. Cadre et hypothèses

Dans les pays industrialisés, les forums de discussion sur la santé ont beaucoup de succès. En 2002, une enquête réalisée auprès de 16067 sujets incluant en moyenne 1000 personnes de chaque état membre de la Communauté Européenne a permis d'analyser les sources principales d'information des citoyens sur la santé (Liebens et al. 2005). Les résultats de cette enquête montrent qu'en Europe, les professionnels représentent la première source d'information dans le domaine de la santé dans 45 % des cas. 21 % des Belges et 15 % des Français utilisent Internet pour obtenir des informations médicales, et la moitié des Européens (41,5 %) sont d'avis qu'Internet représente une bonne manière d'obtenir ces informations. Selon ces auteurs, « la commodité d'accès, l'anonymat et la masse d'informations disponibles font d'Internet un moyen attractif pour obtenir rapidement de l'information médicale » (ibid. : 86). Les auteurs rapportent également une estimation selon laquelle 55 % des 110 millions d'adultes qui ont un accès à Internet aux États-Unis l'utilisent pour obtenir des informations médicales et que chaque jour dans le monde, plus de 12,5 millions de recherches sont faites sur Internet dans le domaine de la santé.

D'autres études réalisées par des médecins s'intéressent aux profils et aux motivations des patients abonnés à des forums médicaux ainsi qu'à la crédibilité de l'information trouvée sur les forums (Senis 2003 ; Quémeras 2003). Très souvent, il apparaît que les motivations des patients sont émotionnelles. Liebens (2005) propose une analyse du contenu des messages envoyés sur les listes de discussion dédiées au cancer, et mentionne que les messages concernent en majorité, l'information sous forme de demande de renseignements, de partage de nouvelles et d'expériences personnelles (80%) ; et ensuite, en minorité, des messages de soutien, d'encouragement et de remerciement.

Notre étude s'attache à l'analyse des messages échangés sur le forum du portail de santé *Doctissimo*[60]. Ce site compte environ 8 millions de visiteurs uniques par mois et près de 40 000 articles sur la santé et le bien-être (Aye, 2009). Lors d'une enquête conduite auprès d'usagers du site *Doctissimo*, Romeyer (2008) résume les motivations qui conduisent les internautes à consulter une information de santé grand public. Ce que viennent chercher prioritairement les internautes sur ce site, ce sont des conseils pratiques (91,6%), des renseignements sur une maladie (74,8%), loin devant le contact avec d'autres malades (25%). Si l'on croise les résultats de Liebens et de Romeyer, il y a une convergence entre l'analyse des contenus des forums sur le cancer et les attentes des internautes vis-à-vis de *Doctissimo* : la recherche d'information y est centrale. Or, comme le souligne Romeyer, cette information grand public qui se déploie en parallèle d'une information médicale spécialisée, n'est pas sans poser de problème. En effet, d'une part, l'information n'y est pas validée, le secteur médical représentant pourtant un domaine à risques dans lequel l'information de santé est très contrôlée par les institutions de santé publique. D'autre part, aucune distinction n'est établie entre les différents niveaux d'information véhiculés dans les messages : information spécialisée, témoignage, demande de renseignements pratiques, etc. (Clavier 2010).

On suppose alors que la fréquentation des forums de santé est liée à l'intérêt et à la légitimité que les intervenants attribuent aux forums en général :
- Le caractère asynchrone des dispositifs permet aux intervenants de poster sans contrainte horaire et de consulter les fils au moment où ils en ont besoin.
- L'hétérogénéité des informations disponibles sur les forums permet de « décloisonner » les circuits d'informations. Plusieurs aspects liés à une maladie (administratifs, médicaux, pratiques, etc.) peuvent être

---

[60] Cette étude s'inscrit dans un ensemble de travaux menés au Gresec sur la santé depuis 2007.

abordés dans un fil de discussion alors que les circuits d'information classiques sont fortement compartimentés : information médicale (sources spécialisées, corps médical) ; renseignements administratifs (organismes de santé, assurances) ; prise en charge psychologique et soutien (groupes de parole, associations de malades), etc. La fréquentation des forums s'inscrirait alors dans une démarche d'économie de coûts de la recherche d'information, le temps, l'accessibilité des sources, le degré de spécialisation de l'information étant des facteurs pris en compte dans la mesure de ces coûts.
- Le langage utilisé dans les forums de discussion favorise une forte expressivité émotive et affective qui s'exprime à travers des usages spécifiques du code graphique (Anis 1999). Ainsi, la démultiplication des signes de ponctuation, le recours à des capitales d'imprimerie utilisées pour la mise en relief, l'utilisation de graphies phonétisantes engendrent des effets d'oralité, plus spontanés que l'écrit.
- La possibilité pour l'intervenant d'agrémenter son discours d'images, de témoignages, de liens hypertextes, de smileys permet de créer des contenus diversifiés et de personnaliser les interventions tout en préservant l'anonymat.

Si les forums sont plébiscités par le grand public, il n'en reste pas moins que l'on retrouve des traits bien connus de l'information spécialisée : la présence de contenus éditoriaux validés (articles de journaux, ordonnances, diagnostics, parole de l'expert, notice de médicaments), une terminologie médicale issue de langages contrôlés. C'est l'analyse des formes de porosité entre des informations de différents niveaux qui nous intéresse ici.

2. Méthodologie

Notre étude s'inscrit dans la continuité d'un travail mené collectivement en 2008 sur le forum *Doctissimo* (Clavier 2010). Nous recourons à deux méthodologies d'analyse du contenu détaillées dans (Clavier 2010). Une première méthode a pour objectif d'analyser les messages postés et de les typer selon différents critères et la seconde méthode s'attache à décrire les informations médicales, leurs dénominations et la proportion qu'elles représentent dans les fils.

Alors qu'en 2008, nous avions analysé 36 fils de discussion relevant de sujets variés, plus ou moins graves, nous avons restreint ici le corpus à une seule rubrique du forum, *les Maladies rares et orphelines* afin de resserrer l'étude sur une famille de pathologies pour lesquelles les sources d'information sont plus rares et moins vulgarisées. 12 nouveaux fils ont été collectés en juillet 2010. La plupart d'entre eux se déroulent sur plusieurs années, cinq ans pour les plus anciens, ce qui permet de suivre l'évolution des maladies sur le long terme. La caractéristique majeure de ces maladies est qu'elles sont souvent graves et chroniques.

Le nombre total de messages postés est assez faible, 415 pour 222 intervenants, soit en moyenne moins de deux messages par intervenant. Le corpus précédent révélait une moyenne supérieure de plus de 5 messages par intervenant. Cette situation est propre à cette rubrique, les internautes rencontrant peu de patients qui souffrent du même mal qu'eux, hormis leur propre famille. Les internautes sont d'ailleurs souvent désespérés de se trouver si isolés dans leur malheur « *Suis-je la seule à avoir ces deux maladies ?* » (Maladie de Waldenström) ou encore « *Je m'aperçois que maladie rare n'est pas un vain mot et que il n'y a pas beaucoup de réponses pour beaucoup, pas que pour moi...*» (même fil).

Sur les 222 messages, 123 sont rédigés par des femmes, 35 par des hommes. Pour un grand nombre de messages, il n'a pas été possible de déterminer le sexe de l'auteur, les pseudos n'ayant pas été retenus comme critère fiable. En moyenne la taille des fils des deux corpus, mesurée en tokens[61], est comparable, puisqu'elle atteint 6311 tokens en 2010 et 6543 en 2008. En revanche, l'écart-type est trois fois plus important pour le corpus 2008 que pour le corpus 2010, la taille de ces derniers fils se révélant beaucoup plus homogène.

3. Résultats

3.1. La consultation – lecture sans poster de messages

La participation au forum pour retrouver une information prend plusieurs formes. Certaines interventions sont explicitement des demandes d'information et sont la plupart du temps exprimées sous la forme de question : « *Comment cela se passe après l'opération, combien de post opératoire?* » (Maladie de Cushing)

Dans le corpus, ces questions représentent 36% des interventions. 59% sont des réponses et 5% sont classés « autres » : ce sont des messages dus à une mauvaise manipulation des intervenants ou des messages relevant de la fonction phatique : « *bjr a toutes et a tous ,tout d'abord mille escuses pour mon silence j ai eu un soucis d ordi;merci de vos mess.* » (Syndrome DiGeorges)

Le rapport entre le nombre de messages postés et le nombre de consultations sans intervention explicite sous forme de question montre

---

[61] Les tokens incluent les chaînes de caractères, les chiffres et les délimiteurs.

bien que les forums peuvent aussi être utilisés comme source d'information et non exclusivement comme outil de communication.

En effet, alors que le nombre d'interventions est relativement faible (409) le nombre de fois où les fils sont consultés sans intervention en revanche, est très important (130 536), soit 319 fois plus que le nombre d'interventions. Dès lors on peut supposer que des individus consultent les forums pour trouver une information déjà traitée dans les messages précédents sans avoir de question précise à poser. Dans ce cas, la recherche d'information n'est pas initiée par une demande explicite et verbalisée, et les sources sont considérées comme un réservoir d'archives à consulter.

Ce cas de figure confirme que la recherche d'information est une activité complexe. Ainsi, que le contexte soit professionnel ou personnel, un individu peut être amené à chercher une information sur un objet clairement défini, ou sur un objet flou qu'il sera capable de reconnaître s'il le rencontre. Il peut également trouver une information pertinente de manière fortuite (Toms 2000). L'activité de recherche d'information ne se limite donc pas à une simple récupération d'information sous le mode classique de l'interrogation tel que la recherche avec les moteurs ou dans les catalogues, et l'individu qui a besoin de trouver une information va mettre en œuvre un ensemble de stratégies de manière concomitante : interrogation de bases de données, discussion avec des amis ou collègues, lecture de la presse, consultation de documents divers. Certaines de ces activités, qui ne sont pas explicitement orientées vers une « récupération de l'information », permettent cependant à l'individu de s'informer. Le forum représente alors une source d'information que l'on va consulter de la même manière que l'on assiste à une conversation sans y participer ou que l'on consulte une archive sans formuler de requêtes.

3.2. Le témoignage comme source d'information

Plus de 60% des interventions sur les fils que nous avons étudiés appartiennent à la catégorie « témoignage ». Parmi les témoignages, 77% des internautes s'expriment à titre personnel, 25% pour un enfant, 14% pour un parent proche (ascendant, frère ou sœur), 3% pour un conjoint et 1% pour un ami. Les participants interviennent sur le forum au titre de leur expérience personnelle.

Ils peuvent exprimer une situation pathologique dans un registre personnel :

> *« Bonjour moi aussi je suis atteinte de la maladie de von reckilinghausen depuis la naissance et en plus j ai sur 85 pour cent du corp des naevus pigmentaires geants clairs et foncees*

> *et aussi la neurofibromatoses avec des nodules qui commence a sortir sur les bras etc.; »* (Maladie de Von Recklinghausen)

ou solliciter des expériences similaires auprès d'autres individus :

> *« On a découvert il y a quelques jours chez moi une sarcoïdose, cad une inflammation générale des poumons dans mon cas.[...] En fait, je voudrais simplement savoir si qqun de ce forum a déjà eu la sarcoïdose, comment on l'a traité, combien de temps ça a duré et quelles étaient ses douleurs, ont-elles disparues, etc. »* (Sarcoïdose)

Dans tous les cas, les participants se définissent par le nom de leur maladie, ils se présentent et se décrivent par leurs symptômes et cherchent à s'identifier à des intervenants présentant le même type de pathologie : *« Courage les gilberts ! »* (Syndrome de Gilbert)

A côté des interventions de type « témoignage », on trouve, dans des proportions quasiment semblables, des messages qui véhiculent une information scientifique (5%), des informations pratiques (3%), des conseils (4%), des messages d'interpellation (8%) et enfin des interventions rassemblant différents types d'informations (11%) avec une composante « témoignage » toujours présente.

Ces résultats confirment en partie notre étude précédente. La part des témoignages est toujours la plus importante (64% dans cette étude, 49% dans la précédente) mais le type « information scientifique » représentait alors 20 % des échanges contre 5% aujourd'hui. La nature des fils de discussion étudiés peut apporter un premier élément d'explication. Alors qu'en 2008 nous avions analysé des fils de discussion relevant de sujets variés, dans le cas de maladies rares et chroniques, les individus concernés ont déjà connaissance d'informations spécialisées. Le forum représente alors une ressource informationnelle d'un genre différent : la participation au forum serait un moyen de s'informer au travers de l'expérience d'autres malades, de partager son vécu, de se rassurer sur son avenir.

La proportion de témoignages est encore plus forte dans les « questions » puisque 73% d'entre elles sont des demandes de témoignage. Ces résultats confirment que les intervenants recherchent une information subjective, liée à l'expérience personnelle. Ici, la validité et la légitimité de l'information viennent du vécu, remettant ainsi en cause la vision « classique » de l'information validée qui considère qu'une information est fiable si elle est contrôlée et émane d'une autorité régulée.

3.3. Une thématique centrée sur l'univers du malade, une terminologie maîtrisée

Plusieurs auteurs ont signalé que l'unité thématique des forums était toute relative et que les nombreuses digressions étaient responsables d'un « éparpillement thématique » en partie favorisé par l'asynchronie (Marcoccia 2004). Notre observation confirme ces propos, les thèmes abordés dans les fils retenus concernant plusieurs aspects du quotidien d'un malade. La catégorisation fait émerger 4 catégories dominantes. La catégorie la plus importante concerne la maladie et les symptômes (37%) suivie des traitements, diagnostics et thérapeutiques (16%), de l'anatomie (13%) et enfin les médicaments (10%). On constate que la plupart des échanges décrivent des maux, évoquent les organes atteints ainsi que les effets secondaires sur la santé des patients. Ces chiffres sont sensiblement les mêmes que ceux obtenus dans l'étude précédente, certaines catégories atteignant d'ailleurs les mêmes pourcentages, tel le corps médical (9%). Dans cette dernière thématique, les médecins mentionnés sont surtout des spécialistes. Leur renommée peut parfois être soulignée, tout comme leur incapacité violemment dénoncée : *« Ce que j'en pense maintenant c'est qu'il ne faut vraiment pas être malade en France. nos médecins sont bornés et on ne les comprend pas. c'est à nous de regarder ce qui ne va pas dans nos résultats. »* (Maladie de Cushing).

Si les catégories et leur répartition sont comparables dans les deux corpus, on observe néanmoins que le corpus des *maladies rares* présente deux fois plus d'items lexicaux en lien avec la thématique médicale que le corpus précédent, soit 3% du nombre de formes pour le premier corpus et 6% pour le second. Dès la première étude, nous avions déjà observé que plus une maladie est rare et grave, plus la part d'expressions médicales augmente. Ce résultat se confirme. Il est possible que les nombreux échanges entre le malade et les médecins ainsi que la lecture et la consultation d'informations validées (résultats d'analyse, encyclopédies médicales, diagnostics médicaux, etc.) favorisent l'émergence d'une forme d'expertise dans la maladie et une plus grande maîtrise du vocabulaire.

Dans le domaine lexical, 62% du vocabulaire médical appartient au MeSH[62], ce pourcentage atteignant plus de 80% pour certains fils. En 2008, nous avions obtenu des pourcentages similaires dans les fils de discussion les plus spécialisés. La terminologie est donc très bien maîtrisée même si, comme dans le corpus précédent, on observe que les

---

[62] Nous avons utilisé la version française du MeSH (Medical Subject Headings) sur le site de l'Health On the Net Foundation : http://www.hon.ch/HONselect/Search_f.html

expressions utilisées peuvent être des variantes d'un terme. Dans le corpus des *maladies rares*, on décompte 30% de variantes du MeSH contre 43% en 2008 : les fils de discussion des maladies rares sont donc plus fidèles au MeSH. Dans ce même corpus, l'analyse des écarts entre l'usage d'une expression médicale et la terminologie du MeSH montre que les variantes sont essentiellement induites par le dispositif communicationnel : présence de sigles ou d'abréviations, erreurs typographiques. Contrairement au corpus de 2008, on ne relève quasiment pas d'approximations, aucun vocable pantonyme (*truc, machin, etc.*), ce qui traduit une remarquable maîtrise du jargon médical, assez surprenante sous la plume de non-spécialistes :

> « *Après avoir longuement réfléchi, je me décide enfin à vous demander votre avis éclairé sur une maladie reconnue comme orpheline dans une tranche jeune de la population (< 60 ans): la thrombocytémie essentielle (production excessive de plaquettes) qui fait partie des syndromes myéloprolifératifs. [...]En ce qui me concerne, cette thrombocytémie a été découverte en 1994 [...] A l'époque, mon taux de plaquettes était de 1.750.000/µl (hyperplaquettose, donc), avec en plus un épisode thrombotique (veines et artères sclérosées) et une rate qui avait subi une augmentation significative de son volume.* » (Thrombocytémie Essentielle)

4. Le forum de santé : un dispositif hybride

4.1. Convergences avec les blogs de santé

Les modalités d'intervention sur les forums de santé sont largement influencées par les caractéristiques mêmes du dispositif. Les forums reposent sur un certain nombre de principes : partage de l'information, égalité (au moins apparente) entre les participants, libre accès à l'information (Marcoccia 2002). Dès lors, ils présentent des points de convergence avec les blogs de santé, autres outils issus de la seconde génération du web. Ainsi, les deux tiers des blogs personnels de « santé-maladie » sont des blogs « pour autrui » surtout sur le thème des maladies rares (Legros 2009), ce qui les rapproche des forums. Par ailleurs, d'autres éléments sont comparables.
- Les participants des forums sont majoritairement des femmes ; de même, les blogs personnels santé-maladie sont pour les 3/4 tenus par des femmes, proportion qui peut atteindre 80 à 90% sur certaines plates-formes (*ibid.* : 46).

- Les forums font une large place aux témoignages personnels ; les blogs personnels « santé-maladie » racontent également un « fragment d'une histoire de vie ». Legros compare d'ailleurs les blogs à un journal quotidien qui décrit la maladie au fil des jours selon une série d'étapes nettement sériées (*ibid.* : 46). Dans les forums, les récits de vie sont certes moins suivis et plus morcelés, mais bien présents surtout chez les intervenants les plus bavards.
- Les forums sont des lieux où s'échangent conseils et informations pratiques ; Legros souligne que les blogs de santé n'ont pas uniquement une valeur de témoignage mais une fonction pratique telle que la « diffusion de l'information sur les traitements, sur les symptômes, sur les formes de prise en charge au quotidien » (*ibid.* : 47).
- Les forums révèlent un immense désarroi et de grandes souffrances humaines ; les blogs de santé sont définis par l'auteur comme « un espace de paroles, parfois même un exutoire à des souffrances difficiles à supporter » (*ibid.* : 49) ; pourtant, Legros ajoute que « même si les auteurs ne les pensent pas dans cette perspective, la multitude d'informations diffusées sur les blogs relatives à la quotidienneté des souffrances et aux façons de les prendre en charge dans la famille constitue une source de savoirs ». Le nombre élevé de consultations des forums confirme ce point de vue.

4.2. Entre le cabinet médical et le groupe de parole

Le forum apparaît comme un moyen de s'informer sur le contenu de discours échangés lors du tête-à-tête entre le médecin et son malade et lors d'échanges collectifs au sein de groupes de parole.

Les fils de discussion des *Maladies rares et orphelines* apparaissent comme un moyen de confrontation collective d'expériences individuelles. Ce sont ces expériences partagées, qui, selon Nabarette (2002 : 269-270), fondent le sentiment d'appartenance à une communauté et qui font l'attrait des forums de santé. Parmi ces expériences figurent les comptes rendus de consultations avec le corps médical, qui sont communiqués par les participants du forum. Les discours médicaux peuvent être fidèlement rapportés comme dans l'énoncé suivant :

> « *Je reviens vers vous car j'ai eu mon rdv chez l'endo qui m'a fait quelque examens sanguins et urinaires.*
> *-Cortisol libre urinaire 50µg/24h norme 35-80*
> *-cortisol sanguin fait à 11h30: 730 norme 60-190*
> *l'endo ne m'a pas donné les résultats, c'est mon médecin traitant qui me les a donné en m'indiquant que c'était quand même élevé.* » (Maladie de Cushing)

Parmi les documents cités et commentés, on trouve des extraits d'ordonnance, des résultats d'analyse, des notices de médicaments. Peut-on considérer que la restitution fidèle et précise d'informations médicales personnelles constitue, comme le suggère Lemire (2009 : 21), une forme « d'obéissance passive » aux modèles classiques de prise en charge des questions de santé ? En ce sens, le forum serait alors le relais « d'un modèle professionnel de la conformité » qui, selon Lemire est encore largement répandu dans les systèmes de santé moderne. Inversement, la restitution de discours médicaux peut être empreinte de subjectivité qui traduit révoltes, ressentiments et, plus largement une remise en question sérieuse de la parole médicale, au point d'aller à l'encontre de prescriptions médicales.

> *« J'ai dû subir une seconde résection intestinale il y a environ 6 semaines... Donc pour l'instant, on me dit en rémission! [...] Mais voilà que mes douleurs articulaires se sont empirées... [...] Mes médecins semblent prendre cela à la légère, comme si je me plaignais pour rien! [...] Je songe à aller contre avis médical et cesser l'Humira! »* (Humira)

Dans cet énoncé qui est loin d'être isolé, c'est la parole des experts et leurs connaissances qui sont remises en cause, l'expérience des malades constituant une forme de revendication affichée de l'autorité. Neal et MCKenzie parlent à ce sujet « d'autorité affective » (Neal 2010). D'autres interventions vont dans le même sens, toutes semblent favoriser une « attitude proactive » de la part des internautes (Lemire 2009 : 21) : « *est ce que tu vois un hematologue ? si ca n'avance pas, si on ne te propose pas de te faire traiter par saignées ou par l'hydroxyuree (hydrea) alors vois un autre médecin !* » (Trombocytémie).

L'émergence d'une forme d'expertise sur une pathologie peut s'accompagner d'empathie envers les autres malades si bien que les forums de discussion peuvent, sous certains aspects, être comparés à des groupes de parole. Tout comme dans les forums, les participants aux groupes de parole, les patients et leurs proches, peuvent s'informer et partager sur la maladie. Cependant, alors que les groupes de parole font l'objet d'une démarche individuelle et sont accompagnés par des professionnels, la participation aux forums est anonyme et non encadrée. Or, l'anonymat semble faciliter la prise de parole ce qui permettrait de dépasser la peur de parler devant un groupe d'aide en le faisant sur Internet (Wood 2009)[63]. Par ailleurs, certaines études mentionnent que même si les membres d'une communauté ne se

---

[63] Cité par Järvinen-Tassopolos, 2010.

connaissent pas et qu'ils ne sont pas encadrés par un professionnel, les forums sont à même de favoriser l'entraide et le soutien (Nabarette 2002).

4.3. Des informations de tous niveaux

Alors que les sources d'information médicales sont fortement compartimentées en raison de la diversité des spécialités et de l'existence de circuits de validation bien distincts (Staii et al. 2006), les forums de santé, quant à eux, se caractérisent par des informations relevant de différents niveaux. *A priori*, c'est ce qui en fait l'intérêt essentiel pour les internautes, et le danger majeur pour les spécialistes.

Ainsi, les forums mêlent-ils différents niveaux de discours : documents médicaux personnels rendus publics, diagnostics de médecins divulgués, commentaires de patients sur ces discours, défouloir. Les interventions révèlent par ailleurs des postures énonciatives très différentes : un internaute peut tantôt intervenir comme malade qui souffre ; comme patient impliqué dans un processus de soin ; comme conseiller en matière administrative ; comme pharmacien, psychologue, thérapeute, diététicien, mère de famille, etc. Ces rôles énonciatifs sont enchevêtrés, les internautes se revendiquent rarement d'une quelconque expertise assumée, mais, dans tous les cas, leur prise de parole est légitimée par la maladie.

Parallèlement, le typage de l'information sous l'angle des contenus met en évidence une certaine confusion. Certes, une catégorie domine, les témoignages, qui retracent l'expérience personnelle des individus : on raconte sa maladie ou celle d'un membre de sa famille, on cherche à s'identifier à d'autres personnes. Mais ces informations personnelles se mêlent à des informations plus spécialisées et sont nourries de références extérieures censées appuyer les propos avancés. Ainsi 9% des messages contiennent des références à d'autres sources (soit 38 messages sur 409). C'est quantitativement bien peu et cela montre à quel point le statut de témoignage a une valeur probante qui se suffit à elle-même. Néanmoins, il est intéressant de noter que ces références remplissent plusieurs objectifs :
- Soutenir un propos : « *Etant etudiante en medecine, j'ai etudié les documents que j'ai pu trouver sur le sujet dans les archives d'hopital, et les constatations m'ont laissé perplexe, d'un medecin à l'autre, le pronostic ainsi que la gravité de la maladie ne sont pas les mêmes* » (Maladie Waldenström)
- Anticiper une évolution : « *D'après ce que j'ai lu, 1/3 des dermatomyosites annonce un cancer* ». (Dermatomyosite)

- Inciter les interlocuteurs à s'informer via d'autres sources : « *Voici le lien d un forum qui traite de la sarcoidose si ca peut aider ton entourage* http://www.annuaire-business.net/t [...] *9ab903c8c6*» (Sarcoïdose)
- Présenter une ressource créée par l'intervenant lui-même : « *monpapa a cree un site sur cette maladie la j'ai pas le nom mais des que je lai je vous le donne* » (Sarcoïdose)

Conclusion

Nos observations confirment le caractère hybride des forums de santé qui se manifeste à plusieurs niveaux tels que l'accessibilité, la validation et les propriétés de l'information.

Ainsi, la notion d'accessibilité renvoie-t-elle aussi bien à la disponibilité de l'information qu'à sa lisibilité, les forums étant faciles d'accès, compréhensibles par le profane, et relativement peu exigeants en termes de participation, puisque l'on peut les consulter à toute heure sans intervenir. Quant à la notion de validation qui s'exerce sous le contrôle de l'Etat pour l'information de santé et sous l'autorité des scientifiques pour l'information médicale, elle s'applique également aux forums. Toutefois, l'information n'est pas validée de manière traditionnelle mais puise sa légitimité dans le vécu, l'expérience et non l'expertise des intervenants. Les circuits de validation de cette nouvelle forme d'autorité dite « affective » en sont profondément modifiés, puisqu'ils sont régulés par les usages. Les propriétés de l'information empruntent enfin à différentes sources d'informations (scientifiques, pratiques, personnelles), mêlent différentes postures énonciatives, et c'est semble-t-il le mélange de ces composantes qui confère aux forums une aussi grande popularité.

Au-delà de nos observations sur les rapports que les malades entretiennent avec l'information, on peut anticiper un certain nombre d'évolutions dans le domaine. Evoquons par exemple, les modifications des pratiques professionnelles des médecins face à des patients (mieux?) informés, la nécessité pour les éditeurs de contenus de faire certifier leurs sources, de renforcer la modération, ou de réorganiser leurs ressources documentaires. Signalons enfin que même les experts commencent à reconnaître certains forums comme sources d'information. Ainsi, CISMeF, le catalogue et index de sites médicaux francophones du CHU de Rouen, cite 178 références de forums d'associations de patients ou de médecins.

Bibliographie

AKRICH M., MEADEL C. (2007), « De l'interaction à l'engagement : les collectifs électroniques, nouveaux militants de la santé », Hermès, n°47, p.145-153.

ANIS J. (dir.) (1999), *Internet, communication et langue française*, Paris, Hermès.

AYE P. (2009), *Les informations de santé sur internet pour le «grand public»: Illustration avec les e-pharmacies*, Thèse pour le diplôme d'Etat de docteur en pharmacie Université Claude Bernard - Lyon 1, faculté de pharmacie.

BEAUDOUIN V. (2002), « De la publication à la conversation. Lecture et écriture électroniques », *Réseaux n° 116, 2002/6,* p. 199-225. http://www.cairn.info/revue-reseaux-2002-6-page-199.htm (consultation en avril 2010)

BRUILLARD E. (2006), Editorial du Numéro Spécial Forum, « Le forum de discussion : un cas d'école pour les recherches en EIAH », *Sciences et Technologies de l'Information et de la Communication pour l'Éducation et la Formation*, Vol. 13 http://sticef.univ-lemans.fr/num/vol2006/sticef_2006_ns_edito.htm (consultation en avril 2010)

CLAVIER V., MANES-GALLO M-C., MOUNIER E., PAGANELLI C., ROMEYER H., STAII A. (2010), « Dynamiques interactionnelles et rapports à l'information dans les forums de discussion médicale ». In *Le Web relationnel : mutation de la communication ?* (sous la dir. de MILLERAND F. PROULX S. et RUEFF J.), Presses Universitaires du Québec, p. 297-312.

DOURY M., MARCOCCIA M. (2007), « Forum internet et courrier des lecteurs : l'expression publique des opinions », Hermès, n°47, p. 41-50.

EYSENBACH G., POWELL J., ENGLESAKIS M., RIZO C., STERN A., (2004), « Health related virtual communities and the effects of online peer to peer interactionsofelectronic support groups: systematic review », *British Medical Journal*, p. 328-1166

HARRY I., GAGNAYRE R. et D'IVERNOIS J.-F. (2008) « Analyse des échanges écrits entre patients diabétiques sur les forums de discussion. Intérêt pour l'éducation thérapeutique du patient », *Distances et savoirs,* 2008/3, vol. 63, p. 393-412

JÄRVINEN-TASSOPOULOS J. (2010), « Les jeux d'argent : un nouvel enjeu social ? » *Pensée plurielle*, vol.1, n°23, p. 65-76

LEGROS M. (2009), « Etude exploratoire sur les blogs personnels santé et maladie », *Santé publique,* vol. 21, HS, Nov-Déc., p. 41-51

LIEBENS F., AIMONT M., CARLY B., PASTIJN A., SWIMBERG S., LEMIRE M. (2009), « Internet et responsabilisation : perspective de l'usager au quotidien ». *Santé publique,* vol.21 (HS2), p.15-25.

MANGENOT F. (2004), « Analyse sémio-pragmatique des forums pédagogiques sur Internet », *in* Salaün J.-M. & Vandendorpe C. (coord.), *Les défis de la publication sur le Web : hyperlectures, cybertextes et méta-éditions*, p. 103-123. Villeurbanne, Presses de l'Enssib. http://w3.u-grenoble3.fr/espace_pedagogique/Chap6-defis.pdf (consultation en octobre 2010)

MARCOCCIA M. (2002), « Les communautés en ligne comme communautés de parole ». *Journées études «Internet, jeu et socialisation»*, organisées par le GET (Groupes des Ecoles des Télécommunications, INT, ENST Paris, ENST Bretagne), décembre 2002.

MARCOCCIA M. (2004), « L'analyse conversationnelle des forums de discussion : questionnements méthodologiques », *Les Carnets du CEDISCOR* (8) Paris, Presses de la Sorbonne nouvelle, p. 23-37

MILLERAND F., PROULX S., RUEFF J. (dir.) (2010), *Web social : mutation de la communication*, Presse de l'Université de Québec.

MONDADA L. (1999), « Formes de séquentialité dans les courriels et les forums de discussion. Une approche conversationnelle de l'interaction sur Internet », *Recherche,* Vol. 2/1, juin 1999, p.3-25. http://alsic.revues.org/index1571.html (consultation en octobre 2010)

NABARETTE H. (2002), « L'internet médical et la consommation d'information par les patients », *Réseaux,* n°114, p. 249-286

NEAL D., MCKENZIE P. (2010), « Rassembler les morceaux : les blogues sur l'endométriose, l'autorité cognitive et le comportement informationnel collaboratif » *Congrès international de l'ACSI (association canadienne des sciences de l'information),* Montréal, juin 2010. http://www.caisacsi.ca/proceedings/2010/CAIS005_Neal_McKenzie_Final.pdf (Consultation en octobre 2010)

PERAYA D. (2005), « Axes de recherches sur les analyses de communication dans les forums », *Symposium Symfonic*, Amiens (20-22 janvier)

QUEMERAS C. (2003), *Intérêt des listes de discussion destinées aux patients concernés par une pathologie rare, grave ou chronique: comparaison du point de vue de la population générale et du point de vue médical ,* Thèse de doctorat de médecine générale, Université de Brest- faculté de médecine. http://www.medicalistes.org/these/these.pdf (consultation en octobre 2010)

ROMEYER H. (2008), « Tics et santé : entre information médicale et information de santé », *Tic et société*, vol. 2, n°1, 2008. http://ticetsociete.revues.org/365 (consultation en avril 2010)

SENIS F. (2003), *Pourquoi accéder à l'information médicale sur Internet par le biais des groupes de discussions ? Qualité, centres d'intérêt et motivations des participants aux forums médicaux. A propos du forum Usenet Fr.bio.medecine.* Thèse de doctorat de médecine générale, Université de Bordeaux 2 - Faculté de médecine, 2003. http://www-fbm.medinet.fr.eu.org/these/these.pdf (consultation en octobre 2010)

STAII A., BALICCO L., BERTIER M., CLAVIER V., MOUNIER E., PAGANELLI C. (2006), « Les pratiques informationnelles des médecins dans les centres hospitaliers universitaires : au croisement de la logique scientifique et de la culture professionnelle », *Revue canadienne des sciences de l'information et de bibliothéconomie*, vol. 30, n°1/2, mars-juin 2006, p. 69-90

STAII A., OLOGEANU-TADDEI R. (2009), « Perméabilité des frontières organisationnelles et professionnelles : un exemple d'accompagnement du changement et de production de l'information sur les forums de discussion professionnels. » *Colloque Evolutions technologiques et information professionnelle : pratiques, acteurs et documents*, organisé par le Gresec, Université Stendhal, Grenoble, 10 et 11 décembre 2009

TOMS E. G. (2000), « Serendipitous Information Retrieval », *Proceedings of the Workshop Information Seeking*, Zurich, Searching and Querying in Digital Libraries. http://www.ercim.eu/publication/ws-proceedings/DelNoe01/3_Toms.pdf (consultation en octobre 2010)

Digito in foro ergo sum

Maria Rosaria COMPAGNONE[64]

Les premières recherches sur la *communication médiée par ordinateur* (CMO) remontent, pour ce qui concerne le monde anglo-saxon, aux années 80 (Baron 1984, Kiesler/Siegel/McGuire 1984). Cependant, les corpus examinés étaient souvent des recueils d'e-mails et de « chats » limités, dans la majorité des cas, au milieu universitaire. La propagation des moyens de communication a ensuite modifié nos vies et notre rapport aux autres. Désormais, dans les pratiques quotidiennes, un nombre toujours plus élevé d'individus éprouve le besoin d'écrire et de communiquer à travers le courrier électronique, les SMS, les blogs, les réseaux sociaux et les forums de discussion. L'utilisation d'un ordinateur en tant qu'outil permettant la communication est certainement en train de modifier notre façon de communiquer avec autrui. Cela induit donc un nouveau genre de discours porteur de marques linguistiques et extralinguistiques spécifiques.

Dans cet article, nous souhaitons nous pencher sur les forums de discussion, trop souvent négligés par rapport aux autres modes de communication offerts par Internet et la téléphonie mobile, et qui représentent pourtant un moyen d'échange de plus en plus prisé depuis une quinzaine d'années.

1. La notion de forum

Le « forum de discussion » est un endroit virtuel sur un réseau où plusieurs utilisateurs peuvent converser à la fois, et dans lequel chacun peut déposer plus ou moins librement ses avis et informations. L'échange, asynchrone, a lieu entre un émetteur et un destinataire représenté, lui, par la totalité des personnes qui participent à la discussion : il s'agit donc d'un rapport un/plusieurs. Toutefois, un échange ne présuppose pas nécessairement une intervention interactive entre les participants, et il est donc légitime de se poser la question de

---

[64] Doctorante en linguistique et sciences du langage auprès de l'Istituto Italiano di Scienze Umane et de l'Université Paris Ouest Nanterre La Défense. Son principal champ de recherche concerne l'analyse syntaxique et morpho-syntaxique du langage SMS en italien et en français. Dernière publication *La didattica del francese in Italia e le nuove tecnologie* in "Annali dell'Università Suor Orsola Benincasa", Napoli, 2009. mrosariacomp@gmail.com

savoir si les échanges observables dans les forums constituent une interaction. Une interaction, selon Kerbrat Orecchioni (1990 : 211), est définie sur la base de plusieurs critères externes et situationnels comme la nature et la destination du site (privé ou public), la nature du format participatif (nombre des participants à l'interaction, existence ou non d'une audience), le critère de l'unité de temps et de lieu, le critère thématique et l'existence de séquences limitatives à fonction d'ouverture et de clôture qui encadrent l'interaction proprement dite. Pour les conversations sur Internet, on ne conserve d'habitude comme paramètres définitoires que les critères de *l'unité thématique* et de *l'unité du site*. Pourtant, même avec ces restrictions, les paramètres choisis posent certains problèmes. *L'unité thématique* dans un forum est, en effet, relative, car malgré le thème à partir duquel s'élabore un développement progressif de l'argument, il faut mentionner une certaine désorganisation qui ne permet pas aux utilisateurs d'avoir une lecture globale des échanges et d'identifier ce qui est hors sujet. Dans ce type de communication où l'émetteur est un individu, le destinataire un groupe et la temporalité différée, cette asynchronie favorise la fragmentation thématique dans la mesure où chacun a tout son temps pour intervenir et faire, en l'occurrence, des digressions (Veerman, Andriessen et Kanselaar, 1999 : 84-85). *L'unité du site*, en revanche, qui représente l'une des composantes principales de l'interaction, ne peut pas être considérée, selon Marcoccia (2004), uniquement d'un point de vue métaphorique. Elle est donnée par le cadre thématique du site dans lequel le forum de discussion a lieu : par exemple, un forum sur le site de *operaclick* aura l'opéra comme thème dominant.

Pour ce qui concerne *l'unité du cadre participatif*, on peut l'identifier seulement en partie du fait qu'il y a d'habitude un groupe d'assidus au forum, mais aussi beaucoup de participants qui entrent et sortent de la discussion.

Le paramètre de *l'unité de temps* de la conversation est également difficile à circonscrire. Les échanges dans un forum ne se déroulent pas dans un cadre temporel unifié, il n'y a pas de concaténation temporelle du type question/réponse car une intervention peut avoir lieu longtemps après le lancement d'un débat. Dans notre corpus, par exemple, nous avons trouvé un forum où l'avant-dernière réaction a été postée le 6 mai 2004 et la dernière le 18 juin 2008.

En fait, comme l'observe Marcoccia (*op.cit.*), on peut considérer que les discussions ayant lieu dans un forum constituent une conversation si l'on accepte une définition souple de l'interaction, telle que celle proposée par Kerbrat-Orecchioni : « Pour qu'on ait affaire à une seule et même interaction, il faut et il suffit qu'on ait un groupe de participants modifiable mais sans rupture qui, dans un cadre spatio-temporel modifiable et sans rupture, parlent d'un objet modifiable et sans rupture ». Cette définition pourrait s'appliquer aux forums parce qu'en général, même si les participants entrent et sortent, le groupe fait preuve d'une certaine continuité dans le développement du sujet et le thème est bien exploité dans la majorité des cas. On peut donc considérer les discussions tenues dans les forums comme des interactions.

Cependant, il faut préciser que ce type de conversation a un caractère fragmentaire et que les forums sont en pleine évolution : si, au début, ils étaient utilisés pour entamer des conversations en ligne, on les retrouve de plus en plus aujourd'hui avec une fonction de support technique ou de réservoir dans lequel puiser des réponses aux problèmes décrits. La définition des forums, donc, varie selon les diverses fonctions qu'on leur attribue. Pour Marcoccia (*op.cit.*), ils entrent dans la sphère de « la communication médiatisée par ordinateur », et plus précisément constituent des « polylogues discontinus médiatisés par ordinateur », dans une définition qui allie ainsi l'intérêt pour la communication électronique et le cadre théorique de l'analyse conversationnelle. On trouve un même travail définitoire autour de l'expression « forum de discussion » dans l'article de Celik et Mangenot (2004). Initialement, le forum est un exemple de « communication médiatisée par ordinateur sur le mode écrit asynchrone public » mais, peu à peu, il passe du statut de dispositif technique de l'Internet à celui de forme de communication pédagogique dans l'enseignement à distance. Dès lors, le cadre interactionnel pris en compte croise les modèles d'interactions en classe de langue (interactions enseignant/apprenant, interactions entre pairs) et d'autres modes de communication pédagogique à distance. Le forum se définit alors comme une forme particulière de communication pédagogique. Dans une tout autre optique, Von Münchow (2004) considère le forum de discussion comme un « genre » à l'égal du « journal télévisé » ou de n'importe quel autre genre discursif. Les messages échangés deviennent alors des «énoncés» et sont étudiés comme tels.

Pour Colin et Mourlhon-Dallies, les forums de discussion seraient plutôt la réalisation sur support électronique d'une « discussion asynchrone par écrit en groupe restreint », l'équivalent par exemple du courrier des lecteurs des revues traditionnelles. Les forums sont alors structurés comme une configuration de textes rapportée à des données extra-textuelles.

Ces différentes définitions montrent comment les forums acquièrent une signification spécifique selon les cadres théoriques dont se réclament les auteurs en sciences du langage, et comment la notion même de forum a évolué au fil des années à la suite des formes que les participants lui ont données par l'utilisation.

2. Les propriétés des forums de discussion

Du point de vue de l'analyse linguistique, on observe que les problèmes traditionnels auxquels se heurtent les linguistes peuvent être surmontés grâce à la particularité de ce type de médium. Tout d'abord, le degré d'intrusion d'un chercheur qui assume le rôle d'observateur participant est sans aucun doute plus réduit que lorsqu'il pénètre dans un groupe ou une communauté de la vie « réelle ». On assiste à la chute du « paradoxe de l'observateur » mis en évidence par Labov (1973 : 113), paradoxe qui représente, comme l'explique Gadet[65], une référence omniprésente chez les sociolinguistes d'aujourd'hui, quelle que soit leur pratique effective. En effet, pour recueillir les informations, il faut observer les interactions, mais pour observer les interactions, il faut être sur la scène et la présence influence inévitablement la situation de communication. Existe-t-il une solution à ce paradoxe ? Pour ce qui concerne les forums, nous croyons que ce paradoxe est réduit au minimum. Marcoccia (2001 : 15) précise à cet égard : « Un forum de discussion est une correspondance électronique archivée automatiquement, un document numérique dynamique, produit collectivement de manière interactive. » De ce point de vue, il s'agit d'un corpus idéal pour l'analyse des conversations et l'analyse du discours, parce que celui qui conduit l'enquête ne rencontre plus certains des problèmes concrets et éthiques qui caractérisent en général les recherches sociolinguistiques : le dilemme concernant le microphone (exhibé ou caché) pour recueillir du matériel authentique, etc. Comme l'explique Marcoccia :

> Il s'agit d'échanges authentiques produits en l'absence de l'analyste qui les enregistre, ce qui permet d'éviter un des problèmes méthodologiques habituels de l'analyse des conversations (peut-on faire du micro caché, et sinon, comment évaluer le biais provoqué par l'enregistrement ?). (Marcoccia, 2004)

Tous ceux qui participent au forum savent que les messages sont conservés et qu'ils peuvent être lus par plusieurs personnes, même de simples spectateurs. Selon Marcoccia (2004) : « On est en fait en présence d'un type de corpus assez particulier pour lequel l'archivage est établi automatiquement et connu par les participants. »

---

[65] Gadet Françoise, « Derrière les problèmes méthodologiques du recueil des données » in *Texto !* juin-septembre 2003 [en ligne]. Disponible sur : http://www.revue-texto.net/Inedits/Gadet_Principes.html.

Un autre problème surmonté concerne la transcription des textes. « Le travail de transcription constitue une partie très importante de la recherche sur le terrain, en tant que préambule nécessaire à l'analyse du matériau recueilli et premier contact du chercheur avec les données. Cette activité exige beaucoup de temps, de patience et de concentration.» (Compagnone, à paraître). Les choses changent complètement avec les forums : nous sommes en présence de données directement mémorisées, sans le filtre sélectif que constituent les transcriptions de tiers. Cette particularité rend les données très fidèles parce qu'elle ne suppose aucune perte ni aucune correction involontaire. Comme l'expliquent Fairon *et al.* (2006 : 13), « l'opération de copie manuelle risque d'avoir altéré les données originelles, soit par des fautes de frappe, soit pas des corrections (in)volontaires ».

Un autre aspect, lié à des questions de méthodologie de la recherche, est la protection juridique des données personnelles, qui semble être favorisée par les forums. Les échanges peuvent s'effectuer entre des surnoms, *nicknames* ou plus simplement *nick,* et il n'est alors pas nécessaire de modifier le nom, comme on le fait pour les transcriptions car, comme l'observe Orletti (2004 : 316): « *Il processo di camuffamento delle identità è già realizzato nei dati.* »[66] L'anonymat peut cependant favoriser la construction d'une identité inventée dans la conversation, d'un individu différent de celui qui existe. Pour Pistolesi (1997: 223): « *Il nick costituisce il primo decisivo passo verso la comunità in quanto sintetizza la cultura e talvolta la psicologia (fittizia) di chi lo assume* »[67]. Ce phénomène, possible seulement dans la réalité virtuelle, prend le nom de *gender-swapping*[68], c'est-à-dire l'adoption d'une identité fictive, et il constitue un fait très répandu dont il ne faut pas sous-estimer l'importance car, dans la majorité des cas, une identité transparaît dans les usages linguistiques. Il est intéressant à ce propos d'observer que ceux qui se disent du sexe opposé semblent dans la majorité des cas être des hommes ; pour les femmes, ce phénomène est très rare. Cela peut être dû au fait qu'une femme reçoit plus d'attention qu'un homme, surtout lors de son entrée dans un forum. Il appartient donc au chercheur de vérifier si le comportement linguistique est cohérent avec les informations personnelles délivrées dans les messages. Si le genre est une forme d'auto-représentation, les pratiques discursives médiées par ordinateur devraient montrer en toute transparence les différences de genre à travers les indicateurs

---

[66] Le processus de camouflage des identités est déjà réalisé dans les données.
[67] Le *nick* constitue le premier pas vers la communauté puisqu'il synthétise la culture et parfois la psychologie (fictive) de la personne qui l'assume.
[68] On parle de *gender swapping* quand un individu prend l'identité de sexe opposé. Les chercheurs ont constaté que c'est une pratique assez courante sans qu'elle soit révélatrice de l'homosexualité ou du travestissement dans la vraie vie. (Bruckmann, 1993).

linguistiques, d'énonciation et de style. La linguiste américaine Herring (2000), par exemple, qui s'occupe de CMO depuis une dizaine d'années, a mené une étude sur les forums de discussion et a révélé la présence de certains indicateurs : les messages longs, le langage cru (insultes et blasphèmes), l'habitude de démarrer ou de fermer un débat dans le forum, la coutume de toujours faire valoir ses opinions comme des faits et l'attitude compétitive vers les autres locuteurs sont des traits qui appartiennent généralement aux utilisateurs hommes. En revanche, les messages relativement courts, l'aptitude à qualifier et justifier ses affirmations, la capacité à présenter des excuses, la tendance à exprimer solidarité et soutien aux autres semblent des caractéristiques typiques de l'écriture féminine. Du point de vue stylistique apparaissent des indicateurs d'émotivité tels que les points de suspension, les points d'exclamation, les points d'interrogation ou les émoticons, mais aussi des digressions longues et fréquentes indiquées par des parenthèses ou des tirets qui constituent un contexte intime se référant à des expériences et des savoirs partagés. Ces traits, selon Herring, suggèrent que la socialisation en face à face est transposée dans la conversation virtuelle :

> Males sometimes adopt an adversarial style even in cooperative exchanges, and females often appear to be aligned even when they disagree with one another, suggesting that gender socialization carried over from face-to-face interaction is at the root of these behaviors, rather than inherent character traits based on biological sex. (Herring, 2000)[69].

Les différences de genre dans la CMO concernent également l'intensité de la participation dans les forums : les femmes ne sont pas très présentes et, d'ailleurs, elles perdent tout intérêt en cas d'absence de réponse (*idem*).

Le *nick*, comme nous l'avons relevé pour le *chat* (Compagnone, à paraître), semble compenser l'absence d'aspects physiques dans un monde purement verbal. En effet, si l'on analyse les profils ou les informations données par les divers utilisateurs, on remarque que souvent les participants se décrivent de façon très séduisante, et le *nick* est généralement très soigné. Le surnom a un peu la fonction d'une carte de visite : son but est d'attirer et de susciter la curiosité des autres

---

[69] Les hommes parfois adoptent un style contradictoire même dans des échanges de coopération, et les femmes semblent souvent être alignées même quand elles sont en désaccord, ce qui suggère que la socialisation des sexes transposée de l'interaction face à face est à l'origine de ce comportements, plutôt que les traits de personnalité fondés sur le sexe biologique.

membres du forum. Assumer des identités, des rôles et des noms différents de la réalité est, en fait, une pratique courante pour les participants. Un membre d'un forum peut être qui il veut être. Il peut se redéfinir complètement. Il peut aussi déclarer être du sexe opposé. On peut donc considérer les forums comme des laboratoires sociaux très importants pour expérimenter la construction et la reconstruction de soi : les utilisateurs se modèlent et se recréent dans la communication. Nous avons choisi comme objet d'étude une série de forums en langues italienne et française extraits des sites *aufeminin.com, masculin.com, europe1.fr (libre antenne), genaisse.com, forumdesados.net, studenti.it, alfemminile.com, gekissimo.net, ircnapoli.com.*

L'étude conduite souligne synthétiquement les avantages des forums : les utilisateurs semblent être plus désinhibés et expérimentent également la possibilité de modifier leur identité sexuelle afin de mieux connaître l'autre sexe, comme un moyen de se mettre dans la peau de l'autre. Les forums permettent ainsi d'aborder des conversations protégées par la barrière de l'écran et qui, autrement, pourraient être très gênantes. Dans les forums analysés (sauf *gekissimo,* forum italien spécialisé en technologie et Internet), nous avons trouvé une tendance à aborder des thématiques très intimes, souvent liées à des problèmes d'ordre sexuel (vaginisme, éjaculation précoce, troubles de l'érection, premières expériences sexuelles, etc.) et il ne manque pas de témoignages de remerciements pour les conseils et conversations trouvés sur le forum, souvent présentés comme une aide précieuse pour résoudre le problème. Dans ce cas, alors, le forum devient une importante source de savoir théorique enrichie de conseils pratiques et de témoignages personnels.

Au niveau structurel, la conversation peut être en outre mieux organisée dans un forum de discussion que dans une interaction orale. Cela a été confirmé par une recherche sur la *computer conference* conduite par le M.I.T. (Massachusetts Institute of Technology) : l'équivalent de la langue écrite tend à être mieux pensé et mieux structuré qu'une conversation en face à face, et cela parce que les participants ont plus de temps pour réfléchir et développer l'idée afin de la présenter de la meilleure façon possible (Bruckman, 1992). Il faut cependant noter que tous les échanges par ordinateur, qu'il s'agisse de mails, de chats ou de forums, présentent un style très rapide et concis par rapport aux traditionnels moyens de communication comme la lettre ou le téléphone.

3. Le langage des forums

L'avènement des nouvelles technologies a relancé la langue écrite, qui semblait souffrir de désaffection, mais pour certains au détriment de la grammaire et de la syntaxe : « *La scrittura, regina decaduta degli esordi dell'era elettronica, acquista una rinnovata importanza nel momento in cui diventa digitale, padrona ancora incontrastata della comunicazione telematica* »[70]. (Spina, 2001 : 32).

Il faut donc reconnaître que le caractère normatif tend à être marginalisé par ces types de communication au style informel, recourant à des troncations, des phonétismes et des variétés régionales comme éléments d'une variation diaphasique orientée vers le bas. Loin d'être un fait marginal, le langage véhiculé par les forums présente une forte expansion favorisant l'économie et la rapidité de frappe, ce qui permet d'avoir un type de graphies qui évoquent, pour certaines caractéristiques, l'oral. Un des processus les plus caractéristiques est, comme pour les SMS et les chats, la substitution phonique, c'est-à-dire l'utilisation phonétique des lettres pour représenter une syllabe homophone, au prix de la perte d'identité des mots (Anis, 1999 : 88). Cette phonétisation des lettres ne se limite pas aux syllabes d'un mot mais peut s'étaler sur plusieurs mots, comme dans *G* (*J'ai*), *C* (*c'est*), *CT* (*c'était*). Dans ce cas, elle donne lieu à un phénomène de substitution phonétique totale. La réduction aussi est un processus très commun dans les forums. Comme pour la substitution, on peut trouver des réductions phonétisées et des réductions de type graphique. Les réductions phonétisées, même si elles concernent le niveau morphologique, sont surtout attestées à l'oral[71] : c'est le cas des sigles et des troncations, parus secondairement à l'écrit et qui se sont propagés rapidement avec l'écriture électronique. Elles concernent dans la majorité des cas les substantifs mais il ne manque pas d'exemples de troncation de verbes. L'élimination de certains graphèmes comme les finales muettes des mots ou les voyelles rentre plutôt, en revanche, dans l'ordre des réductions graphiques. Enfin, parmi ce type de réductions, une place importante est occupée par les squelettes consonantiques, mots communs charpentés quasi-exclusivement autour de leurs consonnes. Dans ce cas, il faut reconstruire le mot pour pouvoir le lire (p. ex. tjs = toujours). Ce processus d'abréviation fait penser au système d'écriture des langues sémitiques comme l'hébreu ou l'arabe classique,

---

[70] L'écriture, reine déchue des débuts de l'ère électronique, acquiert une nouvelle importance au moment où elle devient digitale, maîtresse encore incontestée de la communication électronique.

[71] La description de la langue et des changements qui la concernent sur le plan phonique commence plutôt tardivement dans l'histoire des sciences du langage mais, comme l'observe Gadet, elle est élaborée rapidement au cours du XXe siècle, grâce aussi à des documents d'extrême importance : « La description peut s'appuyer sur des documents solides : des notations fiables, du dictionnaire de Michaelis et Passy (1897) à celui de Martinet et Walter (1973) ; des descriptions effectuées tout au long du siècle, comme Martinon (1913), Grammont (1914), Straka (1952), Delattre (1966), Carton (1974), Lucci (1983 a) ; d'enregistrements et d'enquêtes ». (Gadet 1999, p. 590).

basé sur le développement des racines trilettres, à partir desquelles les adjectifs, les substantifs et les autres parties du discours sont dérivées. Les langues sémitiques, donc, indiquent les différences morphologiques et sémantiques à travers les variations vocaliques internes, tandis que les langues indo-européennes expriment ces différences par les désinences. C'est sûrement l'une des raisons pour lesquelles l'utilisation des racines trilettres est plus rare dans les langues comme l'italien et le français. En réalité, il n'y a pas seulement une différence entre les langues sémitiques et les langues indo-européennes, mais aussi à l'intérieur même des langues indo-européennes : l'italien et le français sont, par rapport à l'allemand et à l'anglais, moins familiers des phrases basées sur l'utilisation des consonnes. La raison principale réside une fois encore dans les voyelles, qui jouent un rôle très important dans les langues romanes.

Une autre caractéristique innovante de la langue des forums est l'utilisation des émoticons[72] comme conventions employées pour compenser le manque de repères paralinguistiques tels que l'intonation et les gestes (Baron, 2000; Kruger *et al.*, 2005) :

> En général, ces phénomènes de type émoticon sont traités dans la perspective de la pragmatique énonciative : on considère qu'il s'agit de substituts aux mimiques faciales appelant à la connivence ou à la compassion, ou encore d'invitations à interpréter le message au second degré, de sorte d'aide à la lecture. (Mourhlon-Dallies et Colin, 1999 : 13)

La naissance des icônes utilisées dans les forums et nommées *smileys* ou *émoticons* remonte au début de la diffusion d'Internet. Lors des premiers forums de discussion, une phrase mal interprétée pouvait en fait provoquer des équivoques et des rancœurs. Les messages échangés n'arrivaient à transmettre aucun trait caractéristique de l'auteur, raison pour laquelle on pensa à ajouter un commentaire du type *rire* ou *smile*. On remarqua ensuite que certains caractères pouvaient dessiner une espèce de sourire et transmettre ainsi quelque chose de plus par rapport au message. Il est très important de souligner que dans ce type de signe, le rapport entre signifiant et signifié est basé sur l'analogie : le smiley est donc une icône qui dépasse la langue utilisée par les auteurs des messages. Loin d'être un simple dessin pour des enfants, les émoticons permettent ou peuvent permettre un

---

[72] Émoticon signifie icône des émotions. Avec les caractères typographiques, les deux points, le tiret et la parenthèse, on peut représenter un visage, il suffit de tourner la tête de 90° et le signe :-) deviendra ☺. Nous précisons que le terme émoticon a en français une terminologie concurrentielle : *binette* (répandu surtout dans le Canada francophone), *frimousse*, *souriant* (les deux attestés en France).

enrichissement non négligeable du texte dans lequel ils sont insérés. Ils méritent donc d'être considérés comme de véritables instruments d'optimisation linguistique et d'être analysés comme tels. Selon Pierozak :

> L'aspect isolable (aisément repérable) et singulier (étonnant, voire caractéristique et donc stéréotypique) du smiley n'est sans doute pas négligeable dans le succès de ce dernier. Ce succès se vérifie non seulement auprès de la communauté linguistique, mais aussi dans l'attention que lui portent tôt ou tard les linguistes s'intéressant aux usages associés aux nouvelles technologies, au point qu'on puisse penser qu'un si petit élément ne réserve plus guère de surprise : son étude semble toute tracée, et suscite par là généralement peu d'attente. Et pourtant, en premier lieu, le smiley est déjà un lieu de contradictions au regard des partages habituels entre non linguistique et linguistique (et entre segmental et non segmental), posant ainsi de redoutables questions aux linguistes » (Pierozak, 2007 : 75-76).

Pour Marcoccia (2004), les émoticons rentreraient dans le processus plus vaste de volonté de créer un « face à face » à travers l'écrit. Cependant, comme Marcoccia et Gauducheau (2007 : 285) l'observent encore, cette symétrie n'est pas admise par des chercheurs comme Crystal (2001 : 34), Walther et D'Addario (2001) qui soulignent que les smileys sont produits volontairement, ce qui n'arrive pas avec le verbal. Contrairement au non verbal « traditionnel » cependant, l'absence de smileys ne signifie pas nécessairement que l'auteur ne ressent aucune émotion, parce qu'il peut décider de ne pas la manifester volontairement avec un émoticon, de la même façon que l'insertion d'un smiley ne garantit pas l'authenticité d'un sentiment.

Au niveau de la syntaxe, les messages français postés dans les forums présentent l'omission de certaines parties grammaticales. La suppression du *ne* dans les phrases négatives est en fait un phénomène constant dans notre corpus et qui dérive de l'oralité. Cette tendance à éliminer ce qui apparaît entre le sujet et le verbe s'est propagée rapidement à l'écriture électronique dans un souci de gain de temps et d'espace en permettant la réalisation d'un écrit qui, à travers ses caractéristiques, y compris la syntaxe, se rapproche de l'oral. On a trouvé également l'omission du pronom impersonnel *il*, surtout avec le verbe *falloir* (ex. *et pi faudrait en discuter avec lui...*). En ce qui concerne les interrogations, la majorité des interrogatives sont réalisées à travers la particule interrogative ou avec le seul point d'interrogation en tant qu'élément distinctif (un peu sur le modèle des interrogations fondées sur l'intonation), tandis que les interrogations avec inversion du sujet sont presque absentes. Une autre caractéristique de l'écriture des forums, que l'on retrouve de temps à autre, est l'omission des accords. Une bonne partie de la syntaxe du français, en fait, repose sur l'accord de tel élément avec tel autre : accord du verbe avec le sujet, de l'adjectif avec le nom, etc. Or, les accords sont souvent négligés, ce qui peut parfois augmenter l'ambiguïté de l'expression.

Pour les forums en italien, au niveau syntaxique, comme l'avait déjà prévu Berruto pour le parlé, la gamme des conjonctions et autres liens est très réduite et répétitive. Dans l'ensemble, les éléments de coordination ne sont pas nombreux et souvent, les périodes sont liées par asyndète. Toujours au niveau des liens, nous avons trouvé dans les forums en langue italienne quelques exemples de *«che polivalente»*[73]. Les forums italiens sont également à mentionner pour le retour aux dialectes et aux formes linguistiques dialectales. L'usage du dialecte a ainsi une fonction connotative par rapport au signifiant, parce qu'il place le texte à un endroit donné et évoque donc l'adhésion des interlocuteurs à la même zone géographique, au même statut social (bien que la plupart du temps le dialecte soit utilisé uniquement à des fins de plaisanterie par l'utilisateur) et au même univers d'expérience. Notre corpus se résume seulement à une série de conversations en langue napolitaine et à des échanges qui présentent plutôt des phénomènes de *code-switching,* c'est-à-dire un brusque passage de la langue au dialecte, recueillies sur *ircnapoli.com*. Il faut souligner aussi qu'il s'agit d'un dialecte un peu «arbitraire». En ce qui concerne la langue napolitaine, l'orthographe utilisée dans les messages diffère en fait considérablement de celle traditionnellement adoptée par les auteurs de poésie, de chanson et de théâtre. Sans tenter une description analytique des critères adoptés, il faut signaler, comme déviation de la tradition, au moins la tendance à éliminer toutes les voyelles finales centralisées, tandis que dans l'orthographe commune les voyelles finales centralisées sont représentées soit avec un *–e* final, soit avec une voyelle étymologique désormais muette. Cela arrive aussi dans d'autres dialectes. Selon Berruto (2004 : 111), l'essentiel du lexique est constitué d'italianismes adaptés à une forme morphologique et phonétique dialectale, en général par effacement de la voyelle atone finale. À remarquer que la sonorisation de la consonne occlusive intervocalique *d* est une caractéristique des dialectes septentrionaux. Les messages en dialectes sont, comme nous l'avons expliqué, limités pour la plupart au napolitain, mais ces résultats peuvent fournir des pistes pour les prochains travaux de recherche. Les différences entre les diverses situations de l'Italie, ou « des Italies », pour le dire comme De

---

[73] En italien le «che polivalente» est intermédiaire entre le pronom et la conjonction.

Mauro, ont toujours été évidentes et prises pour acquises. Un vaste corpus de textes en dialecte ne devrait par conséquent pas être étudié dans une optique sectorielle qui se concentre sur chaque région indépendamment des autres, mais dans une perspective qui prenne appui sur la comparaison systématique entre les différents domaines sociolinguistiques afin de révéler les traits saillants de ce qui unit et de ce qui différencie. La découverte de la diversité dans l'écriture des messages sur les forums devrait donc devenir un objet de recherches.

L'équivalent des forums en dialecte n'existe pas en français, mais il faut citer l'existence de sites web, pour l'Italie et la France, entièrement ou partiellement en dialecte. Patrucco avait, en 2001, trouvé 198 sites italiens écrits en dialecte, parmi lesquels 52 interactifs, organisés de manière à présenter des espaces pour les interventions des internautes (*forums, newsgroup*). Il existe de tels sites en breton, occitan, auvergnat, où les internautes peuvent recourir ouvertement à la langue minorée pour la soutenir, et également promouvoir les traditions locales.

Conclusion

Le langage des forums est très proche de celui des SMS et des chats. Il présente de nombreuses abréviations liées aux exigences d'économie et visant à réduire le temps d'écriture, comme les sigles, troncations, graphies phonétisantes. Il est également très proche de la variété des jeunes grâce à la nature informelle de l'échange, souvent perceptible dès les formes de salutations. Nous avons à ce propos noté des surnoms et des allocutions typiques du langage des jeunes. En ce qui concerne le choix des mots, les textes présentent aussi des éléments marqués tels que le jargon, l'argot, les emprunts à d'autres langues, les onomatopées dérivées des bandes dessinées, des termes empruntés à l'informatique et des expressions régionales ou dialectales. L'analyse montre que, malgré la richesse des formes grammaticales et des structures syntaxiques de l'italien et du français, la communication des forums se caractérise par une écriture très simple au niveau syntaxique avec une série de structures qui se répètent souvent dans la chaîne des messages.

En conclusion, nous croyons que les exigences de brièveté, simplicité et rapidité propres à la communication «d'écran à écran» favorisent une série de graphies représentant des formes qui proviennent du registre courant ou familier de la langue parlée et qui se rapprochent des effets d'oralité. Ces effets ne concernent pas seulement les graphies voulues comme une sorte de transcription de l'oral, mais aussi des astuces telles que les lettres majuscules plusieurs fois répétées, les structures simples des phrases et l'absence de subordonnées. Il nous semble donc significatif d'insérer ces écrits dans un contexte plus vaste, celui de l'italien et du français contemporains, parlés et écrits, et de leurs évolutions. La structure des messages postés dans les forums présente en effet de fortes affinités avec une standardisation en train de s'opérer dans les deux langues. Il est évident que les nouvelles technologies apportent des changements très importants dans les systèmes linguistiques et les situations de communication : la formalité tend à être marginalisée par ces formes de communication qui adoptent un style informel de base, en recourant à des expressions argotiques comme éléments de variations diaphasiques vers le bas, un changement extrêmement significatif qui rentre dans le processus du devenir historique des langues.

Bibliographie

ANIS J. (dir.) (1999), « Chats et usages graphiques du français » in *Internet communication et langue française*, Paris, Hermes Science

BARON N.S. (2000), *Alphabet to Email: How Written English Evolved and Where It's Heading.* London, Routledge

BARON N.S. (1984), « Computer-mediated communication as a force in language change » in *Visible Language,* 18 (2)

BERRUTO G. (2004), *Prima lezione di sociolinguistica,* Bari, Laterza

BRUCKMAN A. (1993) « Gender Swapping on the Internet » in Ludlow P. (eds) *High Noon on the Electronic Frontier. Conceptual Issues in Cyberspace*, MIT Press Cambridge, MA.

BRUCKMAN A. (1992) « Identity Workshops: Emergent Social and Psychological Phenomena » in *Text-Based Virtual Reality*, MIT Media

CELIK C., MANGENOT F. (2004) « La communication pédagogique par forum : caractéristiques discursives » in *Les Carnets du Cediscor*, 8. Publication en ligne. Disponible à l'adresse : http://cediscor.revues.org/695

COLIN J-Y., MOURLHON-DALLIES F. (2004) « Du courrier des lecteurs aux forums de discussion sur l'internet : retour sur la notion de genre » in *Les Carnets du Cediscor*, 8. Publication en ligne. Disponible à l'adresse : http://cediscor.revues.org/707

COMPAGNONE M.R. (à paraître), « Internet : peut-on parler de terrain » in *Questions vives en sociolinguistique,* PUP

CRYSTAL D. (2001), *Langage and the Internet*, Cambridge, Cambridge University Press, 2001

FAIRON C., KLEIN J-R., PAUMIER S. (2006), *Le langage sms. Etude d'un corpus informatisé à partir de l' enquête «faites don de vos sms à la science»*, Presses Universitaires de Louvain

GADET F. (2003), « Derrière les problèmes méthodologiques du recueil des données » in *Texto !* Publication en ligne. Disponible à l'adresse : http://www.revue-texto.net/Inedits/Gadet_Principes.html

GADET F. (1999), « La langue française au XXe siècle » in Chaurand J.(dir.), *Nouvelle histoire de la langue française*, Paris, Seuil

HERRING S.C. (2000), « Gender differences in CMC: Findings and implications » in *CPSR Newsletter*, 18(1). Publication en ligne. Disponible à l'adresse: http://cpsr.org/issues/womenintech/herring/

KERBRAT-ORECCHIONI C. (1990), *Les interactions verbales*, Paris, Armand Colin

KIESLER S., SIEGEL J., MCGUIRE T.W. (1984), « Social psychological aspects of computer-mediated communication » in *American Psychologist,* 39 (10)

KRUGER J. *et al.* (2005), « Egocentrism Over E-Mail : Can We Communicate as Well as We Think ? » in *Journal of Personality and Social Psychology*, vol.89, n°6

LABOV W. (1973), « Some principles of linguistic methodology » in *Language in Society* 1

MARCOCCIA M. (2004), « L'analyse conversationnelle des forums de discussion : questionnements méthodologiques » in *Les Carnets du Cediscor*, 8. Publication en ligne. Disponible à l'adresse: http://cediscor.revues.org/220

MARCOCCIA M. (2001) « L'animation d'un espace numérique de discussion : l'exemple des forums usenet » in *Document Numérique*, vol. 5, n°3-4

MARCOCCIA M., GAUDUCHEAU N. (2007), « Le rôle des smileys dans la production et l'interprétation des messages électroniques » in Gerbault J. (dir), *La langue du cyberspace*, Paris, L'Harmattan

MOURLHON-DALLIES F., COLIN J.-Y., (1999), « Des didascalies sur l'internet ? », dans Anis J.(dir.), *Internet, communication et langue française*, Paris, Hermes Science

ORLETTI F. (2004), « La lingua nella rete: caratteri linguistici, testuali ed interazionali della comunicazione mediata dal computer » in *Generi, architetture e forme testuali: Atti del VII Convegno SILFI (Roma, 1-5 ottobre 2002),* Cesati editore

PATRUCCO E. (2001), *Dialetto on line. Osservazioni sulla presenza dei dialetti nord-occidentali in Internet.* Tesi di laurea inedita, Facoltà di Lettere e Filosofia dell'Università, Torino

PIEROZAK I. (2007), « Et le smiley sous un angle émique ? Coénonciation et accommodation, remarquable et complexité » in Gerbault J. (Ed.), *La langue du cyberspace*, Paris, L'Harmattan

PISTOLESI E. (1997), « Il visibile parlare di IRC (Internet Relay Chat) » in *Quaderni del Dipartimento di Linguistica*, n°8, Università di Firenze

SPINA S. (2001), *Fare i conti con le parole. Introduzione alla linguistica dei corpora*, Perugia, Guerra

VEERMAN A.L., ANDRIESSEN J.E.B., KANSELAAR G. (1999), «Collaborative learning through computer-mediated argumentation» in *International Society of Learning Science*, Palo Alto

VON MÜNCHOW P. (2004), « Le discours rapporté dans un forum de discussion sur l'internet » in *Les Carnets du Cediscor*, 8. Publication en ligne. Disponible à l'adresse: http://cediscor.revues.org/702

WALTHER J.B., D'ADDARIO K.P. (2001), « The Impact of Emoticons on Message Interpretation in Computer-Mediated Communication » in *Social Science Computer Review,* vol. 19, n°3

L'expression et le rôle des émotions dans les forums de discussion

Hassan ATIFI[74]
Nadia GAUDUCHEAU[75]
Michel MARCOCCIA[76]

Ce chapitre traite de la problématique des émotions dans la communication médiatisée par ordinateur (CMO), et plus précisément dans les forums de discussion. La dimension personnelle et émotionnelle de la CMO paraît évidente pour les pages personnelles sur le web ou pour les weblogs, souvent assimilés à des journaux intimes numériques (Lejeune, 2000). Cette dimension paraît plus complexe dans les forums de discussion, qui amènent à s'interroger sur l'expression des émotions dans un espace d'échanges à la fois interpersonnels et publics.

Les travaux en analyse des interactions (dans le champ de la psychologie ou de la linguistique de la communication) ont mis en évidence l'importance de l'expression des émotions dans les interactions communicatives en face à face. Dans ce type d'interaction, le non verbal et le paraverbal jouent un rôle primordial pour la communication émotionnelle. Par conséquent, les forums de discussion peuvent apparaître comme des dispositifs rendant problématiques l'expression et le partage des émotions. Après avoir discuté cette thèse, nous observerons, à travers une analyse de corpus, que de nombreux messages postés dans des forums de discussion contiennent diverses manifestations émotionnelles. Nous décrirons ces procédés d'expression des émotions et présenterons quelques pistes pour analyser leur rôle.

---

[74] Maître de conférences en Sciences de l'Information et de la Communication à l'Université de technologie de Troyes. Membre de l'équipe Tech-CICO (ICD, UTT), ses recherches s'inscrivent dans le champ de l'ethnographie de la communication et traitent entre autres de la variable culturelle dans la CMO. hassan.atifi@utt.fr

[75] Maître de conférences en Psychologie à l'Université de technologie de Troyes. Membre de l'équipe Tech-CICO (ICD, UTT), ses recherches s'inscrivent dans le champ de la psycho-ergonomie et traitent du lien entre émotions et TIC. nadia.gauducheau@utt.fr

[76] Maître de conférences en Sciences de l'Information et de la Communication à l'Université de technologie de Troyes. Membre de l'équipe Tech-CICO (ICD, UTT), ses recherches s'inscrivent dans le champ de l'analyse des interactions communicatives et traitent des caractéristiques discursives et interactionnelles des échanges médiatisés par ordinateur. michel.marcoccia@utt.fr

1. Expression des émotions, communication interpersonnelle et espace médiatique

Le rôle de l'expression des émotions dans les interactions en face à face a été largement étudié dans le champ de la psychologie (Cosnier, 1994). Ainsi, exprimer ses émotions sert à s'ajuster à autrui en situation d'interaction, car cela permet aux interactants d'avoir accès à l'état d'esprit de leurs partenaires. Par ailleurs, l'expression des émotions est impliquée dans la synchronisation des échanges. Enfin, elle contribue à la construction des identités et des rôles sociaux. L'expression des émotions facilite aussi le partage social notamment dans le cas de récits d'épisodes émotionnels, qui ont pour fonction la réorganisation de l'expérience, le renforcement des liens sociaux (par des mécanismes d'empathie) et la transmission de savoirs au groupe (Rimé, 2005).

Ces différentes fonctions de l'expression des émotions sont centrales dans les interactions en face à face. Qu'en est-il dans les échanges en forums et, de manière plus générale en CMO ? Peut-on exprimer ses émotions, les faire comprendre et les partager dans un forum de discussion ? Si oui, quels procédés permettent une communication émotionnelle efficace ? A quoi pourrait servir l'expression des émotions dans un forum ? Peut-il par exemple y avoir partage social des émotions et empathie dans un forum de discussion, où, en principe, les gens ont une connaissance limitée de l'identité de leurs interlocuteurs ?

Contrairement à d'autres dispositifs de CMO qui sont strictement dédiés à la communication interpersonnelle privée (comme le courrier électronique) ou à la communication publique « de masse » (comme la page personnelle sur le web), le forum de discussion combine des éléments interpersonnels et publics. Baym (1998) propose d'ailleurs de qualifier les forums de dispositifs de « communication interpersonnelle de masse » dans la mesure où ils rendent publics des échanges interpersonnels.

En rapprochant les forums de discussion de la communication de masse, on peut opérer une autre comparaison, moins courante dans la littérature sur la CMO, entre forum et espace médiatique : observe-t-on des similitudes entre la place des émotions dans les forums et dans l'espace télévisuel ? Depuis le début des années 80, on a observé l'apparition d'émissions de télévision basées sur les témoignages de « personnes ordinaires » : télé-confessions, reality-show, etc. La télévision de l'intimité (Mehl, 1996) propose un lieu de médiation entre espace public et espace privé, articulant le témoignage intime et le discours généralisant. Ce type de dispositif télévisuel favorise la construction identitaire et implique un pacte compassionnel, c'est-à-dire une empathie entre le téléspectateur et le témoin (Mehl, 1996). On peut noter quelques éléments de similitude entre les forums de discussion et la télévision de l'intimité, par exemple la valorisation de la parole profane (un malade préférera partager son expérience avec d'autres malades dans le forum *Doctissimo* plutôt que s'adresser à son médecin) ou l'utilisation de l'émotion à des fins argumentatives ou de mobilisation (exprimer sa colère à l'égard du service fourni par une entreprise, par exemple). De même, l'organisation des discours de témoignage dans les forums de discussion peut être similaire aux séquences de récit émotionnel dans les talk-shows (Atifi & Marcoccia, 2001).

2. Emotions et communication médiatisée par ordinateur

Dans le champ des études sur la communication médiatisée par ordinateur, de nombreux travaux sont consacrés à l'effet de la CMO sur les relations interpersonnelles et, indirectement, à la question des émotions. Ces recherches, globalement issues de la psychologie sociale, abordent les questions suivantes : le caractère intime des relations en CMO, les phénomènes de dévoilement de soi, l'attraction interpersonnelle, la formation d'impressions, etc. Autant de phénomènes qui impliquent l'expression, la reconnaissance et le partage d'émotions. Par exemple, la construction de l'intimité en CMO, abordée par Hian et al. (2004), nécessite une implication affective entre les personnes.

Ces travaux reposent sur une opposition entre deux thèses (Gauducheau, 2008). Selon certains travaux, relevant de la « *cues-filtered-out approach* » (Kiesler, Siegel, & McGuire, 1984 ; Sproull & Kiesler, 1986), la CMO est peu propice à une communication centrée sur les aspects socio- émotionnels car elle se caractérise par le manque d'informations sur autrui (identité socio-professionnelle, âge, sexe, ethnie, kinésique), auquel s'ajoute l'anonymat ou le pseudonymat en usage dans de nombreux forums. Cette thèse, assez ancienne, a été largement contestée par d'autres travaux qui montrent que la CMO permet, voire favorise, l'expression des émotions. Partageant un même constat sur le filtrage des éléments contextuels, ces recherches s'attachent à montrer que les internautes dépassent cette faiblesse du dispositif. On observe alors des phénomènes de construction de relations intimes (Parks & Floyd, 1996 ; Hian et al., 2004) ou d'échanges agressifs (Siegel et al., 1986), par exemple. Par ailleurs, Joinson (2001) considère que les cadres sociaux normatifs sont moins respectés dans les échanges médiatisés par ordinateur, ce qui conduit à un dévoilement de soi et à l'expression de sentiments habituellement réprimés. Enfin, Walther (1996) considère que la CMO, sous certaines conditions, peut transmettre des informations sociales, personnelles ou émotionnelles. Pour atteindre cet objectif, les internautes expriment leurs émotions et, pour ce faire, adaptent leurs comportements langagiers pour représenter la dimension sociale manquante. La possibilité de prendre le temps d'écrire le message permet notamment la mise en place de ces stratégies, par exemple la présence de phénomènes tels que la ponctuation expressive ou les smileys propres aux forums de discussion. La CMO est donc, selon Walther, plus personnelle car elle nécessite une mobilisation et une implication individuelle plus importante dans la mesure où les individus choisissent davantage ce qu'ils donnent à voir à autrui. Notre travail se situe dans le prolongement de cette thèse, puisque, selon nous, la question n'est pas de savoir si le forum de discussion permet ou non l'expression des émotions mais plutôt de décrire les procédés sémio-discursifs utilisés par les internautes pour la communication émotionnelle et de s'interroger sur leur spécificité et leur rôle.

3. Méthodologie et corpus

Notre démarche relève d'une double méthodologie. Une observation persistante (ou longitudinale, Herring, 2004) dans un premier temps : une consultation régulière de trois forums nous permet d'être familiers avec les usages observés et de pouvoir juger de leur représentativité. Dans un second temps, nous passons à l'analyse d'un échantillon de messages, en utilisant une méthode d'observation-balayage (Goodwin & Goodwin, 1989). Cette méthode a été appliquée à trois forums de discussion.

Le premier forum étudié est un forum de discussion entre adolescents accessible à partir du site web *www.ados.fr*. Ce site web est très fréquenté : c'est le 16ème site français le plus visité, avec plus de 4 millions de visites par mois. Ce site donne la possibilité de consulter douze sous-forums différents, liés à des thèmes intéressant les adolescents (le cinéma, la mode, l'amour, les people, le sport, etc.). En 2010, ces forums, qui sont modérés, comptent un peu plus de 9 millions de messages.

Le second forum étudié est accessible à partir du site *www.bladi.net*. Ce site se présente depuis 2010 comme le site du « *Maroc sans frontière* » et se définissait jusque là comme « *le portail de la diaspora marocaine* ». C'est le premier site de communauté virtuelle marocaine. En termes de contenu, on constate une forte présence des thèmes liés au pays d'origine : actualité marocaine, cuisine et personnalités du Maroc, etc. Ces sous-forums, qui sont modérés, comptent en 2010 plus de 7 millions de messages.

Le troisième forum étudié est accessible à partir du site *www.doctissimo.fr*. Ce site bien connu est le plus important site d'informations médicales en langue française. C'est en 2010 le cinquième site le plus visité, avec plus de 28 millions de visites par mois. En termes de contenu, on trouve essentiellement des échanges d'entraide : recherche d'informations médicales, soutien mutuel. Les différents sous-forums sont organisés selon le type de problème de santé (de la migraine au cancer). En 2010, ces forums, qui sont modérés, comptent plus de 200 millions de messages.

Le choix de ces corpus repose sur une double logique. Il s'agit de corpus représentatifs de trois grands types d'usages des forums : des forums générationnels, des forums de diaspora et des forums d'entraide. De plus, ils sont parmi les plus fréquentés dans ces catégories. On peut noter que ces trois types appartiennent à la catégorie plus générale des forums de communautés (d'adolescents, de Marocains, de personnes souffrant de maladies). Par ailleurs, ce sont des forums sur lesquels nous avons déjà réalisé diverses études : par exemple sur la construction de la communauté et des choix linguistiques dans *bladi.net* (Atifi, 2007a ; 2007b), sur la réalisation des activités de soutien social dans *doctissimo.fr* (Gauducheau & Marcoccia, à paraître), sur la mise en œuvre de compétences communicatives dans *ados.fr* (Marcoccia, 2010).

Pour l'analyse de corpus, nous avons choisi de constituer un échantillon de 120 messages par forum. Pour chacun, nous avons choisi 12 fils de discussion, représentant les activités les plus fréquentes, et pour chacun de ces fils, nous avons prélevé les 10 premiers messages. Les prélèvements ont été effectués en 2009.

Pour analyser les procédés sémio-discursifs utilisés par les internautes pour exprimer leurs émotions, nous établirons une typologie des principales formes d'expression des émotions dans les forums. Dans ce travail, il s'agit d'identifier les procédés les plus saillants et les plus récurrents. Les procédés suivants apparaissent dans les trois forums, classés selon leur portée (du simple signe iconique au message complet) : l'expression des émotions par des procédés iconiques, par des moyens graphiques et typographiques, les énoncés d'émotion, les séquences de confidence, l'alternance codique pour le cas des messages multilingues. Dans ce chapitre, ces procédés seront décrits isolément mais il est évident que, dans notre corpus, ils apparaissent souvent combinés dans une même phrase, une même séquence ou un même message.

Nous analyserons par ailleurs le type de réaction que suscitent des messages comportant un procédé d'expression des émotions, ce qui permettra de voir le rôle de l'émotion dans la dynamique interactionnelle.

4. Les procédés sémio-discursifs pour signaler les émotions

Divers procédés sémio-discursifs sont utilisés par les participants aux forums pour exprimer leurs émotions ou leurs sentiments. Nous présenterons ceux qui nous apparaissent les plus remarquables, en commençant par des procédés spécifiques à la CMO.

4.1. Les procédés iconiques

Pour exprimer leurs émotions ou leurs sentiments, les internautes utilisent des procédés bien connus, reposant sur un principe de représentation des mimiques faciales par des moyens propres à l'écriture numérique : les smileys. Dans notre corpus, ces smileys apparaissent sous formes d'icones, qui peuvent être sélectionnés par l'utilisateur dans l'interface du forum. Ces icones offrent une plus grande variété que les « smileys typographiques » (composés avec des signes de ponctuation), mais, le plus souvent, l'expression des émotions est assurée par un nombre limité de smileys iconiques (les smileys de joie, de colère, de tristesse, etc.). Quelques travaux proposent une typologie des fonctions des smileys (Wilson, 1993 ; Mourlhon-Dallies & Colin, 1995 ; Marcoccia, 2000a ; Walther & D'Addario, 2001), parmi lesquelles la fonction expressive est primordiale (Marcoccia & Gauducheau, 2006). On identifie cette fonction dans les exemples suivants[77] :

(1) Ado.fr : smiley de joie
Aué. Mé c pa grave i sorte a la rentré moii ossi sa ma énerver o début mé jme suii di il von sortiir a la rentré donc c pa tro grave 😊

(2) Bladi.net : smiley de honte / colère
😳 J'ai honte parfois d'être une maghrébine de cité quand je vois des histoires comme ça !! j'ai vécu dans une cité moi aussi et pourtant personne ne ma jamais touchée faut arreter de prendre les gens pour des bleus !!!

(3) Doctissimo.fr : smiley de tristesse / colère
Parce qu il faut savoir aussi, que les derniers kilos vite perdus, sont des kilos encore plus repris.. et ça j en ai fait les frais 😡 !

---

[77] Les exemples présentés dans ce chapitre sont le plus souvent des extraits de messages, et non pas des messages complets. Les exemples sont par ailleurs reproduits tels qu'ils apparaissent dans le forum.

Dans ces messages, les smileys sont en relation de redondance ou de complémentarité avec le contenu verbal, qui peut lui-même être déjà chargé émotionnellement. Il existe des cas où le smiley porte seul la valeur émotionnelle du message (Marcoccia & Gauducheau, 2006). D'autres procédés iconiques peuvent être observés, combinant par exemple des smileys et d'autres icones.

(4) Doctissimo.fr : combinaison de procédés iconiques

(...) on pense fort a toi

Le smiley peut apparaître à différents endroits dans les messages. Par exemple, un smiley souriant peut ouvrir et/ou fermer un message et jouer un rôle à la fois expressif et relationnel (Marcoccia, 2000a), similaire à un sourire en ouverture et/ou en clôture d'un échange.

(5) Ados.fr : smiley d'ouverture
☺Bonjour! Je suis à la recherche d'une chanson passée sur NRJ. (...)

(6) Ados.fr : smiley de clôture
Bonsoir à toutes/tous ! (...) Merci d'avance ! ☺

Plus rarement, un smiley peut constituer la totalité du contenu d'un message.

4.2. Les procédés graphiques et typographiques

Quelques procédés graphiques et typographiques sont utilisés pour exprimer des émotions ou renforcer la dimension émotionnelle d'un message. De manière conventionnelle, écrire en capitales est un moyen d'exprimer de la colère.

(7) Ados.fr : utilisation de capitales
(...) NON BORDEL JE NE SUIS PAS SUPPORTER LYONNAIS mais de liverpool (...)

Les étirements graphiques et les caractères-écho (Tatossian, 2008) sont aussi des procédés utilisés pour transmettre ou renforcer la tonalité émotionnelle d'un message.

(8) Ados.f : étirement graphique
(…) aidez moiiiiiiiiiiiiiiiiiiiiiiiiiiiii svp y me la faut absolument (…)

(9) Bladi.net : étirement graphique
(…) je me dit "a7yaniiiiiii 3lik z3ma z3ma 😭😭"

Les onomatopées et les interjections font aussi partie des formes d'expression des émotions observables dans notre corpus, avec des modes d'utilisation assez conformes aux usages habituels des interjections émotives (Kleiber, 2006).

(10) Doctissimo.fr : interjection
Merci tt le monde je suis juste pasée chercher quelques affaires car demain dernier medrol!!! (6g) oufffff!!

Enfin, la ponctuation, qui est par ailleurs souvent absente ou « défaillante » du point de vue de ses fonctions grammaticales, est très souvent exploitée pour sa valeur expressive, par démultiplication du même signe.

(11) Ados.fr : ponctuation expressive
(…) a bientot j'éspère !!!!!!!!!

Ces différents procédés graphiques et typographiques reposent pour l'essentiel sur des principes (plus ou moins conventionnels) de traduction du matériau paraverbal (intonation, intensité de la voix) par des moyens propres à l'expression écrite (Marcoccia, 2000b). Certains de ces procédés et leur fréquence d'utilisation caractérisent fortement le style des écrits numériques, en particulier le « style SMS » (Fairon, Klein & Paumier, 2006). Il n'est donc pas étonnant de trouver ces procédés en plus grand nombre dans *Ados.fr*, car les adolescents peuvent étendre l'utilisation du registre SMS à d'autres dispositifs de CMO.

4.3. Les énoncés d'émotions

Bien souvent, les internautes expriment simplement leurs émotions, parfois d'une manière très directe et explicite, en produisant des énoncés d'émotion. A la suite de Plantin (2003), on parle d'énoncé d'émotion pour désigner les procédés d'attribution d'émotions dans une phrase simple. De manière prototypique, cette phrase comprend les éléments suivants : un terme d'émotion (substantif ou adjectif), un lieu psychologique (qui est ému ?) et la source de l'émotion (qu'est-ce qui a ému ?). Dans notre corpus, les messages comportent souvent des énoncés de ce type (réalisés de manière complète ou non) dans des séquences de confidence, d'exposition d'opinions ou d'émotions racontées.

(12) Doctissimo.fr
(...) Ca me fait du bien de lire vos messages. (...)

(13) Doctissimo.fr
Bonjour n-joy2, aujourd'hui je suis pas fière de moi car + 300g mai j'ai fais un craquage hier soir sur le chocolat voilà... (...)

(14) Ados.fr
(...) Ben ouais mais j'ai comme meme peur, c'était pareil quand j'ai eu mes premiere regle

(15) Bladi.net
Je veux faire part de ma grande tristesse en vous annonçant la mort de mon meilleur ami ce matin sur l'autoroute A6 (...)

Parfois, l'explicitation de l'état émotionnel de l'auteur devient le titre de son message, inscrit dans la zone « sujet », ce qui augmente sa lisibilité, l'émotion exprimée apparaissant alors avant même l'ouverture et la lecture du message.

(16) Bladi.net : titre d'un message
Je suis en colere

Ces énoncés d'émotions peuvent être moins explicites et, par exemple, contenir des évaluations ou des descriptions dont la valeur émotionnelle est indirecte mais aisément inférable.

(17) Doctissimo.fr : énoncé implicite d'émotion et/ou de sentiment
Je suis aussi dépressive et hyper-angoissée. Quand j'arrête, je prends conscience de la réalité et ca m'est insupportable.

4.4. L'émotion dans les séquences de confidence

Même si elles peuvent avoir un caractère factuel, les confidences se distinguent d'autres formes de récit par la place qu'elles accordent à l'émotion, que cette émotion soit liée à la situation qui est narrée, évoquée dans la confidence, ou induite par la confidence dans l'interaction (Traverso, 2000). On trouve dans notre corpus de nombreuses séquences de confidence (et parfois des messages entiers). Cette observation confirme l'analyse de Walther (1996) et permet aussi de rapprocher les forums de discussion des émissions télévisées permettant l'expression publique d'émotions par le témoignage, même si, dans les forums de discussion, l'accès à l'identité des participants est forcément plus limité.

(18) Doctissimo.fr : confidence
Ca fait des semaines que j'erre sur le forum, poste des messages par-ci, par-là, mais je n'arrive pas à me poser. Je ne connais encore que très peu de personnes, donc je vais faire une p'tite présentation : J'ai 33 ans et je suis Belge.... Après avoir consommé pas mal de produits, j'ai fini par trouvé mom bonheur (et mom malheur aussi) dans l'héro... à laquelle je suis dépendante maintenant depuis 8 ans. (...)

(19) Ado.fr.
Alors voilà, pour moi je suis moi, mais comme toute ado j'ai besoin de m'identifier à un style. J'aime me balader dans les cimetières, je m'habille de noir mais je porte pas de collier cloué je voudrais bien mais il y a quelque chose du nom de parents qui m'en empêche 😁, j'aime la nuit, beaucoup de gens me considère comme étrange voir même folle, j'ai pas une vision très rose de la vie je suis même plûtot du genre à aimer déprimer toute seule dans mon coin, je suis romantique, assé sensible (mais j'aime pas le montré), j'aime l'humour noir, les poème que certains qualifie de "morbides", j'écoute du métal etc. Mais je suis pas non plus au point de m'ouvrir les veines et tout sa... Alors peut-on me "califier" de gothique ?

(20) Bladi.net
assalam a toutes et a tous. je viens vers vous pour vous racontez un truc qui m a met en colere. j ai recontrer une fille que je connais depuis pas mal de temps, et en discutant avec elle , elle me dis que :je m aime pas les marocains mais toi je t aime bien 😀😀😀 je lui demande pourquoi 😀😀 alors elle me repond que les mecs sont tous parail , leurs but c est venir en France.

4.5. Le rôle de l'alternance codique dans l'expression des émotions

Dans des forums de discussion plurilingues, comme *Bladi.net*, l'alternance codique peut être liée à la question de l'expression des émotions (Atifi, 2007a). En effet, on observe, dans la continuité des observations de Gumperz (1982) pour le face à face, que l'internaute a plutôt recours à sa langue maternelle pour favoriser son implication individuelle dans son propre discours en exprimant des émotions ou des sentiments personnels.

(21) Bladi.net : choix de l'arabe marocain pour exprimer la sincérité de son émotion (extraits d'échanges)

Thème : de quoi les Marocains peuvent-ils être fiers ?

L1 : de Derb Ghallef ☺ [marché aux puces le plus important de Casablanca]

L2 : ça c sûr!! sara7a ils peuvent vraiment en etre fiers ☺

L1 : cheftek f7al lli gatgoulliha walakin machi men 9albek ☺ [notre traduction : j'ai l'impression que ce que tu dis ne vient pas du cœur]

L2 : wellah a sidi men 9elbi o men 9elb 9elbi ☺ sérieux ce que j'ai eu l'occasion de voir a derb ghelef je ne l'ai jamais vu ailleurs... tbarkellah 3lihom o safé ☺ [notre traduction : je le jure : cela vient du cœur et même du plus profond de mon cœur]

5. Emotion et dynamique des échanges

Pour rendre compte du rôle de l'émotion dans la dynamique des échanges dans les forums, nous avons aussi analysé le type de réactions que suscitent les messages signalant des émotions, ce qui permet aussi d'identifier la manière dont ces messages sont interprétés.

On peut distinguer deux types d'échanges : les échanges symétriques (les messages initiatifs et réactifs sont de nature similaire) et les échanges complémentaires (il y a ajustement mutuel entre les deux messages pour co-construire une séquence).

5.1. Les échanges symétriques

On peut parler d'échange émotionnel symétrique lorsque la même émotion est exprimée dans les messages initiatif et réactif qui constituent un échange. La « symétrie émotionnelle » peut être renforcée par une symétrie de formes lorsque le même procédé est utilisé dans les messages échangés.

(22) Doctissimo.fr : tristesse par symétrie

Message 1 : Ma dermato m'avais parlé d'un truc style laser , mais elle a refusé de me le faire car soit disant je suis pas un cas assez grave!!! C'est vrai qu'il y a pire mais on voit bien que les dermato ne sont pas doué en psycologie) ☹

Message 2 : Houllla ça oui tu as raison, les dermato sont zéro en psycho, en somme ils se foutent bien de comment on peut se sentir avec un visage ravagé de cicatrice ☹

Ce type d'échange illustre que l'émotion est bien perçue par le destinataire et que ce dernier enchaîne sur la dimension émotionnelle. On est proche d'un mécanisme d'empathie par similitude (Cosnier, 1994).

5.2. Les échanges complémentaires

On parlera d'échange complémentaire pour désigner les situations où un message et sa réponse (non symétrique) créent une séquence cohérente et complète. Par exemple, des messages de soutien sont adressés en réponse à un message explicitant un état émotionnel négatif.

(23) Doctissimo.fr
Message 1 : Je suis aussi dépressive et hyper-angoissée. Quand j'arrête, je prends conscience de la réalité et ca m'est insupportable. Pourtant je voudrais me sortir de là, quand je regarde en arrière, toutes ces années perdues, ce gachis....
Message 2 : (...) Je te souhaite bon courage, pour moi c'est l'alcool et le shit (en conso excessive et "famélique").

Dans cet exemple, il y a bien un message de soutien en réponse, mais qui ne reprend pas explicitement la dimension émotionnelle de la requête. La réponse est plus pratique qu'empathique : on est dans un cas d'émotion inductrice de comportement (Cosnier, 1994).
Parfois, la réponse à un message chargé d'émotion est à la fois symétrique et complémentaire. Dans le message (2), de l'exemple (24), « *je suis attristée* » est une réaction symétrique à l'émotion évoquée dans le message (1) alors que l'image de fleurs constitue une réaction complémentaire de soutien.

(24) Bladi.net
Message 1 : Je veux faire part de ma grande tristesse en vous annoncant la mort de mon meilleur ami ce matin sur l'autoroute A6 (...)
Message 2 : je suis attristée pour ce ki est arrivé à ton ami 🌷🌷🌷

Conclusion :
pourquoi exprimer ses émotions dans un forum de discussion ?

La question de l'émotion dans la CMO est souvent traitée à partir de deux thèses contradictoires : la CMO entrave ou favorise l'expression émotionnelle. Notre analyse des émotions dans les forums montre qu'on peut dépasser cette opposition en considérant que le dispositif rend problématique l'expression des émotions, mais que les internautes mettent en œuvre des procédés adaptés pour signaler leurs émotions. De ce point de vue, la manifestation des émotions dans les forums de discussion est un bon exemple d'appropriation des technologies par les utilisateurs : l'usage permet de dépasser les limites de l'outil.

La nature des procédés utilisés pour exprimer ses émotions dans un forum renvoie selon nous au caractère hybride de la discussion en forum, où chaque message peut être à la fois adressé à un destinataire en particulier et lisible par toute personne susceptible d'être connecté (Marcoccia, 2004). La volonté de s'engager dans un échange interpersonnel implique l'expression des émotions dans les messages postés dans un forum, mais le fait que ces messages s'adressent aussi à une masse de lecteurs inconnus peut poser problème pour l'intelligibilité des émotions exprimées. Ainsi, on ne s'étonnera pas de voir que les procédés utilisés correspondent le plus souvent à des stratégies visant à rendre les émotions explicites ou, au moins, aisément compréhensibles. Si dans la communication écrite standard, la variété de procédés d'expression des émotions est très large (Kerbrat-Orecchioni, 2000), dans la communication par forum, l'expression émotionnelle doit toujours répondre à des visées d'efficacité et de lisibilité.

Quelles sont les fonctions ou les raisons de l'expression des émotions dans les forums de discussion ? On peut distinguer trois types de facteurs permettant d'expliquer l'émergence d'émotions dans les forums de discussion : des facteurs généraux, liés à la nature de la CMO, des facteurs plus spécifiques, liés à l'usage des forums, et des facteurs strictement interactionnels, qu'il faut lier à la nature des échanges.

Tout d'abord, la plupart des dispositifs de CMO permettent aux internautes de participer à une forme d'interaction particulière : la conversation en ligne. Le problème est que ces dispositifs ne sont pas « conversationnels » par eux-mêmes, dans la mesure où ils constituent essentiellement des technologies de communication écrite. Ainsi, exprimer ses émotions permet de pallier l'insuffisance de l'écrit pour faire de la conversation car cela revient à contextualiser son message, c'est-à-dire à donner à son destinataire un plus grand accès aux éléments du contexte qui sont déterminants pour interpréter un message en situation de face à face entre familiers (les mimiques du visage, l'intonation, les connaissances partagées, etc.).

Par ailleurs, dans les forums de discussion, l'absence de face à face favorise l'expression des émotions pour des raisons apparemment contradictoires. La communication à distance permet un dévoilement moins risqué et un engagement interpersonnel plus faible. Ainsi, les identités et les faces des interlocuteurs, au sens de Goffman (1974), sont naturellement moins exposées. En même temps, c'est justement pour contrebalancer les effets de cette distance que les internautes expriment leurs émotions dans un forum, par exemple pour favoriser la construction d'un lien affinitaire, essentiel pour la constitution d'un sentiment communautaire. En d'autres termes, il n'y a pas de communautés virtuelles sans expression des émotions (Kollock & Smith, 1999). En outre, l'expression des émotions conduit les internautes à l'introspection. De ce point de vue, un forum peut fonctionner comme un outil de catharsis.

Enfin, l'expression des émotions est aussi liée aux spécificités des forums et de la valeur pragmatique des échanges qui s'y déroulent. Il est clair qu'exprimer ses émotions est un comportement attendu dans un message de demande d'aide (comme dans *Doctissimo.fr*), pour lequel l'expression émotionnelle joue un rôle de pré-requête. Certains forums ont pour finalité le partage d'affinités (comme *Ados.fr*) ou l'établissement et le maintien de liens communautaires (comme *Bladi.net*) ; il est normal d'y trouver des phénomènes de partage social des émotions ou d'échanges d'expériences.

Bibliographie

ATIFI H. (2007a), « Choix linguistiques et alternance codique dans les forums diasporiques marocains », in J. GERBAULT (dir.), *La langue du cyberespace: de la diversité aux normes*, Paris, L'Harmattan, 31-46.

ATIFI H. (2007b), « Continuité et/ou rupture dans l'Internet multilingue : quelle langue parler dans un forum diasporique ? », *GLOTTOPOL,* 10, 113-127. Disponible à l'URL : http://www.univ-rouen.fr/dyalang/glottopol/telecharger/numero_10/gpl10_08atifi.pdf [consultation : octobre 2010]

ATIFI H., MARCOCCIA M. (2001), « "Moi, c'était pour parler désespoir" : l'expression et la mise en scène des émotions dans une interaction médiatique », in J.-M. COLLETTA & A. TCHERKASSOF (dir.), *Emotions, Interactions & Développement*, Colloque international, Grenoble, 28-29 juin 2001, Grenoble, LPS / LIDILEM, 115-119.

BAYM N.K. (1998), « The Emergence of On-Line Community » in S. G. JONES (dir.), *Cybersociety 2.0 : Revisiting Computer-Mediated Communication and Community*, Sage, Thousand Oaks, 35-68.

COSNIER J. (1994), *Psychologie des émotions et des sentiments*, Paris, Retz / Nathan.

FAIRON C., KLEIN J., PAUMIER S. (2006), *Le Langage SMS*, Louvain, Presses Universitaires de Louvain.

GAUDUCHEAU N. (2008), « La communication des émotions dans les échanges médiatisés par ordinateur : bilan et perspectives », *Bulletin de Psychologie*, 61 (4), 389-404.

GAUDUCHEAU N, MARCOCCIA M. (à paraître), « Le soutien social dans les forums de discussion Internet : réalisations interactionnelles et contrats de communication », in. P. CASTEL, E. SALES-WUILLEMIN, M.-F., LACASSAGNE, (dir.), *Psychologie sociale, communication et langage. De la conception aux applications*, Bruxelles, De Boeck Editions.

GOFFMAN E. (1974), *Les rites d'interaction*, Paris, Minuit (première éd. : *Interaction Ritual*, 1967).

GOODWIN C., GOODWIN, M. (1989), « Travaux en analyse de la conversation. (Propos recueillis par M. Lacoste et C. Dannequin) », *Langage et Société*, 48, 81-102.

GUMPERZ J.J. (1982), *Discourse strategies*, Cambridge, Cambridge University Press.

HERRING S.C. (2004), « Computer-Mediated Discourse Analysis: An Approach to Researching Online Communities », in S.A. BARAB, R. KLING, J.H. GRAY (dir.), *Designing for Virtual Communities in the Service of Learning*, Cambridge, CUP, 338-376.

HIAN L., CHUAN S., TREVOR, T., DETENBER, B. (2004), « Getting to know you: Exploring the Development of relational Intimacy in CMC », *Journal of Computer-Mediated Communication*, 9 (3). Disponible à l'URL : http://jcmc.indiana.edu/vol9/issue3/detenber.html [consultation : octobre 2010]

JOINSON A. (2001), « Self-disclosure in computer-mediated communication: The role of self-awareness and visual anonymity », *European Journal of Social Psychology*, 31, 177-192.

KERBRAT-ORECCHIONI C. (2000), « Quelle place pour les émotions dans la linguistique du XXe siècle ? », in C. PLANTIN, M. DOURY, V. TRAVERSO (dir.), *Les émotions dans les interactions communicatives*, Lyon, ARCI - Presses Universitaires de Lyon, 33-74.

KIESLER S., SIEGEL J., McGUIRE T.W. (1984), « Social Psychological Aspects of Computer Mediated Communication », *American Psychologist, 39,*1123-1132.

KLEIBER G. (2006), « Sémiotique de l'interjection », *Langages*, 161, 10-23.

KOLLOCK P., SMITH M.A. (1999), «Communities in Cyberspace», in M.A. SMITH, P. KOLLOCK (dir.), *Communities in Cyberspace*, Routledge, London, 3-25.

LEJEUNE P. (2000) ? *"Cher écran...". Journal personnel, ordinateur, Internet*, Paris, Seuil.

MARCOCCIA M. (2000a), « Les smileys : une représentation iconique des émotions dans la communication médiatisée par ordinateur », in C. PLANTIN, M. DOURY, V. TRAVERSO (dir.), *Les émotions dans les interactions communicatives*, Lyon, ARCI - Presses Universitaires de Lyon, 249-263.

MARCOCCIA M. (2000b), « La représentation du non verbal dans la communication écrite médiatisée par ordinateur », *Communication & Organisation* 18, 265-274.

MARCOCCIA M. (2004), « On-line Polylogues: conversation structure and participation framework in Internet Newsgroups », *Journal Of Pragmatics*, 36(1), 115-145.

MARCOCCIA M. (2010), « Les forums de discussion d'adolescents: pratiques d'écritures et compétences communicatives », *Revue Française de Linguistique Appliquée,* 15(2), 139-154.

MARCOCCIA M., GAUDUCHEAU N. (2006), « Le rôle des smileys dans la production et l'interprétation des messages électroniques », in J. GERBAULT (dir.), *La langue du cyberespace: de la diversité aux normes*, Paris, L'Harmattan, 279-295.

MEHL D. (1996), *La télévision de l'intimité*, Paris, Seuil.

MOURLHON-DALLIES F., COLIN J.-Y. (1995), « Les rituels énonciatifs des réseaux informatiques entre scientifiques », *Les Carnets du CEDISCOR*, 3, 161-172.

PARKS M., FLOYD K. (1996), « Making Friends in Cyberspace », *Journal of Computer-Mediated Communication*, (1), 4. *Disponible à l'URL* : http://jcmc.indiana.edu/vol1/issue4/parks.html *[consultation : octobre 2010]*

PLANTIN C. (2003), « Structures verbales de l'émotion parlée et de la parole émue », in J.-M. COLLETTA, A. TCHERKASSOF (dir.), *Les émotions. Cognition, langage et développement*, Liège, Mardaga, 97-130.

RIMÉ B. (2005), *Le partage social des émotions*, Paris, Presses Universitaires de France.

TATOSSIAN A. (2008), « Typologie des procédés scripturaux des salons de clavardage en français chez les adolescents et les adultes », in. J. DURAND, B. HABERT, B. LAKS (dir.), *Congrès Mondial de Linguistique Française,* Paris, Institut de Linguistique Française, 2337-2352.

SIEGEL J., DUBROVSKY V., KIESLER S., McGUIRE T. (1986), « Group processes in computer-mediated communication », *Organizational Behaviour and Human Decision Processes*, 37, 157-187.

SPROULL L., KIESLER S. (1986), « Reducing social context cues: Electronic mail in organizational communication », *Management Science*, 32 (11), 1492-1512.

TRAVERSO V. (2000), « Les émotions dans la confidence », in C. PLANTIN, M. DOURY, V. TRAVERSO (dir.), *Les émotions dans les interactions communicatives*, Lyon, ARCI - Presses Universitaires de Lyon, 205-223.

WALTHER J. (1996), « Computer-mediated Communication: Impersonal, Interpersonal and Hyperpersonal Interaction », *Communication Research, 23*(1), 3-43.

WALTHER J.B., D'ADDARIO K.P. (2001), « The Impact of Emoticons on Message Interpretation in Computer-Mediated Communication », *Social Science Computer Review*, 19 (3), 324-347.

WILSON A. (1993), «A pragmatic device in electronic communication», *Journal of Pragmatics,* 19, 389-398.

DEUXIEME PARTIE

AU CŒUR DES COMMUNAUTES VIRTUELLES

Communautés Virtuelles : genèse, définitions et fonctionnement

Cédric GHETTY[78]

La notion de communauté virtuelle est inscrite au cœur même de la naissance d'Internet. Des premières communautés de chercheurs aux communautés virtuelles d'aujourd'hui, de nombreux développements ont été proposés. Le propos de ce chapitre est d'obtenir une vision précise des communautés virtuelles en présentant les approches tenant à la compréhension de ces dernières. Tout d'abord, nous faisons un détour par un concept plus ancien dont les fondements théoriques ont permis de faire émerger celui des communautés virtuelles : les communautés. L'objectif est de définir le concept de communauté, de mieux circonscrire son champ d'application et d'établir un parallèle avec son déplacement sur Internet. Puis, nous exposons les différentes définitions qui permettent de caractériser les communautés virtuelles et nous présentons les caractéristiques tenant à leur fonctionnement. Enfin, nous dressons un récapitulatif des typologies qui ont été formulées dans la littérature et nous présentons leur fonctionnement.

1. Du concept de communauté...

Avant d'entrer au cœur même du concept de « communauté virtuelle », nous explorons dans un premier temps, celui des communautés. Un détour par les sciences sociales, et plus particulièrement la sociologie, nous apparaît utile afin de mieux cerner les facteurs qui expliquent le regroupement de personnes en leur sein. Définir le terme « communauté » n'est pas sans difficultés. D'une part, aucun consensus n'existe concernant une définition du concept dans les différentes disciplines (Fernback, 1999). D'autre part, des terminologies connexes sont utilisées afin de caractériser l'idée de communauté, notamment la notion de tribu (Maffesoli ; 1988 ; Cova et Roncaglio, 1999 ; Cova et Cova, 2002). Les bases ainsi posées nous permettront d'aborder avec une meilleure vision les communautés virtuelles (CV).

---

[78] Ecole de Management Léonard de Vinci – CEREM - La défense – Paris. Professeur Associé. Les champs de recherche de l'auteur abordent la problématique des communautés virtuelles dans le domaine du marketing. Notamment, l'auteur travaille sur les problématiques liées à l'influence de l'information dans les communautés virtuelles sur le processus de décision du consommateur. cedric.ghetty@devinci.fr

1.1. Origine de la notion de communauté et définition

Tönnies (1887) a été un des premiers auteurs en sciences humaines, plus précisément en sociologie, à s'être intéressé à l'aspect communautaire. Ce dernier oppose deux notions : Communauté et Société. Tönnies (1887) qualifie la communauté de « vie organique et réelle » et de « vie commune vraie et durable, associée à tout ce qui est confiant, intime, vivant exclusivement ensemble ». Ces travaux ont été complétés par ceux de Weber (1920, cité par Dubar, 1996) qui oppose deux formes générales d'orientation des comportements d'un individu à l'égard d'autrui : *l'action communautaire et l'action sociétaire*. L'action communautaire repose sur des attentes de comportements fondés sur des chances subjectives de succès exprimables sous la forme de « jugements objectifs de possibilité », issus de la coutume ou du respect de valeurs partagées (Dubar, 1996). L'action communautaire présuppose une collectivité d'appartenance et notamment, « une communauté linguistique » (Weber, 1920) ainsi que la concorde et la compréhension (Tönnies, 1887). Contrairement à la « socialisation communautaire » qui prend des formes unificatrices et qui repose sur l'emboîtement des appartenances (famille, clan, village, ethnie....), la socialisation sociétaire implique selon Weber une dissociation et une autonomisation croissante des champs d'activité sociale dont la configuration dépend des relations entre les intérêts des acteurs impliqués (Dubar, 1996). Pour Weber, il existe des classes sociales qui obéissent à une logique « sociétaire » et des groupes de statut qui répondent plutôt à une logique « communautaire ». En effet, ce sont des groupes sociaux dont les membres partagent le même style de vie et apprennent le même rituel de distinctions sociales visant à maintenir leur niveau de prestige.

Si l'opposition permet de mettre en exergue la différence entre les deux approches, elle ne permet pas de définir la communauté et son fonctionnement. Hillery (1955) a recensé 94 définitions du terme communauté afin de définir ce que représente cette notion. Pour Hillery (1955) trois caractéristiques sont communes à l'ensemble de ces définitions (Szczepanska, 2001) : une interaction sociale avec les personnes, un ou plusieurs intérêts partagés (liens communs), un contexte lieu. Reprenant ces caractéristiques, Hillery (1955) propose de définir une communauté comme « un groupe de personnes qui partage des interactions sociales et des liens communs, entre eux, et avec les autres membres du groupe, et qui partage, tout au moins à un moment donné, un espace ».

Toutefois, des termes proches peuvent être utilisés pour caractériser l'idée de communauté. Nous revenons sur une notion relativement proche et actuelle : les tribus.

1.2. La notion de tribu

Maffesoli (1988), dans un positionnement postmoderniste, utilise le terme de tribalisme, qu'il définit comme suit : « le tribalisme rappelle, empiriquement, l'importance du sentiment d'appartenance, à un lieu, à un groupe, comme fondement essentiel de toute vie sociale ». Il ajoute que « le tribalisme dépasse les institutions rationnelles ; par un processus d'attraction par d'autres, se forment des groupements éphémères reposant sur une structure archaïque : on s'agrège autour d'une icône, d'un totem (sportif, musical, sexuel ou de travail), on colle ensemble autour d'une image qui a une seule fonction, l'attraction ».

Le dénominateur commun des tribus postmodernes est la communauté d'émotion ou de passion (Cova et Cova, 2002). Par conséquent, une tribu est définie comme un réseau de personnes hétérogènes (en termes d'âge, de sexe, de revenus, etc.) liées par un partage de passions ou d'émotions ; une tribu est capable d'action collective, ses membres ne sont pas de simples consommateurs, ils sont aussi des partisans (Cova, 1997). Selon ce dernier, les tribus reposent sur la valeur du lien plus que sur celle du bien.

La littérature en gestion a également abordé les communautés selon un positionnement économique (relié à un aspect de consommation) principalement axé sur les communautés de marque.

1.3. Les communautés de marque

De nombreuses recherches en sciences de gestion se sont intéressées aux communautés dans le monde physique : qu'elles soient fondées autour d'une marque, d'une catégorie de produits ou alors d'un intérêt commun non commercial (Schouten et McAlexander, 1995 Muniz et O'Guinn, 2001 ; Cova et Cova, 2002, McAlexander *et al.*, 2002). Ces consommateurs réunis autour d'intérêts communs sont considérés comme des sous-cultures de consommation et organisent une partie de leur vie et de leur identité en fonction de ces communautés (Schouten et McAlexander, 1995). Ces recherches s'inscrivent dans un positionnement postmoderniste. Dès lors, la postmodernité ne serait plus fondée sur des liens contractuels mais plutôt reposant sur un lien « affectuel » (Maffesoli, 1988 ; Cova et Rongliano, 1999 ; Cova et Cova, 2002).

Pour Muniz et O'Guinn (2001 : 412), la communauté de marque est définie comme « spécialisée, sans barrière géographique, basée sur un ensemble structuré de relations sociales parmi les admirateurs d'une marque ». Ces dernières sont formées autour d'un seul bien ou service et c'est surtout le lien qui unit ces communautés (Muniz et O'Guinn, 2001). Les communautés de marques possèdent trois caractéristiques une forme d'organisation de consommateurs, une source d'information pour les consommateurs et elles apportent aux membres un bénéfice social et affectif.

Finalement, pour Muniz et O'Guinn (2001), la notion de communauté occupe une place particulièrement importante dans ce début de 21ème siècle. Il va s'agir, maintenant, d'aborder un concept relativement différent par son contexte (Internet), celui des communautés virtuelles.

2. ...Au concept de communauté virtuelle

Nous avons pu voir que le concept de communauté trouve ses fondements dans le domaine des sciences sociales. Toutefois, les développements précédents se positionnent dans un contexte physique et de rencontre en face-à-face. Or, depuis les années 90, nous avons assisté au développement du World Wide Web (www). L'arrivée d'Internet comme support de communication a permis à des personnes habitant chacune à l'opposé de la planète de pouvoir entrer en contact avec leurs semblables et ainsi de dialoguer, d'échanger ou bien encore de partager des opinions et des informations (Castells, 2001). Ce (re)groupement de personnes par l'intermédiaire du réseau Internet a été qualifié de communauté virtuelle (Rheingold, 1993). Pour certains (Hoffman et Novak, 1996 ; Kozinets, 1999 ; Balasubramanian et Mahajan, 2001) les communautés virtuelles représentent un des développements les plus intéressants sur Internet.

Néanmoins, derrière cette expression, qui peut apparaître comme simpliste de prime abord, ceci pouvant être imputé au sens commun du terme communauté (puisque l'idée de communauté est propre à chacun mais comprise par tout le monde), se dissimule une première difficulté dans la proposition d'une définition consensuelle (Fernback et Thompson, 1995 ; Rothaermel et Sugiyama, 2001).

2.1. Le concept de communauté virtuelle

L'objectif poursuivi est de répondre à la question « qu'est-ce qu'une communauté virtuelle ? ». En effet, le manque de consensus au sein de la littérature crée une confusion dans l'approche et l'appréhension du terme par les non-spécialistes (Wang *et al.*, 2002). Par conséquent, clarifier et comprendre le concept permettra d'obtenir une vision explicite de ce dernier.

2.1.1. Définitions

La profusion de définitions des communautés virtuelles est le symbole de l'intérêt que porte la recherche académique à ce thème, mais traduit aussi le manque de visibilité de ce concept (Jones, 1995). Dans un environnement assisté par ordinateur, des communautés d'intérêts communs, d'affinités et d'associations se construisent et sont qualifiées de « communautés virtuelles », de « communautés en ligne » ou « de communautés électroniques » (Aoki, 1994). Les différentes définitions peuvent être abordées selon leur positionnement : social, économique ou de consommation. Cependant, elles ne sont pas exclusives dans leur positionnement.

Les communautés virtuelles dans un positionnement social

La première définition que nous proposons est celle de Rheingold (1993) dont le mérite est d'être pionnière dans le domaine : « les communautés virtuelles sont des regroupements sociaux culturels qui émergent du réseau lorsqu'un nombre suffisant d'individus participent à des discussions publiques pendant assez de temps en y mettant assez de cœur pour que des réseaux de relations humaines se tissent au sein du cyberespace ». Cette définition met l'accent sur plusieurs points essentiels : le nombre de personnes qui participent à la communauté, l'interaction des personnes dans la communauté et le rapport affectif des personnes avec la communauté.

Une seconde définition, plus complémentaire qu'opposée à celle précédemment citée, est soumise par Harvey (1995). La CV est ainsi présentée comme « un ensemble de personnes constituant un réseau où les intérêts des membres se rejoignent et où l'on utilise un code de communication commun par des liens électroniques, des interfaces graphiques (icônes, textes, images, schémas) ». Cette définition propose deux points qui permettent d'étayer la définition de Rheingold (1993) : le fait qu'un intérêt relie les membres et l'existence de codes de communication.

Pour Bagozzi et Dholakia (2002), les communautés virtuelles sont considérées comme un espace social dans un contexte numérique qui autorise des groupes à se former, soutenu essentiellement à travers un processus de communication continu. Elles sont des forums en ligne qui incluent des contributions de citoyens partageant les mêmes opinions sur des sujets spécifiques, en encourageant les débats en leur sein (Murphy, 1997).

Les communautés virtuelles dans une perspective économique

Balasubramanian et Mahajan (2001) définissent une CV comme une entité possédant les caractéristiques suivantes : l'entité est constituée par l'agrégation de personnes, les constituants de l'entité maximisent l'utilité, les constituants de l'entité interagissent avec chacun sans lieu physique, les constituants de l'entité sont engagés dans des processus d'échanges sociaux qui incluent la production et la consommation mutuelle, l'interaction sociale entre les constituants prend place autour de sujets connus et d'un objectif partagé, d'une propriété ou une identité partagée ou d'un intérêt partagé.

Les communautés médiatées pour Gensollen (2004) sont définies ainsi : « les relations ne sont pas entre les individus mais des contributeurs et des utilisateurs vers un bien informationnel commun, vis-à-vis duquel ils éprouvent un attachement et qu'ils voudraient utiliser et façonner à leur gré ». Cette définition issue du domaine de l'économie de l'information permet de mettre en évidence une orientation vers l'objet commun qui relie les participants au travers d'un échange entre deux parties. De plus, elle met en exergue la notion de contributeur et d'utilisateur, qui permet d'étendre l'utilisation d'une communauté dans un aspect instrumental, tout en considérant que les participants peuvent remplir les deux rôles.

Les communautés virtuelles dans une perspective de consommation

Wiertz *et al.* (2003) qui s'intéressent aux CV commerciales, les définissent comme « l'agrégation en ligne de consommateurs qui collectivement co-produisent et utilisent le contenu à propos d'une activité commerciale qui est centrale dans leurs intérêts en échangeant une valeur informationnelle et socio-émotionnelle ». Pour Carpano (2000), les CV sont « des espaces virtuels d'échange et de communication où des individus ayant un intérêt commun peuvent interagir sous la forme de plusieurs à plusieurs ». Adler et Christopher (1999), quant à eux, définissent les CV comme « des personnes avec des intérêts communs qui se rencontrent, communiquent et partagent des idées et des informations avec d'autres personnes par l'intermédiaire d'un réseau en ligne à l'image du World Wide Web ». Kozinets (1999) propose de les définir comme « des groupes affiliés pour lesquels les interactions en ligne reposent sur le partage d'enthousiasme et de connaissance pour une activité spécifique de consommation ou relatives à un groupe d'activités ». Pour Kozinets (1999), de nombreux groupes en ligne sont structurés explicitement ou implicitement autour d'intérêts de consommation.

La pléthore de définitions selon des positionnements différents, rend nécessaire de poser certaines limites dans l'emploi des termes. Selon Fernback (1999) « Sans l'investissement personnel, l'intimité, et l'engagement qui caractérise notre sens idéal de la communauté, des groupes de discussion en ligne et des « chat room » ne sont rien de plus qu'une signification de communication entre des gens avec des intérêts communs ». Cette affirmation qui vient nuancer la notion de communauté virtuelle poursuit une idée intéressante qui est celle du recadrage de la notion afin de ne pas accroître la confusion. Une autre limite avancée par Romm *et al.* (1997) réside dans le fait que toutes les CV ne se ressemblent pas (Castells, 2001). De plus, Wang *et al.* (2002)

développent une idée intéressante selon laquelle les personnes se font une idée différente des communautés virtuelles en fonction de leurs besoins spécifiques et du contexte dans lequel elles visitent une CV.

Les définitions que nous venons de présenter mettent en avant les spécificités des CV. Tout d'abord, elles ont pour caractéristique commune l'idée de partage. En effet, cette dernière est indispensable puisque l'existence de ces communautés virtuelles et leur valeur tiennent à l'interaction entre leurs membres. Une seconde caractéristique est l'objet commun qui les relie (passions, intérêts, consommation etc..). Cela permet de mettre en évidence la troisième caractéristique qui renvoie à la nature de ce qui est échangé en leur sein. Le partage se fait autour de l'échange de connaissances, d'informations, d'idées ou plus simplement pour se divertir par rapport à un objet commun. Enfin, une autre caractéristique tient à l'affranchissement des barrières géographiques et temporelles. Ce qui a été à l'origine de l'émergence de ces regroupements sur Internet.

2.2. Les caractéristiques d'une communauté virtuelle

Les caractéristiques générales des CV peuvent être appréhendées selon trois aspects. La première caractéristique renvoie à l'accessibilité de la communauté par les internautes, la seconde est relative au rôle prépondérant des membres dans la communauté. Enfin, la troisième caractéristique est relative à l'anonymat dans les rapports au sein des CV Bagozzi et Dholakia (2002) font valoir plusieurs caractéristiques communes aux communautés virtuelles :

- elles sont organisées autour d'intérêts distincts qui représentent leur « raison d'être »[79] - un produit, un service particulier ou des attributs démographiques, par exemple ;
- les membres des CV éprouvent un « sentiment de famille ». L'implication de cette caractéristique est intéressante à plusieurs égards puisqu'en plus d'affecter leurs opinions ou leurs idées, elle engendre un désir de revenir dans la communauté à l'avenir. Par ailleurs, les liens interpersonnels entretenus entre les membres de la communauté virtuelle augmentent la propension à partager des informations et ressources avec les autres afin de proposer un support et de s'engager dans les objectifs identifiés par le groupe (Wellman, 1999) ;
- les communautés virtuelles créent et utilisent des conventions ainsi qu'un langage partagé (Aoki, 1994 ; Harvey, 1995) ;
- le contenu au sein de ces dernières est créé par les membres de la communauté grâce à une participation active. Bagozzi et Dholakia (2002) soulignent que depuis que les environnements numériques

---

[79] Nous reprenons le mot utilisé par les auteurs dans le texte (Bagozzi et Dholakia, 2002).

facilitent l'archivage des contenus passés à moindre frais, les CV représentent une agrégation de l'expertise collective sur des sujets particuliers qui est difficile à rencontrer dans un autre contexte ;
- la communication est fondée sur l'écrit et engendre une disparition des expressions non verbales et des caractéristiques sociales (Walther, 1996). La communication fondée sur l'écrit est le principal moteur de la formation et du façonnement de la CV tout au long de son évolution et de sa croissance.

2.2.1. La dichotomie Ouverte-Fermée

Une des particularités des CV repose sur l'existence de degrés en termes d'accessibilité. En effet, ces dernières peuvent être ouvertes ou fermées. Une communauté virtuelle ouverte permet à un ensemble d'internautes de l'intégrer facilement tandis qu'une communauté fermée est souvent réservée à des initiés ou à une catégorie particulière. Cependant, sur Internet les communautés virtuelles sont plus axées sur le premier aspect (Brodin, 2000). Pour Brodin (2000) l'intensité des CV peut être appréciée grâce à trois facteurs : la longueur (durée de l'expérience partagée), la largeur (nombre de facettes de l'existence partagée) et la profondeur (intimité du partage). De par cette dichotomie, les liens seront plus forts dans une communauté fermée dans laquelle la sélection des membres peut entraîner un engagement plus durable, sans exclure pour autant l'existence de liens forts dans une communauté ouverte. Une CV ouverte permet une flexibilité liée à une utilisation plus instrumentale par les participants ou les visiteurs (Kozinets, 1999) qui peuvent soit participer, soit simplement consulter les échanges sans y prendre part.

2.2.2. Le rôle des membres

Un des points essentiels pour une CV repose sur l'engagement actif de ses membres et du comportement de leurs membres (Cothrel et Williams, 1999 ; McWilliam, 2000 ; Wiertz *et al.*, 2003). Une communauté virtuelle peut alors être appréhendée selon la signification que les participants donnent à leurs actions en ligne et comme un lieu où la dimension de la dévotion personnelle et de l'interaction sociale est fondamentale (Szczepanska, 2001). Dès lors, un aspect important des communautés virtuelles est qu'elles requièrent des contributions de la part des membres (Dellaert, 2000). Ces derniers représentent l'essence même des communautés puisque sans leur présence la communauté virtuelle n'existe pas.

2.2.3. Le rôle de l'anonymat

Une autre particularité des communautés virtuelles est l'anonymat et la superficialité des relations. L'anonymat pouvant expliciter la superficialité. L'anonymat représente un élément important pour les communautés virtuelles dont les membres adoptent généralement un pseudo et n'apparaissent quasiment jamais sous leur véritable identité (Brodin, 2000). Les communautés virtuelles nécessitent un moindre engagement par rapport aux communautés en face-à-face (Brodin, 2000). Selon Kozinets (1999), il est probable que les groupes en ligne ne se rencontreront jamais, les participants maintiennent leur anonymat et la plupart des interactions sont brèves et fonctionnelles mais l'anonymat ne représente pas une barrière pour la continuité des relations.

Finalement, selon Romm *et al.* (1997) le développement d'une CV se fait en trois étapes : l'adhésion non éphémère des membres à la communauté qui dépend de facteurs individuels de motivation, la construction de la nature de la communauté, son langage, ses modes relationnels et ses normes avec leurs effets sur l'environnement immédiat de la communauté et l'influence de la communauté sur la société, l'adoption de l'innovation ou le boycott de certaines entreprises.

2.3. Les communautés virtuelles sur Internet : les typologies

Les typologies relatives aux communautés virtuelles ont mis en évidence de nombreuses catégorisations. Les typologies présentées sont différentes selon l'objet de la CV. Par ailleurs, il est nécessaire de souligner que ces typologies, à notre connaissance, ne sont pas issues de recherches empiriques. Toutefois, certaines d'entre elles sont communément admises comme références du fait qu'elles sont reprises dans la plupart des recherches en gestion. Nous reprenons deux typologies couramment utilisées dans la littérature. De plus, ces typologies ont la particularité de s'axer sur l'aspect social et de consommation qui sont deux composantes essentielles des communautés virtuelles.

2.3.1. La typologie de Kozinets (1999)

La typologie développée par Kozinets (1999) utilise comme point de départ les caractéristiques des membres des CV. Pour Kozinets (1999), l'identification durable comme membre d'une communauté virtuelle de consommation dépend de deux facteurs interdépendants :

1. la relation que la personne entretient avec l'activité de consommation,
2. l'intensité de la relation sociale avec les autres membres de la communauté virtuelle.

Ces deux facteurs permettent à Kozinets (1999) de distinguer quatre sortes de membres représentées ci-dessous :

Les différentes sortes de membres dans les communautés virtuelles de consommation (Kozinets, 1999)

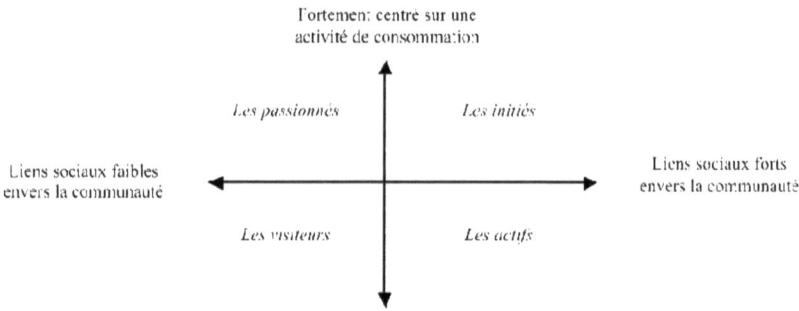

Pour Kozinets (1999), une progression (de visiteur à initié) se fait au fur et à mesure de l'expérience en ligne et de la découverte du groupe. Les quatre modes d'interaction sociaux au sein des communautés virtuelles de consommation ont été définis par Kozinets (1999) d'après deux axes : l'orientation de la communication (individualiste ou sociale) et son objectif (autosuffisant ou instrumental) : Informationnel, de loisirs, relationnel et transformationnel. Le mode d'interaction informationnel est plus couramment utilisé par les passionnés et les touristes. Ces derniers sont peu intéressés par les liens sociaux. En effet, leurs objectifs sont axés sur le court terme et sont plus individualistes. Les comportements dans ce mode d'interaction reposent sur la consommation de ressources provenant des membres. A l'inverse, les actifs et les initiés ont un comportement plus dirigé sur le long terme et sur un mode d'interaction orienté vers le relationnel et le social. Par rapport aux catégories d'utilisateurs et aux modes d'interaction au sein des communautés virtuelles, Kozinets (1999) propose quatre types de communautés virtuelles de consommation : Forums, Salons de discussion, Ring/Listes et Donjons. Les forums sont certainement les communautés les plus reliées à la consommation puisqu'ils sont tournés vers des intérêts spécifiques (Kozinets, 1999). Les membres actifs (comprenant les passionnés et les initiés) des forums lisent et répondent aux messages créant ainsi une dynamique au sein de ces derniers (Kozinets, 1999). De plus, les forums ont une large exposition et une large influence car ils sont consultés par les « touristes » qui « récupèrent » mais ne contribuent pas (Kozinets, 1999).

2.3.2. La typologie de Armstrong et Hagel (1996)

Armstrong et Hagel (1996) proposent quatre sortes de CV en fonction des besoins des consommateurs auxquels elles répondent. Cette typologie est une des premières à avoir été avancée sans toutefois être issue de validation empirique. Néanmoins, cette typologie est souvent reprise par la littérature relative à ce thème et apparaît comme pertinente encore aujourd'hui. Nous les décrivons ci-dessous :

- **les communautés de consommation :** l'objectif essentiel de ces communautés est de faciliter l'achat et la vente de produits et services en proposant des informations relatives à ces transactions. Toutefois, elles sont différentes des communautés qui ont un sens social et s'apparentent à un soutien pour effectuer un achat. Les membres peuvent interagir entre eux afin d'obtenir des informations sur les produits ou les services.
- **les communautés d'intérêts :** les membres interagissent par rapport à un sujet spécifique. Le degré de communication interpersonnelle requis dans cette forme de communauté est supérieur à celui des communautés de transactions. La particularité de ces CV. est que les membres interagissent sur le sujet précis de la communauté mais peuvent aussi effectuer des transactions entre eux mais toujours en relation avec le sujet de la CV.
- **les communautés de fantaisie :** ces communautés reposent plus sur l'imaginaire. Elles permettent de créer un environnement, une personnalité ou bien une histoire. Ces communautés sont plus axées sur le divertissement et donc, sur l'aspect social. Dans ces communautés l'identité réelle des participants n'est pas primordiale. L'interaction avec les autres est au cœur du processus.
- **les communautés de relation :** elles sont plus axées sur le partage d'expériences de vie plutôt intenses et peuvent conduire à la création de liens personnels profonds. Dans ces communautés, l'anonymat semble être préféré. L'attrait de ces communautés est de permettre à des personnes de se réunir et de partager leurs expériences (ex : la maladie).

Armstrong et Hagel (1996) avancent que ces différents types de communautés ne sont pas exclusifs les uns des autres. Armstrong et

Hagel (1996) proposent en définitive de faire rencontrer par les organisateurs de la communauté les quatre besoins précédents, au sein d'une même communauté, afin d'offrir une étendue maximale en termes de services. L'objectif est de rendre les communautés virtuelles hautement compétitives.

3. Outils communautaires, facteurs de participation et contributions dans les CV

Les communautés virtuelles s'inscrivent dans le cadre de la communication assistée par ordinateur (Hoffman et Novak, 1997 ; Sudweeks et Simoff, 1999), la communication n'est donc pas établie naturellement. Si Internet est un réseau ouvert et interconnecté autorisant l'émergence de CV, il est utile de souligner que l'aspect technique a été le fer de lance pour l'apparition de cette mise en relation. Cela a permis d'intégrer au sein des sites Internet des outils favorisant le dialogue et la communication entre les visiteurs.

3.1. Les différents outils communautaires : un panorama

De nombreux outils, grâce aux progrès de l'informatique et des ordinateurs, existent et permettent d'entrer en communication avec des personnes de la planète entière. En effet, les premières communautés virtuelles ont trouvé leur fondement dans l'e-mail (Castells, 2001) dont les membres étaient des spécialistes ou des précurseurs de l'Internet. La généralisation de la communication sur Internet a été l'apanage des langages de programmation qui ont évolué du statique (HTML) vers le dynamique (ex : Java). La conséquence a été l'apparition d'outils communautaires qui ont favorisé la communication et l'interaction entre les internautes.

Ces outils sont de nature différente : synchrone (Chat ou Messagerie Instantanée) ou asynchrone (Forum, Liste de discussion, Newsgroups, Messagerie électronique). La caractéristique d'une communication synchrone est l'instantanéité de la réponse, alors que pour une communication de type asynchrone, il existe un temps de latence entre un stimulus et une réponse à ce stimulus. L'avantage d'une communication de type asynchrone est sa traçabilité et sa capacité à conserver les écrits, à l'inverse d'une communication de type synchrone où il est quasiment impossible de sauvegarder une marque des échanges. Pour Boush et Kahle (2000) l'asynchrone se rapprocherait de l'envoi d'une lettre et le synchrone d'une conversation. L'information dans un environnement synchrone semble plus axée sur l'aspect social et relationnel alors que dans un environnement asynchrone elle semble plus axée sur l'information elle-même (Catterall et Maclaran, 2002).

3.2. Le fonctionnement d'une communauté virtuelle

Les différents outils que nous venons de présenter sont à la base des différentes communautés virtuelles sur Internet. Toutefois, notre propos est de se focaliser plus particulièrement sur les outils asynchrones (les forums), dont une particularité est la possibilité d'archivage. La littérature s'est essayée à comprendre la motivation des internautes à participer à ces CV et à la nature des contributions que l'on trouve en leur sein. La participation est une condition nécessaire à l'existence des communautés virtuelles puisque le socle d'une communauté repose sur la participation et l'interaction de ses membres (Cothrel et Williams, 1999 ; McWilliams, 2000 ; Bagozzi et Dholakia, 2002). Selon la nature des contributions au sein des communautés virtuelles, nous pouvons envisager l'utilité que l'internaute pourra retirer de ces communautés. Il y a une prise de conscience grandissante de la fonction sociale des communautés virtuelles (Postmes *et al.*, 1998 ; Bagozzi et Dholakia, 2002), de leur forte influence en réunissant des individus éloignés et qui partagent les mêmes opinions (Hagel et Armstrong, 1997 ; Wellman et Gulia, 1999 ; Dettling et Schubert, 2002) et de leur rôle qui influe sur les opinions des consommateurs, la connaissance et les comportements (Williams et Cothrel, 2000). Les communautés virtuelles jouent un rôle de plus en plus croissant au travers de différents aspects de la vie des membres (Bagozzi et Dholakia, 2002). Que cela soit pour lier des relations amicales (Walther, 1996) ou bien pour l'apprentissage (Constant *et al.*, 1996), pour formuler des opinions, publier leurs idées, leurs expériences, dans le cadre d'un achat et pour la consommation de produits et de services (Hagel et Armstrong, 1997 ; Kozinets, 1999 ; Dellarocas, 2004).

3.2.1. Les facteurs de la participation

Peu de recherches se sont intéressées aux facteurs expliquant la participation dans une communauté virtuelle. Ces interrogations ont été guidées par différentes questions relatives aux raisons qui expliquent que l'on rejoint ou pas une communauté, aux facteurs qui génèrent l'interaction, aux déterminants qui incitent les membres à revenir ainsi que les caractéristiques des personnes qui prennent part à ces communautés (Evans *et al.*, 2001).

Le rôle de l'expérience pour la participation

L'expérience que peut avoir l'utilisateur de l'outil Internet est une variable déterminante dans la participation à une CV (Kozinets, 1999). Rothaermel et Sugiyama (2001) définissent l'expérience d'un membre comme le temps passé à utiliser le site Web. Le temps passé en ligne fera que le consommateur sera susceptible de rejoindre ou pas une CV. Plus le consommateur interagira en ligne avec d'autres personnes et plus ce dernier pourra devenir un membre fidèle dont une des conséquences possibles sera pour lui d'y recourir comme une source d'information ou d'interaction sociale (Kozinets, 1999). Partant de la typologie de Kozinets (1999), Evans *et al.* (2001) se focalisent sur les « communautés virtuelles de consommation ». L'expérience des utilisateurs semble avoir une importance pour les outils synchrones alors que ceux qui ont une expérience moindre auront davantage recours aux outils asynchrones (Evans *et al.*, 2001). Un autre résultat met en évidence que la participation est progressive et suit un cercle continu de connaissance (Evans *et al.*, 2001).

Les autres facteurs de la participation

Une autre raison évoquée à la participation à une CV est la possibilité d'accéder à des sources d'information et d'échanger des conseils. Pour les utilisateurs confirmés, la communication dans les deux sens, donner et recevoir des conseils, est très importante (Evans *et al.*, 2001). En effet, les participants peuvent choisir le niveau de leur interaction, recueillir et/ou donner des informations, des conseils mais aussi exprimer leurs opinions. Bagozzi et Dholakia (2002) soulignent que l'interaction sociale est l'objectif de l'individu participant. Le fait de se joindre à la communication et l'expérience positive sont le produit direct consommé par les membres. Les communautés virtuelles offrent un potentiel d'échange interactif et collaboratif qui peut ajouter une valeur expérientielle à de simples transactions en ligne (Mathwick *et al.*, 2001) en autorisant une communication de « plusieurs à plusieurs » (Hoffman *et al.*, 1995 ; Hoffman et Novak, 1996). Pour Wiertz *et al.* (2003), le rôle des deux principales ressources échangées dans l'espace social des communautés virtuelles, la valeur informationnelle et la valeur socio-émotionnelle, intensifient les normes sociales de réciprocité ressenties par les membres de la communauté. Au fur et à mesure les membres s'impliquent de plus en plus. Ces derniers développent le désir d'aider les autres en dehors du sens de l'obligation morale et développent un intérêt afin de faire progresser la communauté virtuelle.

3.3. Les différentes catégories d'information au sein d'une communauté virtuelle

La littérature a souvent souligné l'aspect informationnel des communautés virtuelles ainsi que la possibilité pour les membres de recourir à l'information issue de ces dernières. Cependant peu de recherches ont proposé une catégorisation des informations disponibles au sein des communautés virtuelles. Une recherche concernant les différents types d'informations disponibles au sein des C.V. est celle de Burnett (2000) qui avance « les C.V. ont le potentiel de supporter une large variété d'activités liées à la recherche d'informations, à la mise à disposition d'informations et au partage d'informations, en plus de socialiser et de proposer d'autres types d'interactions ». Nous avons représenté sous forme graphique les différentes catégories d'information proposées par Burnett (2000) :

Typologie des comportements dans les communautés (Burnett, 2000)

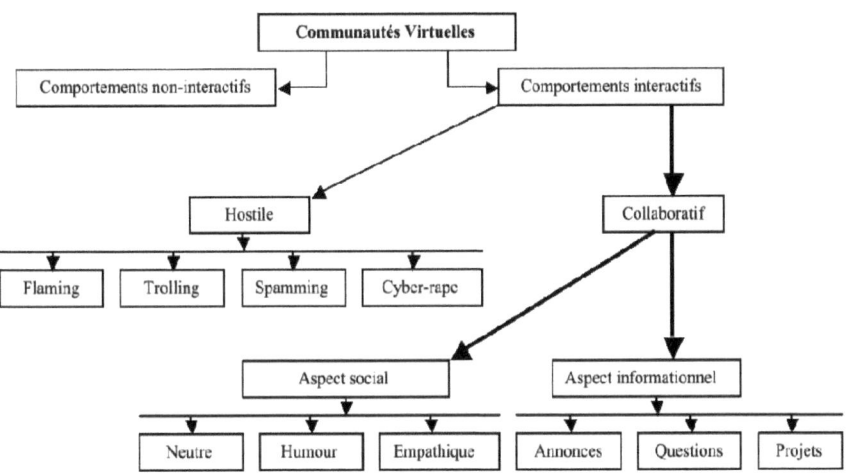

Cette typologie est issue d'un important champ de recherche comprenant l'interaction dans les communautés virtuelles, d'autres contextes issus du CMC, et une observation informelle de différents types de communautés virtuelles (Burnett, 2000). Toutefois, l'auteur nuance son approche en mettant en avant le côté heuristique et exploratoire de ces propositions.

3.3.1. Les comportements non interactifs

Le côté non interactif est assimilé au côté passif de l'utilisation des communautés, plus précisément, les personnes viennent prendre des informations et lire les messages sans jamais interagir avec les autres participants de la communauté. Dans ce système, il n'existe pas « d'interlocution » (Riva et Galimberti, 1998), définie comme la rencontre d'un émetteur et d'un récepteur dans un environnement en face-à-face ou dans une communauté virtuelle, d'un contributeur et d'un lecteur de la contribution. Cela ne permet pas d'assurer des discussions viables (dynamiques), continues et soutenables sur le long terme (Burnett, 2000).

3.3.2. Les comportements interactifs

Pour que l'interaction prenne place dans une communauté virtuelle, il est nécessaire qu'une dynamique se fasse au niveau des envois, de l'écriture et de la lecture des messages (Burnett, 2000). Cela amène Burnett (2000) à scinder les comportements selon deux axes qui font partie intégrante de l'activité informationnelle de la communauté.

Les comportements interactifs hostiles

Ces comportements sont assimilés au côté peu amical ou peu civil de l'interaction virtuelle. Burnett (2000) souligne que de nombreuses communautés virtuelles peuvent être structurées autour d'une sorte de violence verbale. On y trouve des commentaires dédaigneux, des arguments brutaux à l'encontre d'une partie des participants (Violent – Flaming) ou même vis-à-vis de l'ensemble de la communauté (Cyber-Rape) et des provocations pour faire réagir virulemment la communauté (Trolling). Dans les CV les participants se comportent comme s'ils n'étaient pas dans une situation sociale et ont tendance à montrer un comportement plus antisocial que dans des relations en face-à-face (Kiesler, 1986).

Les comportements interactifs collaboratifs

Selon Burnett (2000) les comportements hostiles sont endémiques au phénomène des communautés et existent également dans les communautés en face-à-face. Si les comportements hostiles jouent un rôle dans le processus « communautaire », l'interaction la plus importante est celle qui va dans le sens du renforcement de la communauté au travers d'interactions collaboratives ou d'autres types de comportements positifs (Burnett, 2000).

Les comportements non spécifiquement orientés vers l'information

Le premier mode de comportement avec la communauté est caractérisé par la relation au groupe comme un tout. Les contributeurs de messages entreprennent leurs activités envers un groupe de lecteurs (connus ou inconnus) et les lecteurs entreprennent leurs activités dans le contexte de messages qui définissent le groupe lui-même (Jones, 1995). Les comportements de groupe sont la condition sine qua non des communautés virtuelles. Les discussions peuvent se focaliser sur des sujets spécifiques ou plus amorphes et généraux (Burnett, 2000). L'auteur propose de les scinder en trois comportements[80] : comportements neutres (plaisanteries et commérages), comportements humoristiques (jeux de langages et autres types de jeux) et comportements empathiques (support émotionnel).

Les comportements orientés vers des informations spécifiques

L'existence de comportements plus actifs transforme la communauté d'un simple aspect social en un environnement dynamique d'échange d'informations au travers d'une activité discursive continue (Tuominen et Savolainen, 1996). Les *annonces* et les *questions* sont deux moyens d'accès à l'information pour les participants. Certaines études relatives à l'usage du CMC mettent en évidence que mettre une information à la disposition des autres représente une des activités principales des groupes en ligne (Kettinger et Grover, 1997). Les participants à une C.V agissent comme des fournisseurs actifs d'informations et comme des consommateurs passifs d'informations. Les membres de la communauté sont aussi les bénéficiaires de la recherche d'information des autres participants. Cette information peut provenir de l'extérieur de la communauté mais aussi des questions posées à la communauté par d'autres participants.

L'intérêt de cette typologie se situe dans l'émergence d'une catégorisation des informations selon un large champ de littérature. Sa finalité est de proposer une conceptualisation des comportements que l'on peut rencontrer dans les communautés virtuelles et donc, de mieux appréhender les bénéfices des communautés virtuelles pour les internautes.

Conclusion

Ce chapitre a poursuivi plusieurs objectifs. Dans un premier temps, nous avons défini la notion de communauté et de communauté virtuelle, dont l'intérêt réside dans l'analyse des différents travaux réalisés que cela soit en termes de caractéristiques ou bien encore de typologie. Nous venons de montrer le rôle social et informationnel que jouent les CV pour les membres. Puis, nous avons mis en évidence les différentes

---

[80] Nous renvoyons le lecteur à l'article de Burnett (2000) pour une explication détaillée de ces comportements

communautés existantes sur le réseau, les facteurs expliquant la participation des intervenants et les caractéristiques des informations que l'on peut trouver au sein de ces communautés. Ce chapitre a permis ainsi de mettre en évidence le potentiel des CV sur Internet et de nous interroger sur l'influence qu'elles peuvent avoir sur les internautes.

Bibliographie

ADLER R.P., CHRISTOPHER J.A. (1999), « Virtual communities », in *Net Success : 24 Leaders in Web Show You : How to Put the Web to Work for Your Business,* Eds. Muscarella L. et al., Adams Media Corporation, pp. 36-59.

AOKI K. (1994), « Virtual Communities in Japan », paper presented at *the Pacific Telecommunications Council Conference.*

ARMSTRONG A., HAGEL J. (1996), « The Real Value of On-line Communities », *Harvard Business Review,* May-June, pp. 134-141.

BAGOZZI R.P., DHOLAKIA U.M. (2002), « Intentional Social Action in Virtual Communities », *Journal of Interactive Marketing,* Vol. 16, n°2, pp. 2-21.

BALASUBRAMANIAN S., MAHAJAN V. (2001), « The Economic Leverage of the Virtual Community », *International Journal of Electronic Commerce,* Vol. 5, n°3, pp. 103-110.

BOUSH D.M., KAHLE L. (2001), « Evaluating Online Consumer Discussions : From Qualitative Analysis to Signal Detection », In *the proceedings of la Londe seminar,* pp. 46-59.

BRODIN O. (2000), « Les communautés virtuelles : Un potentiel marketing encore peu exploré », *Décisions Marketing,* n°21, pp. 47-56.

BURNETT G. (2000), « Information exchange in virtual communities : A typology », *Information Research,* Vol. 5, n°4, July.

CARPANO B. (2000), « Communautés virtuelles et fidélisation », *LCN,* Vol. 1, n°6, pp. 67-82.

CASTELLS M. (2001), *La galaxie Internet,* Ed. Fayard, Paris.

CATTERALL M., MCLARAN P. (2002), « Researching consumers in virtual worlds : A cyberspace odyssey », *Journal of Consumer Behaviour,* Vol. 1, n°3, pp. 228-237.

CONSTANT D., SPROULL L., KIESLER S. (1996), « The Kindness of Strangers : The Usefulness of Electronic Weak Ties for Technical Advice », *Organization Science,* Vol. 7, n°2, pp. 119-135.

COTHREL J., WILLIAMS R.L. (1999), « On-line communities : helping them and grow », *Journal of Knowledge Management,* Vol. 3, n°1, pp. 54-60.

COVA B., COVA V. (2002), « Tribal Marketing : The tribalisation of Society and its impact on the conduct of Marketing », *European*

Journal of Marketing, Vol. 36, n°5, pp. 595-620.

COVA B., RONCAGLIO M. (1999), « Repérer et soutenir des tribus de consommateurs ? », *Décisions Marketing*, n°7 pp. 7-15.

DELLAERT B.G.C. (2000), « Tourists Valuation of Other Tourists Contributions to Travel Web Sites », *MIT Ecommerce Forum*, Working Paper.

DELLAROCAS C. (2004), « Strategic Manipulation of Internet Opinion Forums : Implications for Consumers and Firms », *MIT Sloan Working Paper 4501-04*, http://ssrn.com/abstract=585404.

DETTLING W., SCHUBERT P. (2002), « Management of a Virtual Community of Students », *The International Journal on Media Management*, Vol. 4, n°1, pp. 31-40.

DUBAR C. (1996), *La socialisation : Construction des identités sociales et professionnelles*, Armand Colin, 2ème édition, Chap IV, pp. 89-95.

EVANS M., WEDANDE G., RALSTON L., HUL S.V. (2001), « Consumer Interaction in the virtual era : some qualitative insight », *Qualitative Market Research*, Vol. 4, n°3, pp. 150-159.

FERNBACK J. (1999), « There is a there there: Notes toward a definition of cybercommunity », In S. Jones (Ed.), *Doing Internet research: Critical issues and methods for examining the Net*, Thousand Oaks, CA : Sage, pp. 203-220.

FERNBACK J., THOMPSON B. (1995), « Virtual Communities : Abort, Retry, Failure ? », *presented at the annual convention of the International Communication Association*, Albuquerque, New Mexico, May. www.well.com/user/hlr/texts/.

GENSOLLEN M. (2004), « Biens informationnels et communautés médiatées »; *Revue d'Économie Politique*, mars, Numéro « Marchés en ligne et communautés d'agents ».

HAGEL J. III, ARMSTRONG A.G. (1997), *Net Gain : Expanding markets through virtual communities*, Harvard Business School Press.

HARVEY P-L. (1995), *Cyberespace et Communautique, appropriation, réseaux, groupes virtuels*, Les Presses de l'Université Laval, Québec.

HILLERY G.A. (1955), « Definitions of Community: Areas of agreement », *Rural Sociology*, Vol. 20, pp. 111-123.

HOFFMAN D.L., NOVAK T.P. (1996), « Marketing in Hypermedia Computer-Mediated Environments : Conceptual Foundations », *Journal of Marketing*, Vol. 60, n°3; pp. 50-68.

HOFFMAN D.L., NOVAK T.P. (1997), « A New Marketing Paradigm for Electronic Commerce », *The Information Society*, Vol. 13, January-March, pp. 43-54.

HOFFMAN D.L., NOVAK T.P., CHATTERJEE P. (1995), «Commercial Scenarios for the Web : Opportunities and Challenges»,

Journal of Computer Mediated Communication, Vol. 3, n°1.

JONES S.G. (1995), *CyberSociety : Computer-mediated communication and community*, Thousand Oaks, CA: Sage.

KETTINGER W.J., GROVER V. (1997), « The use of computer-mediated communication in an interorganizational context », *Decision Sciences*, Vol. 28, n°3, pp. 513-555.

KIESLER S. (1986), « The hidden messages in computer networks », *Harvard Business Review*, Vol. 64, pp. 46-60.

KOZINETS R.V. (1999), « E-tribalized Marketing ? :The Strategic Implications of Virtual Communities of Consumption », *European Management Journal*, Vol. 17, n°3, pp. 252-264.

MAFFESOLI M. (1988), *Le temps des tribus : Le déclin de l'individualisme dans les sociétés postmodernes*, Ed. La Table Ronde, Paris.

MATHWICK C., MALHOTRA N., RIGDON E. (2001), « Experiential Value: Conceptualization, measurement and application in the catalog and Internet shopping environment », *Journal of Retailing*, Vol 77, n°1, pp. 29-56.

MCALEXANDER J.H., SCHOUTEN J.W., KOENIG H.F. (2002), « Building Brand Community », *Journal of Marketing*, Vol. 66, January, pp. 38-54.

MCWILIAM G. (2000), « Building stronger brand through online communities », *Sloan Management Review*, Vol. 41, n°3, pp. 43-54.

MUNIZ A., O'GUINN T. (2001) « Brand Community », *Journal of Consumer Research*, Vol. 27, March, pp. 412-432.

MURPHY L.P. (1997), « Web « communities » a target marketer's dream », Marketing News, Vol. 31, pp. 2-3.

POSTMES T., SPEARS R., LEA M. (1998), « Breaking or building social barriers ? SIDE-effects of computer-mediated communication », *Communication Research*, Vol. 25, n°6, pp. 689-715.

RHEINGOLD H. (1993), *The Virtual Community : Homesteading on the Electronic Frontier*, Addison Wesley.

RIVA G., GALIMBERTI C. (1998), « Computer mediated communication: Identity and social interaction in an electronic environment », *Genetic, Social, and Psychology Monographs*. Vol. 124, n°4, pp. 434-464.

ROMM C., PLISKIN N., CLARKE R. (1997), «Virtual Communities and Society: Toward and Integrative Three Phase Model», *International Journal of Information Management*, Vol. 17, n°4, pp. 261-270.

ROTHAERMEL F.T., SUGIYAMA S. (2001), « Virtual internet communities and commercial success : individual and community-level theory grounded in the atypical case of TimeZone.com », *Journal of Management*, Vol. 27, pp. 297-312.

SCHOUTEN J.W., MCALEXANDER J.H. (1995), « Subcultures of Consumption: An Ethnography of the New Bikers, *Journal of Consumer Research*, Vol. 22, June, pp. 43-61.

SUDWEEKS F., SIMOFF S. (1999), « Complementary Explorative Data Analysis : The Reconciliation of Quantitative and Qualitative Principles », in Steve Jones *Doing Internet Research: Critical Issues and Methods for Examining the Net*, Thousand Oaks, CA: Sage , pp. 27-56.

SZCZEPANSKA A.M. (2001), «Searching for the Virtual Community», in *Proceedings of IRIS24*.

TONNIES F. (1887, 1977), *Gemeinschaft and gesellschaft*, Leipzig, R. Reisland. Trad. : *Communauté et société : catégories fondamentales de la sociologie pure*, Paris, Retz, cepl, 1977.

TUOMINEN K., SAVOLAINEN R. (1997), « A social constructionist approach to the study of information use and discursive action », Paper delivered at the *International Conference on Research and Information Needs, Seeking, and Use in Different Contexts*, Tampere, Finland.

WALTHER J.B. (1996), « Computer-mediated communication : Impersonal, interpersonal and hyperpersonal interaction », *Communication Research*, Vol. 20, n°1, pp. 3-43.

WANG Y., YU Q., FESENMAIER D.R. (2002), « Defining the virtual tourist community ; implications for tourism marketing », *Tourism Management*, n°23, pp. 407-417.

WEBER M. (1920), *Wirtschaft und Gesellschaft*, Trad. partielle Economie et Société, Plon.

WELLMAN B. (1999), « The Network Community: An Introduction to networks in the global village », In : B. Wellman (Ed.), *Networks in the Global Village*, Boulder, CO : Westview Press, pp. 1-48.

WELLMAN B., GULIA M. (1999), « Net Surfers Don't Ride Alone: Virtual Community as Community », In : Wellman B. (Ed.), *Networks in the Global Village*, Boulder, CO : Westview Press, pp. 72-86.

WIERTZ C., DE RUYTER K., STREUKENS S. (2003), « On the Role of Normative Influences in Commercial Virtual Communities », *Research Memoranda from METEOR*, n°38.

Les forums comme alternative aux médias traditionnels : la construction d'une communauté de « conspirationnistes » sur Internet

Aurélia LAMY[81]

Les attentats du 11 septembre 2001 sont « terrifiants », « dramatiques » ; par leur caractère inédit et surprenant, ils sont un « événement limite » tant d'un point de vue symbolique que par le manque de référents permettant de l'appréhender : « d'abord quelque chose arrive, éclate, déchire un ordre déjà établi ; puis une impérieuse demande de sens se fait entendre » (Ricœur, 1991 : 56). Si les médias contribuent à donner du sens à l'événement en diffusant en boucle les images des tours en feu, des gens courant dans les rues de New York, en relayant jour après jour les évolutions de l'enquête, certains questionnements émergent au sein de l'opinion publique. Quelques semaines après le 11 septembre, les premiers messages apparaissent sur les forums : Al Qaeda n'est pas l'auteur des attentats, aucun avion ne s'est écrasé sur le Pentagone, les avions étaient contrôlés à distance, les témoignages de victimes ont été inventés de toute pièce... Tant d'hypothèses qui prennent valeur d'information critique pour des personnes qui doutent de la version officielle diffusée par le gouvernement américain. Ainsi des informations « non légitimées » médiatiquement accèdent à l'espace public via les forums, blogs, sites d'associations ou d'information, qui contribuent à leur émergence mais surtout à la circulation, la validation et la constitution de théories dissonantes. « L'espace public numérique s'ouvre ainsi à de nouvelles formes d'échanges qui « déformalisent » le débat public traditionnel » (Cardon, Granjon, 2010 : 122), Internet constitue en cela une modalité alternative de diffusion d'informations.

---

[81] Lamy Aurélia est Maître de Conférences en Sciences de l'Information et de la Communication à l'université de Lille. Dans le cadre du laboratoire GERIICO elle mène des recherches relatives à l'analyse des discours médiatiques plus particulièrement dans la presse et à la télévision. En s'intéressant à internet, elle questionne la notion d'espace public médiatique, de construction identitaire, autant que celle d'événement faisant en cela écho à sa thèse relative au traitement médiatique des attentats du 11 septembre 2001. aurelia.lamy@univ-lille1.fr

Si les théories alternatives sont peu relayées par les médias traditionnels, leur popularité grandit sur Internet. En effet, les théories du complot donnent sens à l'événement, elles apportent des réponses simples à des faits inexplicables. « Les théoriciens du complot postulent une histoire rationnelle et, bien qu'ils adhèrent à des vérités de foi, ils veulent rendre la réalité historique transparente et les conduites humaines logiques » (Campion-Vincent, 2007 : 123). Grâce à Internet, les thèses alternatives se propagent de plus en plus rapidement, elles s'internationalisent, se démocratisent, et se complexifient, les conspirations sont aujourd'hui « des réseaux ramifiés et interconnectés de causes et d'effets, avec une variété d'agents opératoires et de solutions possibles » (Campion-Vincent, 2007 : 147). Elles participent en cela d'une nouvelle forme de mobilisation informationnelle, un activisme nécessitant l'implication médiatique : un médiactivime[82] au sens de Cardon et Granjon.

Dans cet article, nous nous intéressons au rôle d'Internet et plus particulièrement des espaces d'expression libre en ligne dans le développement des théories du complot en France et l'émergence d'une critique sur les médias. Cette réflexion globale sur l'usage d'Internet comme espace de débat alternatif aux médias « traditionnels » nous permettra d'analyser le processus de construction d'un sentiment de communauté à travers des prises de positions identitaires. Notre perspective sera donc à la fois sociologique et sémiotique. Ainsi nous proposons une analyse de la construction et du développement de la théorie du complot liée aux attentats du 11 septembre 2001 à partir d'un type de communication particulier : l'échange asynchrone, écrit et médiatisé par les réseaux électroniques, en l'occurrence les forums. Deux types de forums plébiscités par les conspirationnistes ont retenu notre attention. Tout d'abord les forums publiés sur le site Reopen 911[83]. Ce site spécialement consacré à la réflexion critique autour des attentats du 11 septembre 2001 propose des centaines de fils de discussion. Nous avons choisi de suivre particulièrement le forum « Les médias et le 11 septembre » toujours actif aujourd'hui. Notre réflexion prendra également appui sur des forums issus de titres de presse : un forum initié par l'hebdomadaire *L'Express*, ouvert suite à la parution d'un article rédigé par Marie Simon, publié le 10 septembre 2008, « Le succès de la théorie du complot ne se dément pas »[84] ; un forum publié

---

[82] « Nous désignerons par le syntagme « mobilisations informationnelles » ou par le néologisme « mediactivisme » les mobilisations sociales progressistes qui orientent leur action collective vers la critique des médias dominants et/ou la mise en œuvre de dispositifs alternatifs de production d'information » (2010 : 8).
[83] www.reopen911.info/reopen911/reopen911.html, consulté le 28/10/10.
[84] http://www.lexpress.fr/actualite/monde/le-succes-de-la-theorie-du-complot-ne-se-dement-pas_563796.html, consulté le 28/10/10.

sur la version en ligne de *20 Minutes* consécutif à l'article « 11-septembre : théorie du complot et guerre de l'information »[85] (septembre 2008) et un forum issu du *Monde.fr*, suivant l'article d'Hélène Bekmezian « Les Etats-Unis n'en ont pas fini avec le 11 septembre » (11 septembre 2010)[86]. Ce choix nous permet d'étudier comment les thèses alternatives se propagent via des sites leur accordant une place prédominante - les propos sont alors tenus au sein d'une communauté souvent de « convaincus » - et comment elles peuvent s'extérioriser et se confronter à leurs opposants à travers des espaces de discussion consacrés à l'actualité sur Internet. L'objectif étant ici de mieux comprendre comment les forums peuvent être perçus comme des alternatives et des lieux de remise en question de l'espace médiatique traditionnel. Les propos recueillis lors d'un entretien mené avec AtMOH, créateur de l'association en France et du site Internet Reopen 911 conduiront à une réflexion plus globale sur la place d'Internet dans l'émergence d'un débat public, et nous aideront à caractériser les nouveaux espaces de discussion numériques sur des questions portant à polémique.

1. Le rôle d'Internet dans le développement des théories du complot en France

En France, les théories du complot se développent dès l'automne 2001. Si aux Etats-Unis la critique est structurée autour de plusieurs associations ou groupements de familles de victimes par exemple, en France, les premiers arguments évoqués sont des initiatives individuelles relevant d'une volonté de faire naître le débat face à un discours médiatique sclérosé. Thierry Meyssan, fondateur du Réseau Voltaire, un organisme de « presse non alignée », est le premier à tirer parti des usages d'Internet comme espace de discussion ouvert à la critique. Si le site du Réseau Voltaire est un espace déjà destiné à des personnes souhaitant avoir une « autre » information, à des groupes critiques déjà adeptes des théories dissonantes, il n'en devient pas moins une « véritable[s] caisse[s] de résonnance et d'amplification » (Morin, 1969 : 23). Dès février 2002, Thierry Meyssan met en ligne « un jeu des sept erreurs »[87] visant à démontrer, images en guise de preuve, la validité de sa thèse principale : il n'y a pas eu d'avion sur le Pentagone. De manière ludique, il parvient à sensibiliser les internautes

---

[85] http://www.20minutes.fr/article/251638/Monde-11-Septembre-theorie-du-complot-et-guerre-de-l-information.php, consulté le 28/10/10.
[86] http://www.lemonde.fr/ameriques/article/2010/09/11/les-etats-unis-n-en-ont-pas-fini-avec-le-11-septembre_1409267_3222.html, consulté le 28/10/10.
[87] http://www.asile.org/citoyens/numero13/pentagone/erreurs.htm

aux théories alternatives ; la sortie du livre *L'Effroyable imposture*[88] le 11 mars 2002, ainsi que son passage dans l'émission « Tout le monde en parle » cinq jours plus tard finissent de populariser sa théorie.

Cet ouvrage marque une première étape dans le développement des théories du complot en France mais ce qui a vraiment marqué un tournant c'est l'usage des vidéos et surtout leur circulation permise par les potentialités d'Internet : « ce combat là est resté très américain, c'est resté un épiphénomène jusqu'à ce que la vidéo sur Internet arrive en 2005, 2006 avec Youtube et Google vidéo, c'était la vraie révolution pour ce sujet là » (AtMOH). En tant que représentant d'une nouvelle forme de « vidéo-activisme », les concepteurs de ces documentaires « conçoivent d'abord leur engagement informationnel comme une forme directe et immédiate d'affirmation publique » (Cardon, Granjon, 2010 : 93). En effet, la diffusion à grande échelle de films tels que *Loose Change* par exemple a permis de porter à la connaissance de tous des thèses perçues comme fantaisistes par les journalistes et de faire émerger les théories dissonantes dans un espace public numérique. Cette forme de militantisme par l'image s'inscrit en opposition aux informations télévisuelles - aucun de ces films n'a par ailleurs eu accès à l'espace médiatique traditionnel. Il répond donc « aux exigences de la critique de l'hégémonie des médias : contre-information, éducation politique, représentation des luttes sociales, productions autonomes dégagées des médias centraux » (Cardon, Granjon, 2010 : 95).

Un recherche attentive dans les titres de presse français nous a montré que les théories alternatives n'y sont peu, ou pas représentées : manque de preuves, incrédulité, refus d'adhérer à des idées conspirationnistes... autant d'hypothèses qui ne sont jamais évoquées dans les médias mais peuvent justifier de ce « presque silence » médiatique. A la télévision, quelques émissions[89] s'intéressent aux thèses dissonantes mais toujours en les discréditant. Dans la presse, on évoque leur absence de fondement et la simplicité du raisonnement de ceux qu'on appelle les « conspirationnistes » : « y recourir, c'est toujours chercher une explication simple à des phénomènes complexes » (Pascal Bruckner, *Libération*, 17 mai 2002). Selon AtMOH, cette mise à distance journalistique relève d'un travail de sape médiatique à l'encontre des personnes qui doutent de la version officielle : « C'était une des opérations les plus réussies des médias ou des opposants à ce débat c'était de décrédibiliser ou de salir les gens qui voulaient aborder ce sujet », en effet, les personnes accréditant la

---

[88] MEYSSAN T. (2002), *L'effroyable imposture*, Paris, Carnot.
[89] Par exemple, sur *Arte*, le 13 avril 2004, Daniel Leconte propose une soirée Théma « De quoi j'me mêle : Tous manipulés ? » ; France 2 consacrera des sujets dans des émissions comme « Fog » : « 11 septembre : l'obsession du complot », le 11 septembre 2009.

théorie du complot sont taxées de « maniaques » (*Le Figaro*, 5 novembre 2001), parfois d'illuminés, voire de criminels « en cette journée du 11 septembre, oublier qu'Al Qaeda a commis les attentats…c'est plus qu'une honte, c'est simplement de la complicité de meurtres » (11/9 NY, forum *Le Monde*). Sur les forums de presse comme sur Reopen 911, les conspirationnistes regrettent cet état de fait : « après avoir tenté de nous attribuer des intentions politiques douteuses, j'ai bien l'impression que nous serons maintenant victimes d'attaques portant sur notre santé mentale » (selassie, Reopen 911). Alors qu'elle est évoquée par les conspirationnistes comme une approche critique, distanciée et circonstanciée des faits destinée aux « esprits rigoureux » (Abou Elise, forum *Le Monde*), les journalistes présentent la théorie du complot relative aux attentats comme une interprétation des faits à laquelle on a recours quand les réponses politiques ou militaires ne paraissent pas suffisantes à l'opinion publique : « à la bourse des valeurs conspirationnistes, les juifs et les américains restent les boucs émissaires les plus cotés, suivis de près par les européens » (*Libération*, 17 mai 2002). Les auteurs des thèses alternatives partent du postulat que « derrière les apparences, il y a une autre réalité » et érigent le doute et la critique en mode de réflexion essentiel en période de crise. Les « conspirationnistes » se positionnent ainsi dans une posture critique non seulement vis-à-vis de la version officielle mais également vis-à-vis des médias. Les journalistes, s'ils ne discréditent pas la démarche d'enquête sous jacente à ces théories, leur reprochent de tirer des conclusions hâtives sur les faits : « c'est une chose de maintenir ouverte la question des sources, de recouper et d'interroger les informations, une autre d'en déduire une conjuration à la moindre incohérence » (*Libération*, 17 mai 2002).

Une simple visite sur Internet via l'utilisation d'un moteur de recherche nous montre que cette thématique marginalisée dans la presse trouve une place inconstatable sur la toile. En effet, pour faire face à ce silence médiatique, les conspirationnistes ou « truthers » ont développé des techniques de communication virale. Plus qu'un outil de diffusion d'informations, Internet est la condition même du développement des théories alternatives et de la structuration des communautés de « truthers » : « le débat sur le 11 septembre n'existe que grâce à Internet, aujourd'hui si il n'y avait pas eu Internet et plus précisément encore la vidéo sur Internet, le débat serait quasiment inexistant » (AtMOH). Internet configure ainsi une nouvelle forme d'espace public au sens d'Habermas, un lieu de formation de la volonté publique, un espace d'objection politique et idéologique. Le forum est l'outil de prédilection des thèses alternatives, en tant qu'outil d'échanges asynchrone publiés sur un espace au vu de tous et accessible, il constitue un formidable support de diffusion des idées et de structuration d'une communauté militante. Sur Internet, de nombreux forums sont l'occasion de parler des thèses alternatives. Si certains activistes introduisent le débat sur des fils de discussion non dédié sur *Doctissimo* ou *Auféminin.com* par exemple, ces actions restent le fait de militants isolés qui souhaitent toucher des non convertis. Les recherches sur l'utilisation d'Internet par les groupes politiques nous montrent à quel point « certains groupuscules activistes veulent faire de l'Internet plus qu'un espace d'échanges, un véritable espace de contestation » (Ollitrault, 2002). Ainsi la parole militante trouve dans les forums un espace de libre expression qui repose sur un idéal de lieu d'échange et de débat commun, partagé, sur une « interaction fragmentée » (Marcoccia, 2001) où les identités et les positionnements communautaires s'affirment.

2. Une ouverture à la critique des médias

Les forums sont la condition même du développement des théories du complot. Ils permettent non seulement de partager des vidéos, des documents mais suscitent aussi l'échange d'idées, d'impressions, d'arguments : « ces dispositifs [...] reposent de manière évidente sur une valorisation de la parole ordinaire, largement diffusée et publicisée » (Marcoccia, 2003 : 9), ils ont en cela un rôle performatif fort. Cette prise de parole est facilitée par le dispositif proposé, ne pas être engagé physiquement dans l'interaction laisse davantage libre court aux arguments et aux remarques spontanées, en effet, il semble que « l'anonymat et l'emprunt de pseudonymes encouragent l'élaboration d'une nouvelle forme d'échange social qui se libère des normes et des codes sociaux » (Jouët, 1993 : 109). Les participants entrent ici dans une réelle dynamique argumentative. Nous avons déjà eu l'occasion d'aborder la construction de l'argumentation à travers les forums de presse en ligne sur Internet et de montrer l'omniprésence des arguments d'autorité et de cadrage[90] dans les fils de discussion, ici notre analyse porte davantage sur la critique des médias. En effet, cette critique apparait comme le fil rouge de toutes les discussions relatives aux thèses alternatives concernant les attentats du 11 septembre 2001. Les critiques formulées ici portent surtout sur les aspects déontologiques des médias : manque de vérification des sources, informations passées sous silence, sensationnalisme, jugement de valeur concernant les thèses alternatives... Si certains se situent dans une opposition franche

---

[90] « Internet, un nouvel espace de diffusion des informations non légitimées médiatiquement : l'exemple de la théorie du complot liée aux attentats du 11 septembre 2001 », intervention lors du Colloque international « New Media and information : Convergences and Divergences », Athènes, Mai 2009. Actes parus en Novembre 2009.

envers les médias traditionnels et dans une accusation explicite : « Les médias français ont aujourd'hui un mode de fonctionnement digne d'une brochette de perroquets demeurés » (Karamba !!, forum *20Minutes*), d'autres tentent d'expliquer cet état de fait par la logique de l'information qui tend à enfermer les journalistes dans une logique économique et éditoriale qui les dépasse.

« La censure médiatique » est un thème récurent dans les forums étudiés. Cette censure s'exprime en termes de contenu informationnel : « Le black out sur le 9/11 est une honte, mobilisons nous devant ceux qui désinforme(nt) la populace et qui contribue(nt) au nouvel ordre mondial! » (Matrix, Reopen 911), elle serait orchestrée par les médias mainstream perçus comme de réels désinformateurs. Certains soulignent notamment les lacunes dans la structuration et la hiérarchisation de l'information « comme si le but recherché était d'obtenir la plus mauvaise mémorisation possible des informations par le public. Une population amnésique est en effet beaucoup plus facile à manipuler... » (L'Oracle, Reopen 911). Cette censure est attribuée aux logiques économiques qui sous tendent le fonctionnement des médias et empêchent tout contenu dissonant d'accéder à l'espace public médiatique : « ici chaque "argument" est un "argument de vente" pour la "marque" Vivendi et pour son camelot... » (f6, Reopen911). Ceci apparaît clairement dans les pratiques d'auto-citation des journalistes : « l'effet « miroir » des commentaires d'un média à l'autre n'a jamais été aussi élevé […] dans de telles conditions de travail, la borne de sécurité absolue c'est de ne pas se décaler par rapport à « l'angle » moyen sous lequel les confrères examinent une question. » (ALIBABA 25, Reopen 911). Cette démarche conduit à une uniformatisation de traitement des faits qui induit « une mise en place progressive de la pensée unique irréfutable et universelle » (m3*, forum *L'Express*).

Cette censure est également une censure d'accès aux médias. En cela, la critique proposée par les conpirationnistes s'approche de la critique « expressiviste » évoquée par Cardon et Granjon. Celle-ci « revendique un élargissement des droits d'expression des personnes en proposant des dispositifs de prise de parole ouverts qui doivent leur permettre de s'affranchir des contraintes imposées par les formats médiatiques professionnels » (2010 : 11). Certains « truthers » se sentent exclus des lieux de débat public même sur Internet : « pourquoi mon post donnant un lien intéressant sur le sujet est paru puis a été supprimé les 2 fois ? » (RPG, forum *20Minutes*). Cette sélection de la parole autorisée est vécue comme une injustice, ainsi leur « but est moins de prendre le contre-pied des contenus médiatiques traditionnels que celui du fonctionnement du champ journalistique, en tant que celui-ci réserve la prise de parole à quelques individus autorisés. » (Cardon, Granjon, 2010 : 17). Selon AtMOH, les médias jouent le rôle de filtre, les conspirationnistes sont « censurés et puis [...] complètement parasités et jugés avant même que le débat puisse avoir lieu ». Ce manque de débat public est une des premières raisons invoquées pour expliquer la présence des conspirationnistes sur les forums : « C'est aussi et surtout parce que le débat n'a pas pu exister dans le champ public de l'ordre des médias que des gens finissent par se réfugier entre guillemets sur des forums » (AtMOH).

On constate que certains titres de presse frileux à l'idée de publier des articles en format papier sur la question, profitent de l'espace d'Internet pour détourner cette double « censure ». C'est le cas de *L'Express* et du *Monde* par exemple. Tous deux ont proposé un article abordant les théories alternatives auquel était associé un forum de discussion, dans ces deux cas, les rédactions n'ont pu contenir et modérer le flot de commentaires. *L'Express* a ainsi décidé de fermer le forum associé à l'article "Le succès de la théorie du complot ne se dément pas" en une demi-journée. Les journalistes de la rédaction se disent « surpris (et aussi découragés, il faut bien le dire) de constater que quand nous publions un article pour décortiquer les phénomènes conspirationnistes, leur absence de fondement, les motivations politiques ou idéologiques plus ou moins claires qui y président et les mécaniques irrationnelles qui y sont à l'œuvre, cet article provoque un déchaînement quasi-immédiat de commentaires... conspirationnistes ». *Le Monde* applique une sanction plus directe ; choqués par les commentaires dans le forum suivant l'article d'Hélène Bekmezian, les journalistes de la rédaction constatent qu' « il semble évident que certains éléments ont été mal exprimés par son auteur. Il ne s'agissait évidemment pas de faire ici l'apologie des thèses conspirationnistes. En revanche, il était impossible de ne pas en parler : elles ne cessent de se diffuser sur Internet. Nous avons donc pris la décision de reformuler les passages qui pouvaient prêter à confusion ». Fermeture de forum ou reformulation d'article viennent donc sanctionner des textes qui évoquent les théories dissonantes et ouvrent un débat considéré comme illégitime. *Le Monde* et *L'Express* montrent en cela la difficulté de donner un écho médiatique à un sujet aux enjeux politiques et idéologiques si forts.

3. De la construction identitaire à l'intégration communautaire

Les forums de discussion sont à la fois des dispositifs de communication interpersonnelle, et des lieux d'expression publique. Cet outil permet de créer de réelles interactions qui permettent d'une part aux internautes d'affirmer des croyances et de les confronter au groupe, d'autre part de trouver une place dans la communauté virtuelle formée par les adeptes des théories dissonantes. C'est par le forum que se construisent donc non seulement des identités discursives mais également des liens discursifs, des interactions productrices de lien social.

Premier marqueur de ces identités : le pseudo. Si sur les réseaux sociaux traditionnels celui-ci prend un sens dans la structuration de l'identité numérique, sur les forums relatifs aux théories du complot, le pseudo n'est pas un marqueur fort. Beaucoup de conspirationnistes conservent leur identité « civile » : « Rémy Bigot », « Robert », « Gaëtan », « Antoine D. » « Jean Marc Delannoy »... Conserver son identité civile est ainsi une manière d'assumer ses propos et d'en affirmer l'auctorialité. D'autre part, l'aspect revendicateur est très présent dans la sélection des pseudos. Certains sont choisis en vertu de l'orientation argumentative de leurs auteurs : « la vérité maintenant », « verificator », « lemefiant », « iceburner »; d'autres encore induisent une accusation envers les gens qui adhèrent à la version officielle sans user de leur esprit critique : « Bourrique », « Alarmé des hombres », « ploucophobe », « dédéland »... Seul point de convergence, une volonté commune de faire éclater la vérité au grand jour : « coco_des_bois » (en référence à Robin...), « Chris Pour la vérité !! », « Zevengeur », « BigBrother », « vrai-libéral », « flibustier ». En terme d'identité numérique les internautes adoptent des « positions plus pragmatiques, des stratégies de compromis entre la crainte du « traçage » par le système et le désir de manifester son existence » (Georges, 2010 : 6). Ainsi l' « identité située » - préexistant à l'échange – se confond aisément avec l' « identité discursive » - qui se construit à travers l'interaction – et l' « identité octroyée » (Beaudouin, Velkovska, 1999) - lisible dans le traitement que les autres accordent à l'individu - pour construire la figure de l'internaute militant sur les forums de discussion. Cette figure peut être agrémentée d'informations personnelles comme la profession, le lieu d'habitation... évoquées dans les fils de discussion dès lors qu'elles peuvent appuyer la légitimité de l'internaute au sein du forum, l'essentiel étant de « donner des informations utiles aux usages locaux, pour permettre une mise en relation et un partage d'informations optimaux » (Georges, 2010 : 19). Quoiqu'il en soit, « l'anonymisation d'Internet, ou en tout cas le recul derrière son écran rend aussi aux citoyens la capacité de s'approprier le sujet qui [...] a été sali. » (AtMOH). Aujourd'hui ce sujet est très décrié, que ce soit dans les médias ou dans la société dans son ensemble, ainsi les forums de discussion permettent d'aborder des thèmes qui leur tiennent à cœur sans mettre à mal la vie privée des internautes : « Toutes les personnes qui ont voulu aborder le sujet, surtout il y a deux ans ont eu des conflits importants avec leurs proches, [...] dans les diners de familles c'est un classique c'est un peu comme la politique, quand on commence à aborder ces trucs là c'est tendu... » (AtMOH).

Internet a permis aux adeptes des théories du complot de toucher de nouveaux publics pour qui participer à un forum est également une manière de se rassurer, de trouver une forme de légitimation que les médias ne donnent pas aux thèses alternatives. Se rassurer, c'est également structurer et agrémenter ses informations pour pouvoir agir, peu de participants aux forums sont passifs, « membres actifs » de l'association ou « membres du forum » ils souhaitent faire changer les choses et permettre l'émergence d'une vraie communauté de croyance légitimée par les médias, « il y a une partie des gens et plutôt les primo-accédants à ces informations là qui du coup éprouvent le besoin de trouver une communauté, de se rassurer et après de pouvoir trouver un moyen d'action [...] Ne pas rester sidéré et subir » (AtMOH). Ainsi, en utilisant les stratégies de visibilité propres à l'espace électronique, les internautes arrivent à construire des définitions de soi, à se démarquer : « la mise en scène de soi et l'interprétation de la conduite de l'autre prennent ici des formes spécifiques, qui utilisent les ressources du contexte : l'écrit électronique, le multimédias, les manières de se comporter dans l'espace du forum, la maîtrise technique du medium, la familiarité avec les règles de conduite locales... » (Beaudouin, Velkovska, 1999 : 145). Cette familiarité avec le dispositif permet aux primo-accédants de se sentir investis dans une réflexion critique commune.

Selon le créateur et responsable du site « Le profil des gens qui sont sur notre forum ce sont des citoyens, c'est-à-dire que ça va de 12 ans à 77 ans, il y a quand même beaucoup plus d'hommes parce que c'est un sujet qui est très anxiogène [...] pour moi c'est la tranche parfaite d'un panel représentant la société, [...] il ya des gens très cultivés, il y a toutes les sphères sociales ». Comme pour la rumeur évoquée par Froissart, le public adepte des théories du complot est « sélectionné par le thème traité dans le récit » (2002 : 229-230). Ceci rejoint une tendance générale du militantisme aujourd'hui via Internet « en raison de la diversité et de l'hétérogénéité des participants, les collectifs d'Internet se définissent moins par des valeurs partagées que par des engagements et des mobilisations circonstanciés » (Cardon, Granjon, 2010 : 127). Il semble que le temps d'Internet corresponde aujourd'hui mieux aux attentes des militants, en effet il autorise un usage individualisé et une gestion du temps qui s'adapte aux rythmes des militants, souvent bénévoles : « il y a eu des périodes où on avait des actions mensuelles tous les 11 du mois mais ça correspond plus non plus à l'attente des gens je crois ou en tout cas à leur disponibilité » (AtMOH). Au-delà de ces différences sociologiques, ce qui réunit les participants au forum c'est un esprit critique, en accord ou non avec les théories dissonantes, c'est un espace d'expression qu'ils recherchent, cet espace passe notamment par la « mise en place de procédures pratiques utilisées par les participants au forum pour créer un espace commun d'intercompréhension » (Beaudouin, Velkovska, 1999 : 124), un « cadre participationnel » où la nature des participations définit des statuts et des rôles de manière intrinsèque. (Goffman, 1981, cité par Beaudouin V., Velkovska J.). Les forums autorisent une forme d'engagement expressif individualisé en minimisant les risques. En effet, « l'impossibilité de construire une relation de coprésence et le caractère différé des échanges font que sauver sa face et celle des autres devient une contrainte moins lourde dans l'interaction » (Beaudouin, Velkovska, 1999 : 130). Ainsi ces arguments suscitent conflits, altercations, accords partiels, elles conduisent surtout à l'élaboration d'un savoir commun sur la question de la théorie du complot en lien avec les attentats du 11 septembre 2001. Ce savoir commun structure les relations sociales à l'intérieur du site, il justifie la récurrence et la permanence des contacts en ligne. Au-delà de cet aspect informationnel, on constate de nombreuses pratiques de recadrage qui structurent les relations au sein du groupe : « Le forum est le lieu de vie du groupe, le mode de visualisation de relations privilégiées entre certains membres. C'est là que s'actualise la structure sociale où des rôles et des statuts sont attribués aux membres » (Beaudouin, Velkovska, 1999 : 126). Ces pratiques de recadrage portent sur l'exactitude des propos formulés, l'attitude d'un participant au forum, la position énonciative de l'auteur... Cette communauté dont nous parlons est donc structurée autour d'une prise de position publique. Si le forum permet « un élargissement du cercle fermé des locuteurs autorisés, [...] ce cercle reste dominé par des logiques sélectives » (Cardon, Granjon, 2010 : 112). Dans la présentation des participants aux forums sur Reopen, on observe une gradation des postures prises par les internautes, ils peuvent être membres actifs, membres de soutien ou membre du forum. Ceci sous entend leur engagement militant au-delà de l'espace numérique et conduit à accorder un certain degré de légitimité aux propos tenus.

Conclusion
Internet : lieu d'ouverture à la critique ou d'affaiblissement de la parole militante ?

Dans leur ouvrage sur le médiactivisme, Cardon et Granjon constatent que « ce qui constituait le nœud principal de la critique des médias, l'effet de clôture exercé par des gatekeepers monopolisant le droit de choisir les informations méritant une diffusion sur les grands réseaux de communication, a perdu de son efficacité » (2010 : 12). En laissant les paroles émerger dans un espace ouvert à tous, Internet permet aujourd'hui de mettre en visibilité un « ensemble de luttes minoritaires écartées de l'agenda médiatique » (Cardon, Granjon, 2010 : 119). Seuls espaces autorisant les théories dissonantes, les forums de discussion garantissent l'ouverture d'un espace public ouvert à tous, critique et transparent, et incitent en cela à diverses formes de mobilisation informationnelle. Toutefois, les limites de cet outil sont clairement exprimées par les internautes : « j'ai peur qu'internet n'offre pas une structure d'information suffisamment cohérente qui puisse remplacer les grands médias et assurer la charge grandissante » (f6, forum Reopen 911). En effet, si Internet permet de pallier à la critique d'une sélection et d'une hiérarchisation des informations trop subjectives, s'il permet de contourner les barrières des paroles autorisées dans le champ journalistique, il n'offre pas une visibilité suffisante dans le cadre d'actions militantes. Là est le danger pour les adeptes des théories du complot, aujourd'hui très présents sur les forums, ils risquent de perdre en visibilité dans l'espace public traditionnel et laisser place à une forme plus voilée de diffusion des idées à travers Internet.

Bibliographie

BEAUDOUIN V., VELKOVSKA J. (1999), « Constitution d'un espace de communication sur internet (forums, pages personnelles, courrier électronique...) », in *Réseaux*, volume 17.

CAMPION-VINCENT V. (2007), *La société parano. Théories du complot, menaces et incertitudes*, Paris, Payot.

CARDON D., GRANJON F. (2010), *Médiactivistes*, Paris, Presse de Sciences Po.

HABERMAS J. (Ed. 1996), *L'espace public. Archéologie de la publicité comme dimension constitutive de la société bourgeoise,* Paris, Payot.

GEORGES F. (2010), *Identités virtuelles. Les profils utilisateurs du web 2.0*, Paris, Questions théoriques.

JOUET J. (1993), « Pratiques de communication et figures de la médiation », in *Réseaux*, volume 60.

MARCOCCIA M. (2001), « L'internet comme dispositif de parole citoyenne. L'exemple du débat sur le projet de loi RESEDA dans le forum de discussion du journal Libération (septembre-novembre 1997) » in Desmarchelier D. ; Doury M. (dir.), *L'argumentation dans l'espace public contemporain : le cas du débat sur l'immigration*. Rapport final du programme de recherche financé par l'ARASSH, 1998-2000.

MARCOCCIA M., *Parler politique dans un forum de discussion*, in *Langage & société* 2003/2, n° 104.

MORIN E. (1969), *La rumeur d'Orléans*, Paris, Le Seuil.

OLLITRAULT S. (2002), « Internet, soutien au militantisme sans frontières ? » in Serfaty V. (dir), *Internet en politique des Etats-Unis à l'Europe*, Strasbourg, Presses universitaires de Strasbourg.

RICOEUR, P. (1991), *Temps et récit*, Paris, Le Seuil.

La communauté de formation informelle : au cœur des apprentissages en ligne

Cathia PAPI[91]

Permettant l'accès à de vastes sources d'information et la communication en temps réel, Internet est, dès son passage dans le civil au début des années 1990 (Castells, 2002), immédiatement considéré comme un formidable moyen de développer la formation à distance. Croisant les potentialités de l'informatique et d'Internet, aux besoins de la formation, de nombreuses plateformes sont alors créées afin de permettre le dépôt de ressources ou d'activités ainsi que la communication synchrone ou asynchrone, selon diverses modalités et outils choisis par les concepteurs et/ou usagers. Si les plateformes occupent toujours une grande place dans la mise en œuvre de formations à distance, depuis 2005, les possibilités de partage de ressources, de communication et travail collaboratif se sont également accrues sur le Web lui-même alors qualifié de « web 2.0 » par O'Reilly. Cette expression est utilisée pour pointer « l'importance donnée à la production personnelle et individuelle de contenu, la prise en compte, par les nouvelles interfaces, de renseignements issus de l'intelligence collective, et un modèle économique prônant l'importance du capital social » (Bézille, 2008 : 126). La profusion des blogs, wikis, forums et autres sites sociaux tend à montrer un certain engouement en faveur de ces outils. Pour autant, en dehors du champ des institutions éducatives, l'émergence quotidienne de nombreux espaces sur le Web ne nous dit rien sur l'usage de ces Technologies de l'Information et de la Communication pour l'Enseignement (TICE) ou, plus généralement, pour la formation comprise comme incluant la visée de l'enseignement, à savoir l'apprentissage et ses diverses modalités. Autrement dit, dans quelle mesure les individus se saisissent-ils des possibilités d'accès à, voire de création de, l'information ainsi que de celles de communication – a priori, sans frontière – pour créer un espace collectif dans lequel (se) former hors contexte institutionnel ?

---

[91] Maître de conférences en sciences de l'information et de la communication à l'Université de Picardie Jules Verne. Ses principaux champs de recherches ont trait à l'usage des technologies dans l'éducation en présence et à distance, formelle et informelle, ainsi qu'à l'accompagnement des étudiants dans l'enseignement supérieur. cathia.papi@u-picardie.fr

Qu'elle soit illustrée par la métaphore du « village global » (Mc Luhan, 1962) ou par celle des « réseaux » constitutifs des sociétés (Castells, 1998), l'idée selon laquelle les TIC favorisent l'existence de liens indépendamment des distances géographiques a longuement été développée. Après avoir suscité de nombreuses opinions et études concernant la césure ou le lien avec la réalité opérés par les échanges dans le cyberespace, la communication médiatisée a effectivement fait l'objet de recherches plus approfondies concernant les communautés « virtuelles » (Rheingold, 1993). Qu'elles portent sur le jeu, les rencontres, la pratique ou l'apprentissage en ligne, les recherches de la dernière décennie offrent ainsi divers éclairages sur la constitution et la nature du lien social en ligne. Elles mettent notamment en relief que ce n'est pas l'inscription mais l'activité des membres qui crée la communauté et que les interactions ne vont pas de soi. Même au sein des dispositifs de formation à distance, le constat généralement fait est celui d'une moindre participation aux lieux de discussion proposés mais non imposés avec des échanges souvent éloignés des visées d'apprentissage (Audran et al., 2008 ; Papi, 2009a). L'activité de nombreux sites, listes ou forums créés spontanément c'est-à-dire en dehors de tout contexte institutionnel d'éducation et affichant une finalité de formation semble, dès lors, d'autant plus énigmatique qu'aucune contrainte n'implique un tel travail.

Or, bien qu'étant de plus en plus nombreuses, les communautés d'apprentissage hors contexte institutionnel ont, quant à elles, été peu étudiées. Alors que les membres sont totalement libres et que leurs efforts ne leur apporteront aucune certification, les taux de participation sont-ils différents ? Sans enseignant ou tuteur institutionnel, comment s'organisent les interactions ? Quel est le processus de socialisation à l'œuvre et dans quelle mesure s'inscrit-il dans la visée d'entraide à l'autoformation annoncée?

C'est afin de répondre à ces questions et de mettre en lumière les processus de constitution, de fonctionnement et d'évolution d'une communauté œuvre d'une initiative individuelle, que nous allons nous intéresser à un site visant l'entraide dans l'apprentissage des langues française et turque. Afin de saisir la dynamique socio-cognitive à l'œuvre dans ces forums, nous proposons, à l'issue d'une revue de littérature des recherches portant sur les communautés en ligne, de croiser une analyse quantitative portant sur la longueur et la répartition des fils de discussion des différents forums ainsi que sur la participation des différents membres, avec une analyse qualitative de l'ensemble des messages postés sur les forums de la rubrique « exercice », lieu d'activité le plus intense. Les résultats obtenus à l'issu de ces analyses statistiques et ethnométhodologiques, permettront de présenter une vue dynamique de la constitution et du fonctionnement d'une communauté en ligne. Nous pourrons alors ouvrir une discussion sur les processus à l'œuvre dans les communautés en nous appuyant sur la comparaison des phénomènes observés sur ces forums et sur d'autres ancrés dans un cadre institutionnel.

1. La communauté : un champ d'étude pour les sciences sociales

Le concept sociologique de communauté, à l'instar de nombre d'autres concepts employés en sciences humaines, est issu du vocabulaire commun :

> Celui-ci désigne à la fois le caractère de ce qui est en commun à plusieurs personnes -on parle ainsi de communauté d'idées, de biens, de croyances, d'intérêts, de pratiques-, et des groupes d'individus, qui, sur la base de ce partage, développent des relations spécifiques qui peuvent prendre des formes différentes : par exemple une vie en collectivité dans le cas des communautés religieuses, la constitution d'associations dans celui des communautés professionnelles, le sentiment d'appartenance dans celui de la communauté nationale. (Hirschhorn, 2010 : 9)

L'étude des communautés est loin d'être un phénomène récent en sciences sociales. On se rappelle notamment des travaux de Tönnies qui distinguait, d'une part, la communauté ayant pour modèle la famille dont les membres partagent un même sang, un même esprit et un même lieu d'existence et dans laquelle les relations personnelles sont nombreuses et empruntes d'affectivité, et, d'autre part, la société dont les relations anonymes sont fondées sur des intérêts égoïstes. Avec, non plus pour intérêts de distinguer communautés et sociétés mais d'analyser les processus à l'œuvre dans ce qui fait communauté ou société, Weber reprenait cette distinction en la fondant davantage sur la nature de la relation avec d'un côté, un sentiment d'appartenance et, de l'autre, un engagement fondé sur un compromis d'intérêts. Datant de la fin du XIXème siècle, ce questionnement était associé aux changements entraînés par la révolution industrielle. Un siècle plus tard cette thématique réapparaît avec ce qui pourrait être appelé la révolution numérique.

Allant à l'encontre des craintes d'isolement accru par l'informatisation de la société, différentes recherches telles que celles, pionnières, de Rheingold mettent en avant qu'avec le développement des réseaux se créent de nouveaux liens sociaux mêlant le partage d'intérêts communs à des formes d'affectivité. Ainsi, dès l'introduction de son ouvrage sur les communautés virtuelles, Rheingold (1993/2003), qui a fait l'expérience de la participation quotidienne à une communauté virtuelle au milieu des années 1980, met en avant l'attachement aux autres qui se créé rapidement : « I care about these people I met through my computer » (2003 : xv). La non présence physique ne semble ainsi pas entraver la proximité des relations, au contraire, elle tendrait à la favoriser en ce sens où elle autorise la dissimulation de toutes les caractéristiques visibles (Tisseron, 2003). C'est ainsi que, selon Castells (2002 : 51), « La culture des communautés virtuelles ajoute au partage de la technologie une dimension sociale : elle fait d'Internet un instrument d'interaction choisie et d'appartenance symbolique. » En effet, tandis que les principes structurant l'organisation sociale des communautés virtuelles à leur début, étaient l'œuvre d'informaticiens chevronnés, depuis les années 1980, et tout particulièrement avec l'expansion du web dans les années 1990, les membres des communautés sont davantage de simples utilisateurs que des spécialistes en programmation. Les deux grands traits communs au fonctionnement des communautés apparaissent comme étant la « valorisation de la libre communication horizontale » et la « « mise en réseau par décision autonome » - la possibilité offerte à chacun de trouver sur le réseau la destination qui l'intéresse, et, s'il ne la trouve pas, de produire et de diffuser sa propre information, donc de créer un réseau. » (Castells, 2002 : 72-73).

Ce qui intéresse encore le chercheur au tournant du millénaire demeure ainsi la forme de sociabilité à l'œuvre dans les sociétés. La forme actuelle serait celle de « l'individualisme en réseau » :

> Les réseaux en ligne, quand ils se stabilisent, peuvent engendrer de véritables communautés : des communautés certes virtuelles, différentes en cela des communautés physiques, mais pas nécessairement moins fortes ou moins efficaces pour maintenir un contact ou mobiliser. En outre, nous assistons de fait, dans nos sociétés, au développement d'un hybride de la communication : il réunit le lieu physique et le cyberlieu (je reprends là la terminologie de Wellman) pour servir de support matériel à l'individualisme en réseau. (Castells, 2002 : 164)

L'entremêlement des lieux physiques et virtuels rend difficile la distinction des espaces privé/public, professionnel/familial et autres. Ainsi les lieux d'apprentissages se diversifient et ne se limitent plus aux murs de la salle de classe (Van der Spa, 2004). De façon générale, les communautés virtuelles font advenir, selon Lévy (2002 : 75), une nouvelle manière de faire société. Cependant, les pratiques et l'engagement dans ces communautés sont inégaux selon les individus ce qui peut poser problème dans le cas de formation à distance et amène généralement au développement de formes d'incitations ou, tout du moins, de coordination visant à favoriser l'apprentissage au sein des communautés (Kalogiannakis, 2004). Il est vrai que si l'association des technologies et de l'éducation est courante et semble être remise au goût du jour à chaque innovation technologique, d'une part, et que si l'accès à l'information et la facilité de communication permises par les TIC sont susceptibles de concourir aux pratiques d'enseignement et d'apprentissage, d'autre part, il n'existe aucun lien automatique entre technologies et processus socio-cognitif de construction des connaissances. C'est ainsi, par exemple, que Caviale et Bruillard (2009 : 173) commentent l'usage de listes de discussion: « A aucun moment ces listes ne sont utilisées pour repérer en amont des formes de pratiques ou d'interrogations destinées à créer de nouvelles connaissances, les acteurs partagent plus volontiers de l'information ».

Par ailleurs, bien que non suffisant, comme le rappelle le cas précédemment évoqué, le processus d'enseignement-apprentissage en ligne ne semble possible qu'à partir du moment où les sujets ont quelque chose en commun (Gerbic, 2009 ; Uwe, 2004). D'où l'intérêt de nombreux chercheurs concernant ce qui amène des sujets à trouver ou créer du commun, à faire communauté. Ainsi, les travaux portant sur les communautés dites « virtuelles », « en ligne », « de pratique » ou « d'apprentissage » sont nombreux, et incitent à être vigilent dès lors qu'un espace de communication à distance est pris comme objet d'étude en ce sens où tout espace ne donne pas lieu à la constitution d'une communauté, d'une part, et, où, d'autre part, l'activité de cette dernière peut être extrêmement variable en raison de plusieurs phénomènes ou « pièges » (Berlanga *et al.*, 2009) à prendre en compte :

1) Les interactions en ligne sont des processus sociaux complexes, loin d'être automatiques.

2) L'activité dépend uniquement des membres et de leur volonté de partager et construire des connaissances.

3) La présence d'inscrits et même celle d'un tuteur ou de quelque autorité ne suffit pas à faire, à elle seule, exister une communauté.

4) Contrairement aux espaces intégrés dans des dispositifs de FOAD, dans ceux accessibles au grand public, les membres arrivent au fur et à mesure, ils ne se connaissent pas, n'ont pas d'histoire commune.

Ainsi, comme nous l'avons évoqué en introduction, les nombreuses recherches effectuées sur les listes et forums de discussion font part d'une activité souvent moindre relativement à celle escomptée au vue du nombre d'inscrits et pointent une forte disparité de la participation selon les apprenants. Constat est généralement fait que moins d'un quart des inscrits est à l'origine de plus des trois quarts des échanges. Appelés « *posters* », « *leaders* » ou « agissants » (Mc Kenna *et al.*,

1998 ; Caviale *et al.*, 2009) et opposés aux « *lurkers* », « invisibles » ou « passagers clandestins », ces inscrits particulièrement actifs sont dépeints comme possédant « un registre de communication large, une maîtrise de l'information en amont, une assurance qui leur permet l'expérimentation en direct, une habileté à communiquer dans des registres policés, sans opposition frontale et une réactivité pour apporter de l'aide. » (Caviale *et al.*, 2009). Régulièrement connectés et connus de tous pour leurs interventions fréquentes ces acteurs sont à l'origine d'interactions allant de pair avec des processus de socialisation (Daele, 2009 ; Papi, 2009b) qui amènent à parler de « communauté ». Dans les environnements virtuels, ce terme désigne ainsi « un collectif dont chaque membre est représenté par un artefact (une adresse électronique, un pseudonyme ou un avatar), et un lieu virtuel qui sert de support aux échanges écrits [...et où peut se] créer une « micro-culture » de groupe» (Daele, 2009 : 69).

Tandis que les communautés généralement repérées se sont constituées dans le cadre d'échanges portant sur des pratiques professionnelles ou des formations institutionnelles, qu'en est-il lorsque, en dehors de tout cadre institutionnel, un site incluant des forums de discussion apparaît sur le web sous l'intitulé « apprendre le turc » ? Alors que ces espaces ne s'adressent pas forcément à des groupes déjà constitués et ne visent pas de formation diplômante mais uniquement l'entraide dans un processus d'autoformation, qui réunissent-ils ? Sont-ils de simples lieux de passages pour l'internaute cherchant réponse à une question ou des espaces dans lesquels la double caractéristique des TIC d'échange d'information et de communication est mise à contribution d'un processus de construction des connaissances linguistiques ?

La littérature précédemment présentée nous amène à poser pour hypothèse que la visée d'apprentissage ne sera atteinte que s'il y a constitution d'une communauté, c'est-à-dire si au moins quelques uns des inscrits échangent régulièrement dans cet espace virtuel amenant à la création d'une culture de groupe. Il convient donc de s'intéresser aux participants de ce forum ainsi qu'à leur activité. Pour ce faire, nous proposons de croiser diverses données et approches.

2. Présentation du site et processus d'enquête

Le site « apprendre le turc » comprend, outre diverses ressources, plusieurs forums rassemblés sous quatre grandes catégories ou rubriques portant les intitulés suivants : le forum, exercices, questions/réponses et divers. La première est un lieu de présentation du forum et des participants ; la catégorie exercices offre la possibilité de faire des exercices de traduction, la rubrique questions/réponses est le lieu d'échanges sur des points de vocabulaire, de grammaire, de phonétique ou des demandes de correction, la rubrique divers est, quant à elle, le lieu de sujets tels que la culture, la recherche de correspondant ou « parler de tout et de rien ». C'est dans la rubrique forum qui ne sert qu'à la présentation et l'accueil des nouveaux membres que les messages sont les moins nombreux et les fils les plus courts, à l'inverse la rubrique questions/réponses recueille le plus grand nombre de messages, suivie par la rubrique divers et enfin, par celle consacrée aux exercices. Bien qu'elle ne soit donc pas la rubrique accueillant le plus de messages, cette dernière nous semble la plus intéressante pour l'étude des interactions visant l'apprentissage. En effet, c'est dans cette rubrique que les fils de discussion sont les plus longs (environ 10 messages par fil contre seulement 4 pour la rubrique de présentation et environ 6 pour les 2 autres). A l'intérieur même de cette rubrique, il convient de distinguer les différents types d'exercices proposés. Les questionnaires à choix multiples, catégorie créée plus récemment, de même que les propositions de photos à décrire, rencontrant un succès moindre, c'est avant tout aux exercices de traduction que nous nous intéresserons.

Afin d'appréhender la dynamique d'échange à l'œuvre dans cet espace constitué de deux forums (traduction du français vers le turc et inversement) et d'envisager la portée de l'activité qui s'y déroule en terme d'apprentissage, nous croisons deux types d'analyse :
- une approche quantitative portant sur l'ensemble des forums : nous avons recensé les dates d'émission, durée et nombre de messages de chaque fil de discussion afin de faire ressortir la dynamique d'échange.
- une approche ethnographique des discussions ayant lieu dans les forums de traduction : nous avons lu et analysé chaque message afin de dégager les types de discours mis en œuvre à des fins d'apprentissage.

Par ailleurs, afin de recueillir des informations complémentaires sur les participants et leurs motivations, nous avons communiqué par e-mail avec plusieurs d'entre eux. Ce site étant récent, nous en resterons ici à l'étude de ces forums au cours de la première année d'existence du site, soit de septembre 2008 à septembre 2009.

3. De l'engouement pour le site à la constitution d'une communauté

D'après Dillenbourg, Poirier et Carles (2003) une communauté se caractérise par *l'interdépendance et l'implication* autour d'un but ou intérêt commun ; l'expérience collective engendrant une *micro-culture* comprenant des valeurs, des règles, des codes, des pratiques ; une *organisation sociale* relativement souple dans laquelle certains individus sont plus centraux que d'autres ; une *sélection spontanée et une croissance organique* fonction du degré et type de participation des membres ; une *longévité* en ce sens où une communauté ne se forme pas en quelques jours ou messages et enfin, un *espace* d'interaction, lieu d'existence de la communauté. Nous proposons d'appréhender l'activité du site étudié en prenant en considération, en deux temps, ces six critères.

3.1. Espace, longévité et croissance organique

En dépit de son intitulé « apprendre le turc » et de la rareté de l'apprentissage de cette langue par les francophones, force est de constater qu'en à peine plus d'un an ce site a eu plus de 230 000 visites, 300 membres et 2750 messages. Dès ses 50 premiers jours, la rubrique « exercices » totalisait à elle seule près de 300 messages postés. Une telle participation s'explique par le fait que, loin de se restreindre aux français souhaitant apprendre le turc, la dimension internationale du web a d'emblée attiré sur ce site d'autres francophones, notamment de suisse ou du canada mais également bon nombre de turcophones du monde entier souhaitant, quant à eux, apprendre le français. D'où la double orientation d'apprentissage du français et du turc par l'échange entre individus ayant comme langue maternelle l'une et comme langue d'apprentissage l'autre.

Au terme d'un an d'existence du forum, on constate que seul un quart des 334 inscrits a envoyé au moins un message et que six d'entre eux sont auteurs de plus d'une centaine de messages. En deçà de cent messages, on repère des participants ponctuels intervenant plusieurs fois dans certains fils et aucunement dans d'autres. Les six participants les plus actifs, auteurs d'un tiers des messages existants sur l'ensemble du site, sont les piliers des forums consacrés aux exercices dans la mesure où ils sont les auteurs de plus de 80% des messages concernant cette rubrique alors qu'ils constituent moins de 12% des inscrits ayant envoyé au moins un message.

Tableau 1 - Taux de participation des principaux discutants dans les trois forums de la rubrique « exercices » et sur l'ensemble du site

	Discutants	L.	H.	A.	P.	M.	Y.	Part dans l'ensemble
Forums de traduction	Messages envoyés	27%	17%	15%	3%	10%	7%	79%
	Fils initiés	71%	10%	4%	7%	4%		96%
	Fils terminés	14%	25%	7%	4%	29%		79%
Forums de version	Messages envoyés	25%	22%	5%	11%		14%	77%
	Fils initiés	57%	43%					100%
	Fils terminés	17%	17%	17%	17%			68%
Forums de tests	Messages envoyés	11%	19%	34%	26%	3%		93%
	Fils initiés		50%	17%	33%			100%
	Fils terminés	33%	17%		17%	17%		84%
Ensemble du site	Nombre de messages total au 26/10/2009 24h : 2764	583	523	278	176	132	131	1823
	Part dans total des messages émis au 26/10/09	21%	19%	10%	6%	5%	5%	66%

Ces acteurs sont ainsi au cœur de l'activité des forums, notamment de ceux consacrés aux exercices avec, cependant, des lieux ou moments d'interventions différents : L. est à l'origine de plus de la moitié des fils de discussion des forums de traductions et versions ; H., bien que de façon plus modeste, est l'initiateur d'une forte proportion des fils de discussion. Ces deux acteurs constituent ce que nous avons appelé par ailleurs des « incitateurs » (Audran *et al.*, 2008). Outre le fait essentiel de créer un fil de discussion, il est possible de constater également que leurs messages viennent fréquemment clore des fils de discussion. A l'inverse, P. qui fait partie de ce petit groupe de participants très actifs, n'est jamais à l'origine ou à la clôture d'aucun fil. Ce phénomène peut être lié au fait de plus ou moins participer en général ; au statut (H. étant administrateur et L. modérateur) ou bien encore à la dynamique d'apprentissage (poser des questions et remercier lorsque celles-ci trouvent réponses).

C'est ainsi par la participation de ces auteurs de plus d'une centaine de messages attirant ponctuellement des interventions périphériques que se dessine une communauté. Dès lors, si nous avons bien identifié une communauté ou, au moins, son « noyau dur », dans quelle mesure est-elle le lieu de développement d'une organisation et d'une micro-culture permettant d'atteindre l'objectif visé ?

3.2. Objectif commun, micro-culture et organisation sociale

De la même manière qu'il comprend plusieurs forums, l'espace, désigné par le terme de « forum d'entraide » et présenté comme « un point de rencontre entre francophones et turcophones, dans le but de permettre un échange linguistique actif », semble propice à l'émergence d'une micro-culture fondée sur les valeurs et pratiques de l'entraide. Ces pratiques reposent sur une organisation informelle dans laquelle les acteurs semblent jouer des rôles quelque peu distincts. En effet, on note l'existence de différents statuts corrélés avec des postures particulières. Ainsi, alors que le modérateur turc est avant tout un apprenant et un expert qui ne suit pas forcément les règles du forum et n'opère pas vraiment de modération sur les discussions, l'administrateur joue un réel rôle d'animateur et de modérateur. C'est ainsi qu'il initie non seulement des fils en laissant le temps aux autres participants de réagir, mais qu'il rattrape également ce qui a posé problème – par exemple, lorsque les phrases sont traduites sans avoir laissé un temps d'exercice, il crée un autre fil pour en proposer d'autres sur la même thématique - voire, remet de l'ordre – il déplace un fil qui n'est pas dans le bon forum et supprime éventuellement ceux contrevenant aux règles du forum.

Toutefois, dans l'ensemble, les discutants respectent les règles du forum sans que l'administrateur n'ait à jouer les modérateurs. Cela se note, par exemple, dans le fait de ne pas citer de marque commerciale (règle 9), de ne pas employer le langage « sms » généralement en vigueur dans les espaces de discussion écrite et de respecter l'orthographe et la grammaire de sa langue maternelle qui conduit certains à revenir sur leur message pour corriger une faute de frappe (règle 4). De même, alors que la plupart du temps les demandeurs obtiennent des réponses à leurs questions, ils font quelques fois part de leur satisfaction et, conformément à la règle de politesse rappelée dans le règlement du forum (règle 11), pensent à remercier leurs interlocuteurs dans la langue d'origine ou dans celle de l'interlocuteur, voire, dans les deux (ex. : "Merci ve teşekkürler.").

Selon les postures adoptées par les uns et les autres, l'entraide, valeur commune visant l'objectif d'apprentissage linguistique, se décline de différentes manières. Ainsi, à lui seul, l'exercice de traduction met en avant une utilisation variée de ce type d'activité allant de pair avec des formes d'entraide distinctes.

L'une des formes d'entraide entre francophones et turcophones n'est autre que la coopération comme partage des activités permettant la traduction. Ainsi, dès qu'il s'agit de traduire un texte, un partage s'opère entre les apprenants de la langue dans laquelle est le texte qu'ils cherchent à comprendre et traduire dans leur langue maternelle. La traduction s'apparente alors à un exercice difficile, fait avec application, de manière coopérative, en attendant la réaction d'apprenants dont la langue du texte est la langue maternelle et dont la compréhension de la langue dans laquelle est effectuée la traduction est suffisante pour confirmer la justesse des propositions, les corriger si besoin et répondre aux questions formulées. Au-delà de l'exercice de traduction, c'est ainsi un certain nombre de questions-réponses-applications pour vérifier la bonne compréhension qui se succèdent prenant réellement une forme d'entraide dans laquelle l'apprenant le plus compétent dans une langue vient faire une sorte de cours à son camarade de l'autre langue en lui présentant les règles et illustrations répondant à ses interrogations.

Une autre forme d'entraide vise davantage la compréhension et, en ce sens, favorise l'explicitation-appropriation du sens. En effet, bien que placées dans le forum de traduction, ce sont parfois davantage des explications, soient liées à l'emploi de certaines expressions spécifiques à la langue, soient portant sur les différences de fonctionnements institutionnels qui amènent à l'ouverture d'un fil. L'exercice d'explication-compréhension partagé par les apprenants cherchant à s'entraider recourt alors essentiellement à la traduction, l'illustration et l'emploi dans un autre contexte des termes ambigus. Cependant, même si dans de tels cas, les interlocuteurs cherchent, tout d'abord, à répondre à la demande et offrent volontiers les explications attendues, il en ressort d'autres questionnements de traduction voire d'équivalence d'un système à l'autre ; le passage s'effectuant ainsi du strictement linguistique au culturel et sociétal. Ainsi, se constitue une communauté fonctionnant dans le respect des règles posées initialement par le créateur du site et s'organisant autour de la valeur centrale qu'est l'entraide à des fins d'apprentissage linguistique. Toutefois, les différentes formes d'entraide associées à des pratiques collectives de traduction ne vont pas sans présenter des limites susceptibles de constituer des dérives par rapport à l'objectif final de construction des connaissances, ce dernier étant alors quelque peu oublié au profit de son moyen, constituant essentiel de la micro-culture, qu'est l'entraide. Dès lors, c'est l'appréhension de Weber, voire Tönnies, qui semble également validée puisque malgré le compris d'intérêt initial, la participation se fait progressivement dans le cadre de relations personnelles guidées davantage par la volonté d'aider que celle de retirer les bénéfices attendus de son engagement.

Conclusion :
De la spécificité de l'apprentissage informel en communauté

La littérature portant sur les espaces de discussion orientés « formation » dans un cadre le plus souvent institutionnel et l'étude du cas de forums issus d'une initiative privée et ouverts à l'international via le web sont l'occasion d'observations similaires concernant l'engagement par la participation. Cependant, dans le second cas, la communauté émerge plus rapidement et ses échanges sont davantage centrés sur des activités d'apprentissage que cela n'est le cas dans les listes de discussion entre professionnels de l'enseignement ou forums libres inclus dans les formations en ligne. Outre le fait que, contrairement à ces dernières, une activité précise y soit proposée, à savoir, ici, la traduction, il semblerait que le fait que la communauté se constitue elle-même autour de la nécessité de développer ses activités d'apprentissage joue un rôle essentiel dans les pratiques développées. En effet, alors que les formes d'entraide mettent en avant non seulement l'importance des interactions de tous mais également celle de l'intervention de membres considérés comme experts - car ayant l'une des deux langues comme langue maternelle et déjà un bon niveau dans l'autre langue-, on peut supposer que les pratiques sont d'autant plus centrées sur la proposition et la participation à des activités d'apprentissage qu'il n'y a pas de détenteur du savoir ni de formateur supposé organiser les apprentissages. Il s'agit alors de développer une sorte d'« autoformation assistée » (Carré *et al.*, 2002) collective. Certes, l'administrateur, créateur du site, et le modérateur semblent jouer un rôle un peu plus important par rapport auquel d'autres membres se positionnent quelques fois en attente. Cependant, dans l'ensemble, l'idée de participation ouverte et de critique visant la construction des connaissances paraît intégrée.

L'ensemble des caractéristiques énoncées par Dillenbourg, Poirier et Carles (2003) pour définir une communauté se retrouve puisque l'espace du site réunit depuis plus d'un an des individus partageant l'objectif d'apprendre une langue ainsi qu'une micro-culture fondée sur des règles d'éthique et la valeur d'entraide autour desquelles s'organise leur participation. Toutefois, le terme de « communauté virtuelle d'apprentissage » employé par ces chercheurs est-il pertinent dans le cas étudié ? Sans revenir sur l'ambiguïté du terme « virtuel », le fait que l'enjeu en soit l'apprentissage tend effectivement à rendre la notion de « communauté d'apprentissage ou d'apprenants » attractive tandis que la non inscription institutionnelle et donc l'inscription et la participation libre uniquement légitimée par le partage à visée d'apprentissage linguistique donne à penser qu'il s'agit là davantage d'une « communauté de pratique ». Ne s'agissant ni d'un apprentissage défini et encadré institutionnellement ni d'échanges relatifs à une pratique professionnelle, nous conservons la dénomination précédemment proposée (Papi, 2009b) de « communauté de formation » qui nous semblait mieux rendre compte d'une communauté dans laquelle les discutants ne sont pas uniquement des apprenants mais également des tuteurs, animateurs ou modérateurs et dont l'activité comprend non seulement un apprentissage au sens premier du terme mais également au sens de transformation de soi. Bien que dans le cas présent comme dans celui précédemment étudié (Audran *et al.*, 2008) la communication sur les espaces de discussion soit libre, un second degré de liberté s'ajoute dans le cas présent : la liberté d'entrée-sortie dans la mesure où elle n'est pas bornée par le calendrier universitaire. Un troisième degré est même envisageable concernant la liberté d'évaluation du processus d'apprentissage sanctionné institutionnellement dans le premier cas mais pas dans le second. D'où le choix d'y agréger un qualificatif permettant de faire la distinction et de parler ici de « communauté de formation informelle » tout en invitant à approfondir les recherches sur de telles communautés. En effet, si les échanges étudiés mettent ainsi bien en relief la « valorisation de la libre communication horizontale » (Castells, 2002 : 72) caractéristique de toute communauté virtuelle et les usages possibles des TIC à des fins éducatives en dehors même de tout contexte d'enseignement formel, reste à explorer plus largement ce champ de l'éducation ou de l'apprentissage informel[92] qui semble se développer vigoureusement tout en échappant aux institutions et, encore

---

[92] Nous suivons ici la catégorisation de Bézille selon laquelle les *apprentissages informels* sont ceux « qui se développent dans les activités quotidiennes liées à une communauté de pratiques, au travail, au sein de la famille ou dans les loisirs. Cette forme d'apprentissage n'obéit pas à une logique de structuration explicitée, et n'est en général validée par aucun titre. »

bien souvent, aux chercheurs orientant leur regard vers l'analyse des dispositifs de formation institutionnels...

Bibliographie

AUDRAN J., COULIBALY B., PAPI C. (2008), "Les " incitateurs " et les " épreuves ", traces de vie sur les forums en ligne ?" *Distances, 10* (1). Disponible sur :
[Http://Cqfd.Teluq.Uquebec.Ca/Distances/V10n1b.Pdf].

BERLANGA A., RUSMAN E., BITTER-RIJPKEMA M., SLOEP P. (2009), "Guidelines To Foster Interction In Online Communities". In R. KOPER (Ed.), *Learning Network Services For Professional Development* (pp. 27-42), Berlin Heidelberg, Springer-Verlag.

BEZILLE H. (2008), De l'apprentissage informel à l'autoformation dans l'éducation « tout au long de la vie », In L. Colin Et J.-L. Le Grand (Ed.), *L'éducation tout au long de la vie*, Paris, Anthropos.

CARRE P., MOISAN A., POISSON D. (2002/1997), *L'autoformation. Psychopédagogie. Ingénierie. Sociologie*, Paris, PUF.

CASTELLS M. (2002), *La galaxie Internet*, Paris, Fayard.

CASTELLS M. (1998), *La société en réseaux. L'ère de L'information*, Paris, Fayard.

CAVIALE O., BRUILLARD E. (2009). "Les jeux d'acteurs sur des listes de discussion institutionnelles d'enseignants", *Réseaux* (155), pp.138-176.

DAELE A. (2009). "Socialisation des enseignants au Sein d'une communauté virtuelle." *Education et Formation* (E-290), pp.67-77. Disponible sur :
[Http://Ute3.Umh.Ac.Be/Revues/Index.Php?Revue=6&Page=3].

DILLENBOURG P., POIRIER C., CARLES L., (2003), « Communautés virtuelles d'apprentissage: e-jargon ou nouveau paradigme ? » In A. TAURISSON, A. SENTINI (Eds.), *Pédagogies.Net. L'essor des communautés virtuelles d'apprentissage*, Presses Universitaires du Québec, Montréal, pp.11-47.

GERBIC P. (2009), "Getting The Blend Right In New Learning Environments: A Complementary Approach To Online Discussions." *Education And Information Technologies*.

HIRSCHHORN M. (2010), La communauté : du concept à l'idée directrice, in Y. SAINSAULIEU, M. SALZBRUNN, L. AMIOTTE-SUCHET, *Faire communauté en société. Dynamique des appartenances collectives*, Paris, PUF, pp.9-13.

KALOGIANNAKIS M. (2004), *Réseaux pédagogiques et communautés virtuelles: de nouvelles perspectives pour les enseignants*, Paris, L'Harmattan.

LÉVY P. (2002), Cyberdémocratie, Paris, Odile Jacob.

Mc KENNA K. Y. A., BARGH J. A. (1998), "Coming Out In The Age Of The Internet: Identity "Demarginalization" Through Virtual Group Participation", *Journal Of Personality And Social Psychology*(75), pp.681-694.

Mc LUHAN M. (1962), *The Gutenberg Galaxy: The Making Of Typographic Man*, Toronto, University Of Toronto Press.

PAPI C. (2009a). "Quels usages des technologies dans la reprise d'études à distance?" *RIPES, 25*(1), pp.62-79. Disponible sur : [Http://Ripes.Revues.Org/Index97.Html].

PAPI C. (2009b). "Sympathiser à distance ou la création des cadres de l'interaction". *Education et Formation, Mars 09*(290), pp.93-107. Disponible sur :
[Http://Ute3.Umh.Ac.Be/Revues/Index.Php?Revue=6&Page=3].

RHEINGOLD H. (1993/2000), *The virtual communities*, MIT press edition.

TISSERON S. (2003), Rencontrer l'autre par l'intermédiaire du web. *Problèmes politiques et sociaux. Dossier "individualisme et lien social"*(911), pp.63-64.

TÖNNIES F. (1966), *Communauté et Société*, Paris, PUF.

UWE M. (2004), "The Social Embeddedness Of Academic Online Groups In Offline Networks As A Norm Generating Structure: An Empirical Test Of The Coleman Model On Norm Emergence." *Computational & Mathematical Organisation Theory* (10), pp.205-226.

VAN DER SPA, M. (2004), Cyber-Communities: Idle Talk or Inspirational Interaction? *ETR&D, 52*(2), pp.97-105.

WEBER M. (1971), *Economie et Société*, Paris, Plon.

Site étudié : [www.apprendreleturc.fr]

Pratiques discursives en forums pédagogiques : une étude comparative

Christelle COMBE CELIK[93]

Dans les formations en ligne qui se multiplient depuis une dizaine d'années, l'outil de communication privilégié reste le même : le forum de discussion (Mangenot, 2003). En effet, cet outil a le potentiel de créer un environnement nouveau et unique d'apprentissage qui combine à la fois les attributs des modes d'enseignement à distance et en présentiel [Harasim (1990), Mason et Kaye (1990), Bullen (1997)]. C'est cependant sans formation particulière que les différents acteurs d'une formation en ligne, tuteurs et apprenants, abordent la communication par forum interposé. Or, nous postulons que cette communication est la clef de voûte de la réussite d'une formation en ligne qui a fait le choix de l'outil forum. C'est dans l'échange et grâce aux interactions entre les membres que l'apprenant à distance se sent moins seul et que la qualité de l'apprentissage peut être améliorée. Mais quelles pratiques discursives les acteurs mettent-ils en œuvre dans un forum pédagogique ? Cette contribution tentera à travers la description de trois cas particuliers de mieux comprendre ces différentes pratiques discursives. Dans un premier temps nous rappellerons les particularités du forum et leurs conséquences dans un contexte pédagogique. Nous aborderons ensuite les caractéristiques de l'écrit sur forum pédagogique. Nous présenterons enfin l'objet et la démarche que nous avons adoptés avant d'exposer et de discuter les résultats auxquels nous aboutissons.

1. Le cas du forum de discussion dans un contexte pédagogique

Comme Mangenot (2003) le souligne, c'est le caractère écrit, polylogal, asynchrone, délocalisé, public, structuré et égalitaire qui définit la communication par forum. Or, dans un contexte pédagogique, l'ensemble de ces particularités présente des conséquences positives, mais également certaines limites.

---

[93] Christelle Combe Celik (christellecelik@hotmail.com) est docteure en sciences du langage. Elle est affiliée au Laboratoire de linguistique et didactique des langues étrangères et maternelles (LIDILEM) de l'Université de Grenoble. Elle s'intéresse tout particulièrement à la communication médiée par ordinateur notamment dans un contexte pédagogique. Elle a soutenu en juillet 2010 une thèse sur la communication pédagogique entre tuteurs et apprenants dans un campus numérique (http://tel.archives-ouvertes.fr/tel-00508363/fr/). Ses autres publications sont référencées sur : https://sites.google.com/site/combecelik/.

1.1. Conséquences positives

Une participation interactive : le forum pédagogique semble, en effet, avoir été conçu dans le but de favoriser entre les membres des interactions qui créent à distance de la présence sociale (Garrison, Anderson et Archer, 2000) et de la présence cognitive (Garrison et Anderson, 2003). Cette participation interactive nécessite toutefois le besoin d'être encouragée par un tuteur [Bullen (1997), Henri et Lundgren-Cayrol (2001), Deschryver (2003), Jacquinot-Delaunay (2008)].

Un mode d'apprentissage conversationnel asynchrone et à distance : le forum est une technologie d'apprentissage collectif qui repose sur le mode de la conversation (Henri et Lundgren-Cayrol, 2001). Il présente l'avantage de distribuer relativement équitablement la parole, puisque, tous les participants ont *a priori* un accès identique à la plateforme et peuvent, en outre, participer simultanément. Par ailleurs, l'apprenant contrôle davantage le contenu et le déroulement des interactions car il peut participer quand cela lui convient. Il n'est pas obligé d'attendre son tour et peut avoir accès à la transcription de la discussion (Henri et Lundgren-Cayrol, 2001). Enfin, les apprenants se concentrent davantage sur le contenu des messages car ils ne sont pas susceptibles d'être distraits par des caractéristiques physiques telles que l'âge, le sexe, la race ou le handicap.

La pérennité de la pensée et sa reconstruction : le forum présente aussi un atout tout à fait original sur le plan cognitif. Il permet de conserver l'ensemble des échanges qui ont eu lieu et de réorganiser l'ensemble de la pensée telle qu'elle a été développée par les participants à l'échange (Henri et Lundgren-Cayrol, 2001) ; l'apprenant peut non seulement suivre l'évolution de la pensée de ses camarades mais également participer à cette visible élaboration (Mangenot 2003).

Cependant, même si l'ensemble des attributs du forum sont généralement présentés comme ayant des impacts positifs sur l'enseignement, ils présentent aussi certaines limites.

1.2. Les limites

L'impression d'écrire dans le vide : le caractère asynchrone de la communication peut donner l'impression à l'apprenant de parler dans le vide et de ne pas avoir un véritable échange, comme une conversation en temps réel peut en donner l'impression. Le caractère écrit de la communication peut aussi présenter quelques inconvénients. Henri et Lundgren-Cayrol notent que « la présence sociale ne s'exprime que faiblement dans un forum électronique. L'absence d'indices paraverbaux (ton, attitude, gestuelle, etc.) peut causer de l'incertitude chez les participants (2001 : 71). »

La vision d'une pensée linéaire : la structure même des échanges telle qu'elle est présente dans un forum ne correspond pas au processus récursif du développement de la pensée, mais en donne une vision beaucoup trop linéaire (*ibid.*).

Répétition et ennui : un dernier point que souligne Crystal (2006) est l'aspect redondant et l'ennui que peut générer un forum pédagogique où la conversation et son thème sont imposés.

2. Les caractéristiques de l'écrit sur forum pédagogique

Dans les forums, le langage d'Internet présente des caractéristiques qui lui sont propres, caractéristiques que Crystal (2006) a longuement développées et que nous synthétiserons ici en soulignant le cas plus particulier de l'écrit en forum pédagogique. Nous évoquerons ensuite les unités de la conversation et les différents genres de contributions que nous rencontrons sur un forum pédagogique.

2.1. Les caractéristiques du langage d'Internet

Le titre du message : par son caractère thématique et la mise en rubriques et en sous-rubriques, l'écrit du forum s'apparente à l'écrit d'un livre où les sujets de discussions deviennent comme des chapitres de livre que le lecteur peut aborder à son gré. La dénomination du sujet et du titre du message joue donc un rôle essentiel : c'est elle qui va attirer ou non le lecteur. Crystal constate que les titres font plus qu'identifier un simple sujet, ils expriment l'intention, l'attitude ou le point de vue de l'auteur. Les titres qui sont ludiques et personnels attirent davantage le lecteur. Dans le cas d'un forum pédagogique, le titre est aussi le seul moyen qu'ont les participants pour inciter leurs pairs à lire leurs contributions.

Le corps du message : la brièveté des messages est une des principales caractéristiques linguistiques des forums qui se prêtent peu à de longs monologues ou de longs échanges formels mais plutôt à des échanges courts aux réactions multiples, toutefois dans le cas d'applications pédagogiques, les messages sont généralement plus longs. Faire référence à un message précédent dans le corps du message est fréquent et donne l'illusion de la contiguïté dans la conversation. Les messages sont liés entre eux par des moyens linguistiques, comme la citation, l'anaphore, la connexité. Crystal remarque également qu'une phrase conclusive de politesse est récurrente, accompagnée le plus souvent d'une signature bien que l'émetteur soit pourtant clairement désigné dans l'en-tête. Herring (1996) a identifié un schéma du message idéal qui comporterait une introduction, un contenu et une conclusion. Dans le corps du message, elle distingue trois parties : un lien à un message précédent, l'expression d'un point de vue et l'appel à d'autres participants.

La notion d'adaptation : Une caractéristique des forums est que les membres s'adaptent les uns aux autres, comme dans les conversations en face à face : « Bien qu'ils proviennent de différents milieux et écrivent dans différents styles, leurs contributions développent progressivement un caractère linguistique partagé – un peu comme un dialecte local ou un accent (Crystal, 2006 : 152[94]). »

Les caractéristiques stylistiques : S'appuyant sur Herring, Crystal met aussi en évidence des caractéristiques stylistiques propres à l'écriture sur forum. Il souligne la prédominance de l'emploi de la première personne, la récurrence de verbes permettant l'expression du point de vue comme « savoir, penser, sentir », ainsi que la fréquence de questions rhétoriques. Cet auteur conclut en soulignant que « le langage des forums est un curieux mélange de lettre informelle et d'essai, de monologue parlé et de dialogue » (2006 : 154[95]) et précise qu'il est probable que la langue des forums apparaisse comme une variété distincte de langue.

2.2. Les unités de la conversation

Chacune des rubriques et sous-rubriques d'un forum pédagogique par son unité spatio-temporelle, son unité thématique et son unité des participants forme une conversation où les échanges sont structurés par le dispositif afin d'assurer une bonne lisibilité de la dynamique de l'interaction qui s'y déroule. Dans ces différents espaces de conversation apparaissent différentes unités de la conversation. Nous en distinguons trois.

La contribution isolée : elle est l'unité minimale. Elle est un message posté par un membre (apprenant ou enseignant) sur le suivi et resté isolé car personne n'y a directement répondu selon le critère de hiérarchisation des forums. Toutes les contributions isolées sont *a priori* destinées à l'ensemble des membres.

L'échange dialogal : il s'agit d'un échange constitué d'une contribution initiative suivie d'une contribution réactive. Parfois cet échange se prolonge au-delà d'une réponse unique, tout en restant cependant confiné à deux interlocuteurs.

L'échange polylogal : il s'agit d'un échange auquel prennent part au moins trois interlocuteurs différents. Il est constitué d'une contribution initiative suivie de plusieurs contributions réactives.

---

[94] Notre traduction.
[95] Notre traduction.

2.1. Les différents genres de contributions

Dans notre travail de recherche doctorale, nous avons proposé une première tentative de différenciation et classification des genres de contributions postées sur un forum pédagogique. Nous nous sommes notamment appuyée sur le contenu du message, mais également les rubriques dans lesquelles les messages étaient postés. Quatre principaux genres de discours sont apparus :

Le message de présentation de soi : destiné à être publié dans une rubrique *Qui est qui*, le message de présentation de soi est une contribution généralement unique dans laquelle l'acteur de la formation (tuteur, apprenant ou encore administrateur) se présente. Il s'apparente au genre autobiographique.

La consigne : elle est le tout premier discours auquel les étudiants sont confrontés – outre la présentation du cours. Elle est souvent mensuelle. C'est un message plus ou moins long, exclusivement rédigé par les enseignants-tuteurs et publié au début de chaque mois dans la rubrique consacrée au cours.

Le message réactif : comme Celik et Mangenot l'observent pour un corpus similaire : « La réalisation des tâches par les étudiants amène ceux-ci à proposer des contributions réactives par rapport aux consignes » (2004 : 2). Les contributions que les étudiants postent chaque mois en réponse aux consignes que les tuteurs ont données sont donc des messages réactifs. Leur contenu est essentiellement informatif.

Le message réactif-évaluatif : dans le cas du discours tutoral, le message réactif-évaluatif est le message de réponse, commentaire, correction que le tuteur adresse soit à chaque étudiant en particulier en réponse à une contribution, soit à l'ensemble du groupe d'étudiant. Son contenu est aussi essentiellement informatif.

Le message récréatif : souvent publié dans une rubrique de type *Récré* ou *Café*, le message récréatif se distingue par sa fonction essentiellement socio-affective et son contenu souvent ludique ou humoristique.

3. Une démarche adaptée à l'objet

Comme le souligne Herring (2004), le discours est au cœur des échanges en ligne et il nous semble particulièrement opportun que les sciences du langage s'intéressent aux pratiques discursives des acteurs d'un forum pédagogique en adoptant une démarche méthodologique adaptée à cet objet d'étude particulier.

3.1. Approche méthodologique

Comme Celik et Develotte (à paraître en 2011), nous proposons un cadre méthodologique hétérogène adapté aux différents statuts qui peuvent être attribués aux interactions en ligne asynchrones : tout à la fois interface numérique, interactions et discours. Aussi, aurons-nous recours aux entrées proposées par Develotte (2004), à savoir : la mise en écran, la mise en média, la mise en rubriques et la mise en discours, à celles développées par l'analyse du discours en interaction (Kerbrat-Orecchioni, 2005) et aux outils de l'analyse du discours (Charaudeau et Maingueneau, 2002). La microsociologie de Goffman (1973) sera également convoquée.

Pour mener nos analyses, nous avons tout d'abord catégorisé les messages selon le genre, puis nous avons quantifié les différentes contributions, ce qui nous a conduite à affiner notre classification générique. Nous avons enfin appliqué aux différentes contributions une analyse de discours médié par ordinateur.

3.2. Description du contexte et des dispositifs

Depuis 1989, l'Université de Grenoble propose un cursus universitaire à distance de français langue étrangère (FLE) en partenariat avec le CNED. La mise en place progressive de suivis en ligne, depuis 1999, a abouti en 2004-2005 à la création d'un campus numérique de français langue étrangère qui n'a pu se poursuivre en tant que tel. L'Université de Grenoble a cependant continué en partenariat avec le CNED de proposer deux masters FLE entièrement en ligne (l'un professionnel et l'autre de recherche).

Dans ces différentes formations en ligne, le forum demeure l'outil principal de communication, toutefois, il faut préciser qu'entre la maîtrise FLE de 2004-2005 et les masters pro et recherche de 2009-2010, les responsables ont fait le choix de changer de plateforme. En effet, la première était le collecticiel *Quickplace*. Une volonté de susciter de l'apprentissage collectif était au cœur de ce choix. La plateforme offrait une rubrique pour chaque cours au sein de laquelle se trouvaient les différents forums de discussion répartis par tâche. C'est désormais la plateforme d'apprentissage en ligne Dokeos qui a été retenue. Sur la première page s'affichent les différents cours. Chaque cours possède son espace qui offre différents outils classés en trois rubriques : production, interaction, et administration. C'est dans la rubrique *interaction*, que se trouve l'outil *forums*.

3.3. Le corpus

Afin de déterminer notre corpus, nous nous sommes appuyée sur les recommandations d'Herring (2004), qui face au manque de méthodes pour les recherches sur Internet, propose une approche qu'elle conçoit comme un ensemble de méthodes parmi lesquelles le chercheur sélectionne ce qui convient le mieux à ses données et à ses questions de recherche. En ce qui concerne les données, elle souligne qu'elles doivent avoir été produites naturellement, puis recueillies par le chercheur à partir d'archives en ligne, que le chercheur les sélectionne par leur nature et leur taille de manière à ce qu'elles puissent répondre aux questions de la recherche. Dans cette contribution, comme nous avons souhaité mettre en évidence et comparer les pratiques discursives des différents acteurs de trois cas de communication pédagogique asynchrone. Nous avons donc retenu pour thème le même cours : *Approches interculturelles et didactique des langues* de la maîtrise de FLE en 2004-2005, *Approches discursives de l'Interculturel* du master FLE recherche et *Didactique du FLE et approche discursive de l'interculturel* du Master FLE pro de l'année 2009-2010, puis pour temporalité la première tâche de chaque suivi. Dans une formation en ligne, le choix de la tâche est un moment essentiel (Celik, 2008a) car c'est d'elle dont vont dépendre les interactions à venir. La tâche que nous avons retenue initie non seulement la communication entre les participants, mais présente également la caractéristique d'être *une discussion qui se fonde sur l'expérience personnelle*. Notons enfin qu'une des tutrices de la maîtrise FLE de 2004-2005 se trouve être aussi la tutrice du master recherche de 2009-2010. Les questions de recherche auxquelles nous tenterons de répondre sont les suivantes : Quelles sont les caractéristiques des pratiques discursives tutorales et étudiantes en forum pédagogique et comment ces pratiques évoluent-elles ?

4. Résultats et discussion

4.1. Eléments quantitatifs

Nous observons (tableau 1) que si les nombres de sujets sont relativement proches les uns des autres, le nombre total de contributions est bien plus élevé dans les deux récents masters, avec un nombre de messages réactifs particulièrement important. Nous remarquons que si dans le suivi de la maîtrise FLE ce sont les contributions isolées qui dominent largement le forum – nous ne relevons qu'un seul échange dialogal à trois tours de parole – en revanche, dans les forums des deux masters, 26 et 11 polylogues ont été générés. Le polylogue semble donc être devenu la règle.

Tableau 1 – Quelques données chiffrées récapitulatives de l'activité sur les trois forums du corpus d'étude

Le forum de la première tâche	Maîtrise FLE 2004-2005	Master pro 2009-2010	Master recherche 2009-2010
Tutrices	2	1	1
Contributeurs apprenants	24	29	15
Contributions postées	33	255	93
Contributions isolées	29	13	5
Dialogues à deux tours de parole	0	5	7
Dialogues à trois tours de parole	1	2	0
Polylogues	0	26	11

Cela nous amène à affiner la première tentative de classification des genres de contributions postées sur un forum pédagogique. En effet, il conviendrait de distinguer les contributions des apprenants en *messages réactifs*, qui seraient de simples réactions à la consigne donnée, qui ne généreraient aucun message réactif de la part des autres contributeurs, et en *messages réactifs-initiatifs* qui seraient déclencheurs de polylogues.

4.2. Pratiques discursives des tutrices

La consigne est un premier élément incontournable du discours tutoral (Celik, 2008b). Dans le forum de la maîtrise, la consigne apparaît directement à l'écran dans la rubrique du mois et relève de ce que nous définissons comme *le mode traditionnel* : les tutrices de ce cours ont choisi de proposer immédiatement les consignes des TD, sans adresse particulière aux étudiants, ni signature. Les fonctionnalités du traitement de texte sont bien utilisées, le titre est mis en évidence par les caractères gras, une première question apparaît, suivie de quatre questions qui se détachent grâce à un retrait et des puces. Le texte intégral apparaît à l'écran, il n'est pas nécessaire d'utiliser un curseur pour dérouler le texte. La mise en page est sobre et claire, mais également impersonnelle.

Dans les deux masters, il est à noter que la consigne n'est pas directement accessible, elle est à télécharger à partir de la rubrique « cours » et se présente sous la forme d'une page web (master recherche) ou d'un document Word (master pro). Elle est aussi beaucoup plus longue et détaillée. Le détail du contenu de la tâche arrive en seconde partie du texte de la consigne, après un long paragraphe dans lequel les tutrices invitent les apprenants à échanger entre eux afin d'entamer la discussion, mais également de mieux faire connaissance. L'adresse au destinataire est récurrente, de même que l'emploi du pronom personnel « nous » et la référence à une communauté :

> Pour ce premier mois, l'objectif est surtout d'instaurer une bonne ambiance de travail, ce qui dans mon esprit renvoie à la convivialité entre <u>nous</u> et à la solidarité entre <u>vous</u>. […] Je ferai de mon mieux pour <u>vous</u> y aider mais je sais, d'expérience, que <u>vous</u> avez beaucoup à bénéficier du soutien des autres étudiants. […] Puisque l'objectif est que <u>vous</u> fassiez connaissance entre <u>vous</u>, il faudrait éviter la simple juxtaposition des différents points de vue et plutôt chercher à interagir avec ce qu'auront dit ceux qui <u>vous</u> ont précédés, de façon à ce que cela soit à la fois plus vivant et plus enrichissant pour les discussions. […] <u>Vous</u> pouvez également proposer un nouveau thème si <u>vous</u> le souhaitez, l'essentiel <u>vous</u> l'aurez compris étant de chercher à créer cette fameuse « communauté d'apprentissage » propice à soutenir <u>vos</u> efforts individuels… (Consigne du master recherche[96])

Par ailleurs, il faut souligner que dans la consigne du master pro, il est indiqué qu'un « bonus » de points sera accordé aux étudiants en fonction de leur « implication dans les discussions » et de leur « souci de créer des interrelations avec ce que les autres ont dit ». Peut-être pouvons-nous voir là une première explication au taux particulièrement élevé de contributions postées sur ce forum (Cf. *supra*, tableau 1) ?

Outre les consignes, ce sont ensuite au sein des messages réactifs-évaluatifs que le discours des tutrices s'exprime. Dans le suivi de la maîtrise de FLE, le tutorat est assuré par deux tutrices. Pour cette première tâche, elles sont intervenues cinq fois en totalité, chacune individuellement, en une réponse collective à plusieurs contributions étudiantes. Nous observons que le titre de leurs contributions annonce déjà le contenu du message, comme : « Premières réactions » ou « en conclusion ». Il faut souligner que dans le collecticiel *Quickplace*, outre le titre, les premières lignes de la contribution sont visibles et forment une sorte d'accroche pour les lecteurs, ce qui n'est pas le cas dans la plateforme Dokéos. La fonction titre en est donc d'autant plus utile. Dans le master recherche, la tutrice intervient sept fois au cours du suivi, une fois en tant qu'initiatrice d'une discussion et six fois au sein

---

[96] Le soulignement dans les citations est de notre fait.

de discussions initiées par différents étudiants. Il est intéressant de constater que la tutrice soigne son titre lorsqu'il s'agit du fil de discussion qu'elle ouvre « grain de sel, eau apportée au moulin... » ; en revanche, lorsqu'elle intervient au sein d'une discussion déjà entamée, elle se contente d'utiliser la fonction qui génère automatiquement un titre à partir du titre initial : « Re:Re:Cours interculturel ». En effet, le titre joue pleinement son rôle d'accroche lorsqu'il s'agit de lancer la discussion et d'inviter le lecteur à ouvrir le fil de discussion. Toutefois, lorsque la discussion est déjà ouverte, nous pouvons postuler que le lecteur ira lire la totalité des échanges qui s'affichent normalement. Dans le master pro, la tutrice intervient trois fois et ce au début de la tâche. Dans une première contribution, elle ouvre la discussion sous un titre « gfgfg » qui n'a aucune signification et relève de la case remplie machinalement – à ce stade sans doute méconnaît-elle le rôle du titre dans les fils de discussion. Puis, par la suite, comme la tutrice du master recherche, elle soigne son titre lorsqu'il s'agit d'ouvrir le fil de discussion « 1) Bravo ! 2) conseil pour plus de lisibilité » et conserve la mise en page automatique lorsqu'elle intervient dans un fil : « Re:Activité de novembre - mes réflexions ». En ce qui concerne l'ouverture et la clôture des messages, si la tutrice du master pro utilise des formules d'ouverture « bonjour à tous », « Bonjour [Prénom] » et de clôture « Sur ce, à très bientôt, Cordialement », suivies d'une signature, caractéristiques de l'écrit épistolaire informel que l'on rencontre dans les messages électroniques, les tutrices de la maîtrise FLE et celle du master recherche commencent et terminent leur message sans formule particulière. Quant au contenu des messages, nous observons dans l'ensemble des contributions une valorisation de la participation et de l'implication dans le forum : « vos échanges sont d'une grande richesse », « bravo pour ces réflexions et vos pistes de lecture ! », « Toujours très passionnantes ces discussions autour du globe ... ». Nous constatons également une plus grande familiarité dans le discours de la tutrice du master recherche, à travers le recours à l'humour ou l'usage fréquent d'émoticônes de complicité ;-) ou de plaisir :-), de marques d'oralité « oh la la », de jeux de mots « vos premiers échanges très "intérsamusants" ».

Cette même tutrice joue également un rôle d'évaluateur, elle n'hésite pas à remettre en question une affirmation qui lui semble trop peu nuancée : « [Prénom], je ne pense pas que la bise soit universelle, il y a des cultures où elle apparaît même carrément repoussante », en guise d'adoucisseur, elle propose cependant un lien humoristique « mais pour continuer sur ce thème et <u>en sourire</u> je vous fais passer ce lien qui me vient d'une étudiante de master pro en ligne de l'an dernier [lien You Tube] ». Elle élargit et relance la discussion en proposant une nouvelle piste : « Au fil de vos messages me viennent d'autres idées de mise en commun : la façon de faire la queue ou bien les premières paroles échangées », s'ensuivent huit contributions dans un fil qui en comportait déjà quatre.

Pour terminer sur le discours des tutrices, nous ne pouvons que nous interroger sur la « disparition » de la tutrice du master pro. Nous n'avons pas les moyens de savoir qu'elle a été son implication sur le forum en termes de lecture et visiblement, le fait qu'elle n'intervienne plus n'a pas été un frein à la participation étudiante, bien au contraire. Nous pouvons cependant nous interroger sur l'objectif de cette première tâche : s'agit-il seulement de libérer la parole et donc de laisser le discours étudiant s'exprimer librement ? Ou s'agit-il aussi d'une première mise en place de certains concepts qui mériteront alors d'être cadrés, précisés par un tuteur garant d'un certain savoir ? Comment ce silence peut-il être interprété par les apprenants ?

4.3. Pratiques discursives des étudiants

En ce qui concerne le titre du message réactif des étudiants, nous constatons qu'au sein de la maîtrise FLE, ils sont très formels, sans aucune recherche stylistique : la plupart des étudiants se contentent de noter le mois, « TD novembre » parfois combiné à la tâche, « Tâche 1- Nov- Sondage » ce qui est dans tous les cas redondant puisque les contributions sont déjà rangées dans des rubriques mensuelles où les différentes tâches apparaissent elles-mêmes dans des rubriques distinctes. En revanche dans les deux autres masters, l'utilisation de titres originaux est beaucoup plus fréquente, nous relevons ainsi des questions dans lesquelles tout semble dit : « Question pratique : combien de pages pour cette contribution ? », une localisation géographique : « Mes amis les allemands », un comportement : « La bise », une localisation géographique et un comportement associé : « Ethiopie : le regard... et le reste », d'autres titres enfin posent question « Donner son avis ou rester silencieux » ou suscitent la curiosité « Gégé ! ».

Nous constatons également que la plupart des étudiants dans les deux masters ont associé à leur identité une photo comme cela est proposé par la plateforme. Le choix de cette photo n'est pas anodin et révèle la volonté de mettre en place un *ethos* particulier. A côté de photos d'identité traditionnelles, nous rencontrons des photos souvenirs de vacances, des peintures, des photos de paysage, des montages à la Andy Warhol. La relation socio-affective entre les étudiants des masters s'exprime aussi à travers les marques d'ouverture et de fermeture des messages ce qui n'est pas le cas sur le forum de la maîtrise FLE : soit l'étudiant répond directement à la consigne, soit il incite à lire le devoir qui est en fichier attaché « je vous prie de trouver ci-joint ». Son message semble aussi davantage destiné aux tutrices qu'aux autres apprenants. Dans les deux masters nous constatons en revanche de véritables échanges entre les apprenants. Ces derniers y trouvent visiblement un réel plaisir et laissent leur enthousiasme s'exprimer : « c'est vraiment <u>fascinant</u> ces discussions croisées tout autour du monde ! », « Ce forum est <u>vraiment super</u> ». Les étudiants échangent sur leur vie personnelle, une complicité s'installe entre eux, la parole est libérée, l'usage des émoticônes est fréquent.

En ce qui concerne les pratiques sociocognitives des étudiants, dans les deux masters, il n'est plus question d'envoyer sa contribution par fichier joint (comme c'était souvent le cas dans la maîtrise), tout est directement lisible sur le forum. Deux genres de messages bien distincts les uns des autres apparaissent. Tout d'abord un message qui relève du genre scolaire, une contribution généralement longue et détaillée, organisée en paragraphes numérotés, à l'écrit plus formel ; les étudiants utilisent régulièrement les fonctions du traitement de texte, le gras, la couleur, le soulignement, certains insèrent des photos, des dessins pour mieux illustrer leurs propos. Nous rencontrons également des messages réactifs, beaucoup plus informels, plus courts qui viennent faire écho à ce qu'à dit un autre apprenant. Les étudiants, par ailleurs, n'hésitent pas à se citer en nommant la personne ou encore en utilisant la fonction automatique *Citer* proposée par la plateforme en dessous de chaque contribution, ce qui leur permet de rebondir sur ce que vient de dire un apprenant. Ils font appel les uns aux autres : « N'hésitez pas <u>à répondre à mes questions</u> ou <u>à ajouter vos commentaires</u> », « En lisant tout ce que vous avez écrit sur le forum, <u>j'ai pensé à une situation qui me pose problème</u> dans de nombreuses cultures ». Ils n'hésitent pas à publier une nouvelle contribution, très courte, pour ajouter une idée, ou plus longue, pour affiner et compléter la réflexion après les commentaires de leurs pairs. Ainsi, un sujet sur le Japon est ouvert deux fois (« Au Japon », le 1er décembre, « Au Japon suite » le 10 décembre) par le même auteur et une fois par un autre apprenant (« Au Japon (bis) », le 18 décembre), en tout cinq étudiants participent à ces trois fils de discussion.

Conclusion

En conclusion, nous pouvons dire que la comparaison d'une tâche similaire à quatre années d'intervalle *via* un outil asynchrone légèrement différent montre que les apprenants participent plus et interagissent surtout bien davantage avec leurs pairs. Ils semblent plus familiers avec le langage d'Internet sur les forums (serait-ce là le résultat d'une précédente formation en ligne ?). Deux genres de messages bien distincts se côtoient : une longue contribution réactive (à la consigne donnée) qui se rapproche de l'écrit scolaire, susceptible d'être à son tour initiatrice de contributions et une contribution plus courte qui présente les caractéristiques d'un écrit plus spontané, proche de la conversation synchrone (tchatche). Quant aux pratiques tutorales, le discours de la tutrice la plus expérimentée apparaît mieux maîtrisé : les interventions sont régulières, elle développe un *ethos* plus proche de ses étudiants, tout en régulant les échanges. Sa présence est discrète mais efficace.

Bibliographie

BULLEN M. (1997), *A case study of participation and critical thinking in a university-level course delivered by computer conferencing*, Thèse de doctorat non publiée, University of British Columbia. Consulté en février 2003 (disparu depuis) : http://www2.cstudies.ubc.ca/~bullen/Diss/thesis.doc.
CELIK C. (2008a), « Analyse des tâches dans deux cours de formation en ligne d'enseignants », in M. SIDIR, G.-L. BARON, et E. BRUILLARD (dirs.), *Actes du colloque Journées Communication et Apprentissage Instrumentés en réseau (JOCAIR)*, Amiens 27-29 août 2008, Paris, Hermès Lavoisier, pp.307-319.
CELIK C. (2008b), "Analyse de pratiques de tutorat dans un campus numérique de maîtrise de français langue étrangère à distance", *Alsic*, Vol. 11, n° 1, mis en ligne le 16 octobre 2008. Consultable sur : http://alsic.revues.org/index833.html.
CELIK C. & DEVELOTTE C. (à paraître en 2011), « L'analyse de discours: exemple d'une communication pédagogique asynchrone médiée par ordinateur », in P. BLANCHET et P. CHARDENNET (dirs.), *Guide de recherche en didactique des langues : une approche contextualisée*, Editions AUF/EAC.
CELIK C. & MANGENOT F. (2004), « Caractéristiques discursives de la communication pédagogique par forum », in F. MOURLHON-DALLIES, F. RAKOTONOELINA & S. REBOUL-TOURE (éd.), « Les discours de l'Internet : nouveaux corpus, nouveaux modèles ? », *Les Carnets du CEDISCOR 8*, Paris, Presses Sorbonne Nouvelle, pp.75-88.
CHARAUDEAU P. & MAINGUENEAU D. (coord., 2002), *Dictionnaire d'analyse du discours*, Paris, Seuil.
CRYSTAL D. (2006), *Language and the Internet: Second Edition*, Cambridge, University Press.
DESCHRYVER N. (2003), « Le rôle du tutorat ». *In* B. CHARLIER, B. & D. PERAYA. (éds), *Technologie et innovation en pédagogie : dispositifs innovants de formation pour l'enseignement supérieur*,

Collection « Perspectives en éducation et formation », Bruxelles, De Boeck Université, pp.149-162.

DEVELOTTE C. (2006), « Décrire l'espace d'exposition discursive dans un campus numérique », *Le Français dans le monde, Recherches et applications*, no spécial, « Les échanges en ligne dans l'apprentissage et la formation », CLE International, Paris, pp. 88-100.

GARRISON D.-R., ANDERSON T. & ARCHER W. (2000), « Critical inquiry in a text based environment: computer conferencing in higher education», *The Internet and Higher Education*, vol.2, n°2/3, pp.87-105.

GARRISON D.-R. & ANDERSON T. (2003), *TE-learning in the 21st Century, A Framework for Research and Practice*, New-York, Routledge.

GOFFMAN E. (1973), *La mise en scène de la vie quotidienne*, Tome 1 : *la présentation de soi*, Paris, Editions de Minuit, collection Le Sens Commun.

HARASIM L. (1990), « On-line education: an environment for collaboration and intellectual amplification », in L. HARASIM (éd.), *On-line education: perspectives on a new environment*, New York, Praeger, pp.39-64.

HENRI F. & LUNDGREN-CAYROL K. (2001), *Apprentissage collaboratif à distance*, Québec, Presses de l'Université du Québec.

HERRING S.-C. (1996), *Computer-mediated communication : linguistic, social and a cross-cultural perspectives*, Amsterdam, Benjamins.

HERRING S.-C. (2004), « Computer-Mediated Discourse Analysis : An Approach to Researching Online Behavior », in S.-A. BARAB, R. KLING & J.-H GRAY (éds.), *Designing for Virtual Communities in the Service of Learning*, New York, Cambridge University Press, pp.338-376.

JACQUINOT-DELAUNAY G. (2008), « Accompagner les apprentissages : le tutorat « pièce maîtresse et parent pauvre » des dispositifs de formation médiatisés », in G. JACQUINOT-DELAUNAY & E. FICHEZ (dirs.), *L'université et les TIC. Chronique d'une innovation annoncée*, Bruxelles, De Boeck, pp.179-222.

KERBRAT-ORECCHIONI C. (2005), *Le discours en interaction*, Paris, Armand Colin.

MANGENOT F. (2003), « Ecriture collective par forum sur le Web : un nouveau genre d'écrit universitaire ? ». Disponible sur Interne : http://www.interdisciplines.org/defispublicationweb/papers/3/version/original (consulté en mars 2010).

MASON R. & KAYE T. (1990), « Toward a new paradigm for distance education », in L. HARASIM (éd.), *Online education: perspectives on a new environment*, New York, Praeger, pp.15-38.

Des limites du forum pédagogique

Catherine JEANNEAU[97]
Christian OLLIVIER[98]

La communication médiatisée par ordinateur (CMO) tient une place de plus en plus importante dans la classe de langue. De par leur facilité d'utilisation et d'adaptation à divers scénarios pédagogiques, les forums de discussion sont l'un des outils privilégiés de cette CMO car ils sont réputés présenter des avantages linguistiques, cognitifs, socio- et interculturels.

En mobilisant les théories récentes de la compétence communicationnelle et actionnelle, cet article analyse un exemple de forum ouvert par un enseignant sur un espace virtuel d'apprentissage dans le but de faire discuter étudiants et francophones sur des sujets d'actualité choisis par les apprenants et entend montrer – au-delà des indéniables bénéfices – les limites de telles pratiques.

1. Compétence communicationnelle

Même si le *Cadre européen commun de référence pour les langues* (Conseil de l'Europe, 2000), qui sert de base à la grande majorité des programmes officiels pour l'enseignement des langues dans les pays d'Europe et même au-delà, marque un tournant de l'approche dite communicative vers une approche nommée « perspective actionnelle » qui vise non plus à préparer l'apprenant à communiquer lors de rencontres essentiellement ponctuelles avec des locuteurs des langues cibles, mais à agir avec ceux-ci (Puren, 2002), l'un des objectifs de base reste toujours le développement d'une compétence de communication, celle-ci devant être comprise comme une forme d'action, voire de co-

---

[97] Directrice du Centre de soutien à l'apprentissage des langues de l'Université de Limerick (IE). Ses domaines de recherche sont la communication médiatisée par ordinateur et les communautés dans les situations d'apprentissage des langues. catherine.jeanneau@ul.ie

[98] Maître de conférences à l'Université de La Réunion, département de FLE. Membre du laboratoire LCF (UMR 8143 du CNRS). Ses domaines de recherche sont la didactique des langues, l'approche interactionnelle, le web 2.0 et l'enseignement / apprentissage des langues, l'intercompréhension et l'évaluation. Il a coordonné de nombreux projets européens dont le projet Babelweb (http://www.babel-web.eu) qui met en œuvre l'approche interactionnelle et le concept de didactique invisible. mail@christianollivier.eu

action. Nous présentons donc ci-dessous notre façon de concevoir la communication et l'action.

De plus en plus, les philosophes du langage contemporains – nous nous appuierons largement sur Éric Grillo – voient dans la communication « une mise en communauté effective, résultat d'un processus interactionnel réglé et conjointement conduit » (Grillo, 1997 : 63). Dans cette nouvelle optique, le locuteur et l'allocutaire, conçus comme instances énonciatives en relation interlocutive, partagent l'initiative sémantique, « dès lors parler n'est plus simplement dire quelque chose à quelqu'un : c'est, bien plus fondamentalement, dire, à propos de quelque chose, quelque chose avec quelqu'un » (Grillo, 1997 : 63).

Le principe fondamental de cette approche interactionnelle est que tout discours est une construction collective ou une réalisation interactive. Tout acte de parole implique une allocution impliquant elle-même que le destinataire est d'emblée inscrit dans le discours de l'émetteur qui doit tenir compte de l'image et des compétences qu'il prête à son destinataire. Autrement dit, le "tu" exerce un contrôle permanent sur le discours du "je" ; tout acte de parole implique une interlocution.

Ce modèle place logiquement les interactions sociales au centre de ses préoccupations. E. Grillo, à la suite de F. Jacques, pose le *primum relationis*, les interactions sociales se retrouvant, d'après lui, à la base de tout acte de communication : ce n'est plus l'intention du sujet qui précède la relation, préside à son instauration et en détermine la forme, les intentions du sujet sont au contraire soumises à des interactions sociales dont elles procèdent (Grillo, 2000 : 11). E. Grillo définit alors ainsi l'aptitude à la communication:

> À y regarder de près, l'aptitude à la communication ne se limite ni à la compétence sémiotique qui permet la formation de syntagmes signifiants, ni à la compétence sémantique assignant sens et référence aux suites de symboles, et permettent le maintien de l'unité thématique de l'échange, ni non plus à la compétence pragmatique qui assure la pertinence des interventions relativement à l'objectif de la stratégie, mais réclame encore et surtout une compétence communicationnelle qui garantit l'adéquation des actes accomplis relativement à la relation engagée. Par où il devient clair que la spécification du vouloir-dire, pour peu qu'il y aille du maintien de la relation, s'effectue elle-même sous contrainte relationnelle. (Grillo, 2000 : 257)

Ajoutons que cette conception nous semble pouvoir s'appliquer également à toute forme d'action humaine que nous considérons, avec

Brassac et Grégori (2000), comme « des activités contextualisées dans des situations authentiques, interactionnelles ». Toute action a directement ou indirectement un destinataire (qui peut être pluriel ou singulier, voire être la personne même qui accomplit l'action), ce destinataire est également celui qui évaluera l'action, il détermine ainsi largement sa réalisation.

Afin de favoriser le développement d'une compétence actionnelle et communicationnelle aussi forte que possible, il est clair, si l'on adhère à la conception présentée ci-dessus, qu'il importe de fournir aux apprenants des situations d'interactions sociales aussi variées et riches que possible visant notamment, dans le cadre du cours de langue, une utilisation aussi authentique que possible de la langue. Cela n'est pas toujours aisé au sein de l'institution éducative, car, comme le faisait remarquer Michèle Verdelhan-Bourgade, en 1986 déjà, l'école − et l'université ne représente pas vraiment un cas très différent − ne permet pas de faire communiquer les apprenants avec de nombreux partenaires. L'émergence des nouvelles technologies, notamment d'Internet et du Web 2.0, a ouvert de nouvelles perspectives.

2. Communication, forums et enseignement/apprentissage des langues

L'émergence d'Internet et la forte progression de l'équipement informatique des institutions de formation et des foyers ont incité rapidement les chercheurs et les praticiens à analyser les potentialités nouvelles qu'offrent les technologies de l'information et de la communication pour en tirer profit dans le processus d'enseignement / apprentissage des langues. La communication médiatisée par ordinateur (CMO) et tout spécialement l'utilisation du courriel, des chats et des forums ont retenu l'attention des spécialistes (Hampel & Lamy, 2007).

De nombreuses recherches montrent l'intérêt de la CMO pour l'apprentissage des langues (Kern, 1995 ; Kitade, 2000 ; Sotillo, 2000 ; Ware 2003). Gonzalez (2007 : 19) fait ainsi ressortir les avantages d'échanges de courriels entre étudiants francophones et étudiants de français langue étrangère. Elle fait notamment ressortir l'« influence positive sur les perceptions de l'apprenant colombien à l'égard de la langue et de son apprentissage ». Kitade (2000) a montré de son côté que la CMO favorise l'apprentissage/enseignement des langues étrangères à travers l'interaction et la collaboration. Les spécialistes du champ s'entendent en tout cas pour affirmer que la CMO permet la mise en œuvre de nouveaux dispositifs d'enseignement et de nouveaux scénarios d'apprentissage grâce à l'adoption et à l'intégration dans la classe de langue d'outils flexibles et facilitant une interaction plus large entre un nombre croissant de participants (Hampel & Lamy, 2007).

Les outils du Web 2.0 ouvrent des possibilités quant aux acteurs de la communication, celle-ci peut avoir lieu entre locuteurs natifs et non-natifs (ce qui représente une grande partie des dispositifs de recherche actuels sur la CMO), entre groupes d'apprenants et/ou de non-apprenants, incluant des participants dans des scénarios d'apprentissage prédéfinis et donc non-choisis par l'apprenant (public captif) ou au contraire faisant appel à des participants libres de prendre part (ou non) à la communication (public non-captif). Comme l'ont souligné Kern, Ware et Warschauer (2004), la CMO s'est tout d'abord installée au sein de classes uniques mettant en jeu les différents acteurs d'un même groupe, qu'ils soient co-présents ou non. L'ouverture au monde ne vient que progressivement. La plupart des situations de communication étudiées actuellement concernent d'ailleurs essentiellement des échanges entre apprenants d'un même groupe ou entre des apprenants et des locuteurs natifs, souvent recrutés par l'enseignant. Selon le cas de figure, l'enseignant a accès ou non à l'espace de communication. C'est un tel cas de CMO mise en place sur le forum d'une plateforme d'apprentissage que nous entendons ici analyser pour montrer l'impact de la présence de l'enseignant sur la communication entre étudiants et locuteurs natifs.

3. Questions de recherche

Il est intéressant de se demander comment se comportent des apprenants impliqués dans des échanges avec des francophones choisis par leur enseignant sur un forum ouvert et administré par ce même enseignant, surtout lorsque les échanges font, en fin de semestre, l'objet d'une évaluation. Si l'on reprend la terminologie de Watzlawick et al. (1972), les étudiants se retrouvent dans deux types de relation : avec les francophones, la relation est plutôt de type symétrique, dans laquelle les partenaires devraient avoir tendance à adopter un comportement en miroir même si la meilleure maîtrise de la langue donne un statut légèrement supérieur aux francophones (Gonzalez, 2007) tandis qu'avec l'enseignant, la relation est clairement complémentaire, de type hiérarchique. Nous entendons donc faire ressortir quelle relation l'a emporté sur l'autre.

4. Objet d'observation

Le projet faisant l'objet de cette étude a été mené sur une période de 8 semaines sur le forum de discussion de l'environnement d'apprentissage en ligne (Sulis) de l'Université de Limerick (Irlande). Il s'inscrivait dans le cadre d'un cours de langue de licence mention *français et études commerciales* comptant 24 étudiants de niveau intermédiaire à avancé. Ceux-ci devaient choisir un thème d'actualité qui constituerait le sujet d'un travail écrit et sur lequel ils aimeraient, par la suite, discuter sous forme d'échanges asynchrones avec un partenaire francophone.

L'enseignante du cours, soutenue par le Centre d'aide à l'apprentissage des langues (*Language Support Unit*), a recruté, parmi des collègues, connaissances et étudiants, 12 francophones qui ont accepté de participer au projet. Ont ainsi été constituées 24 dyades composées chacune d'elles d'un étudiant apprenant de FLE et d'un locuteur natif, chaque Français participant à deux fils de discussion. Tous les échanges de chaque dyade pouvaient être lus par tous les membres du groupe. Les étudiants ne disposaient d'aucune information sur l'identité de leurs partenaires tous identifiés sur le forum par un pseudonyme à l'exception d'une étudiante dont le nom d'utilisateur était accompagné d'une photo. Les étudiants devaient ouvrir les échanges en postant une première contribution résumant et analysant un article de presse sur le sujet choisi. La suite était ouverte, mais les étudiants avaient pour consigne d'intervenir au moins trois fois sur une période de 6 semaines dans l'échange qui s'instaurerait.

Le groupe d'apprenants formait ainsi un public captif puisque leurs contributions, lues et évaluées en fin de parcours par l'enseignante, représentaient une condition à la validation de l'unité d'enseignement. Dans les graphiques de résultats, ce groupe est nommé « étudiants », les membres sont identifiés par un code allant de E1 à E24. Leurs partenaires francophones, dont les membres, lorsqu'ils sont cités, sont identifiés de F1 à F12, étaient nettement plus libres puisqu'ils savaient que leurs interventions ne seraient pas évaluées extérieurement par la suite, ils rendaient service à l'enseignante du cours qu'ils connaissaient et avaient été informés que les étudiants avaient besoin de trois interventions minimum pour valider leur module.

En fin de projet, les étudiants devaient rédiger un court texte faisant part de leurs réflexions sur leur expérience des échanges sur le forum et sur la valeur de ces échanges.

5. Constitution du corpus et approche méthodologique

Le corpus se compose des échanges asynchrones entre les étudiants apprenants de FLE et leurs partenaires francophones. Nous avons analysé 22 fils de discussions correspondant à 22 thèmes d'actualité. Par souci de rigueur, nous avons exclu deux dyades (F12 - E23 et F12 - E24) dont l'un des auteurs de cet article était le partenaire francophone. L'ensemble représente un total de 118 messages, correspondant à une moyenne de 5,8 messages par dyade et de 3 par étudiant et 2,7 par francophone. Nous avons recoupé ces données avec celles recueillies grâce à l'étude des réflexions des étudiants et des résultats d'un questionnaire en ligne auquel 16 étudiants sur le groupe de 24 ont répondu. Ce questionnaire, administré en toute fin de semestre, encourageait les étudiants à évaluer l'ensemble du projet et s'intéressait plus particulièrement aux éléments ayant eu un impact sur leur participation au forum. Il a été suivi d'entretiens auprès de trois étudiants volontaires afin d'approfondir les réponses recueillies.

Afin d'observer les comportements en ligne, nous avons adopté une méthodologie fondée sur l'analyse des discours médiés par ordinateur (Herring, 2004) qui offre une grande souplesse et permet de voir l'émergence de catégories d'analyse, la *Grounded theory approach* de Glaser et Strauss (1967). Cette approche combine des démarches quantitatives et qualitatives.

Considérant la communication dans ses deux dimensions, relationnelle et informationnelle, notre approche méthodologique nous a menés à analyser la création ou non de lien entre francophones et étudiants apprenants de français. Nous voulions notamment étudier si les étudiants faisaient entrer leurs partenaires dans leur vie privée, au sens goffmanien (Goffman, 1973) de la scène plus personnelle constituée, entre autres, des sentiments, des opinions et pensées du sujet. Afin d'analyser les aspects relationnels des interactions en ligne, nous avons observé, à la fois chez les étudiants et les francophones, la présence ou non de marqueurs d'identité montrant que le sujet faisait entrer son partenaire dans sa sphère privée. Nous nous sommes concentrés sur l'identité déclarative, telle que définie par Georges (2008), donc sur les informations que le sujet donne sur lui-même : qui je suis, ce que je fais / j'ai fait, ce que je ressens, ce que je pense (en ne retenant que les opinions touchant à un autre aspect que le sujet de la tâche). Dans le domaine plus socio-affectif, nous avons repéré les marques d'expression d'un sentiment, marques verbales et non verbales, sous forme essentiellement d'émoticônes et de points d'exclamation. Nous avons également étudié la présence et la nature des formules de salutations et leur éventuelle évolution au cours des échanges. Nous avons également relevé la façon dont les apprenants parlaient des échanges et les dénommaient et nous avons interrogés les étudiants sur l'attention qu'ils ont porté à la correction de la langue.

6. Résultats

Afin d'étudier la nature de la communication se formant entre les étudiants et leurs partenaires francophones, nous avons observé les éléments contribuant à l'établissement ou au développement d'une relation au sein de l'échange. Nous nous sommes particulièrement intéressés aux marqueurs de la présence du contributeur ainsi qu'aux formules de salutations.

Nous avons débuté l'analyse par une étude des données cumulées recensant les éléments verbaux et non-verbaux que les contributeurs ont placés dans leurs textes et qui donnent des informations sur leur personne :

leur identité, leur vie privée et leur façon de penser ou de ressentir les choses notamment. On note d'emblée une nette différence entre les étudiants et leurs partenaires francophones ; si ces derniers inscrivent en moyenne une information sur eux-mêmes par contribution, les étudiants ne le font que dans 39,4% des cas. Dans les deux cas, le nombre total d'informations personnelles reste faible : sur 118 messages, nous n'en comptons que 26 chez les étudiants et 63 chez leurs partenaires, tandis que le nombre d'informations factuelles (sur la culture ou le thème choisi par exemple) est très largement plus élevé.

Figure 1 – Ensemble des éléments donnant des informations sur les contributeurs

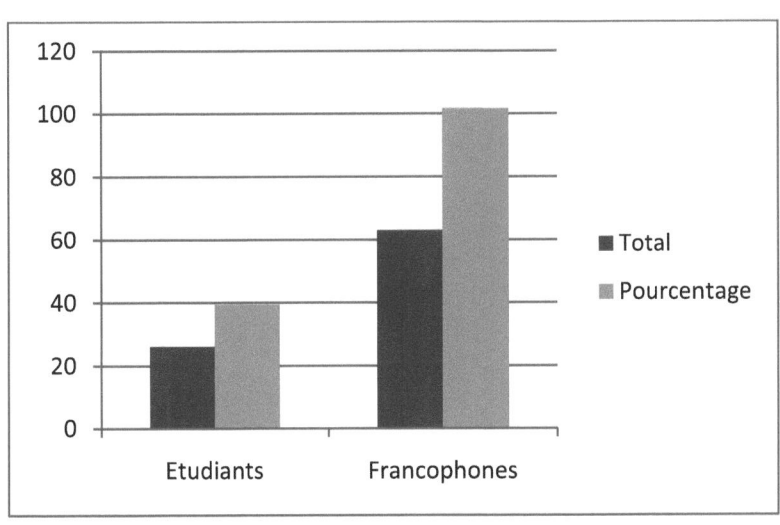

En entrant dans le détail des résultats, il est possible d'observer de plus amples différences entre les pratiques des étudiants et celles de leurs partenaires. Prenons ainsi l'exemple des informations verbales données par les contributeurs sur eux-mêmes. Dans cette catégorie, nous regroupons des entrées de nature variée telles que :

• qui ils sont : « *Je suis fan de cinéma...* » (F9), « *En effet, je ne fume pas ...* » (F11) ;

• ce qu'ils font ou ont fait : « *8 janvier, il est dix-neuf heures, je prépare le diner pour la famille...* » (F6), « *J'ai visité mes amis à cette heure-là...* » (E7) ;

• ce qu'ils envisagent de faire : « *Moi, j'espere travailler à l'étranger dans quelques ans...* » (E22) ;

• ce qu'ils ressentent : « *Franchement, je dois admettre que je suis vraiment gêné…* » (E19), « Je vois que tu n'as pas été passionné par ma réponse » (E4).

Le graphique ci-dessous montre clairement que les étudiants fournissent nettement moins d'informations verbales personnelles que leurs partenaires francophones, ceux-ci donnant des renseignements sur eux-mêmes dans 44,3% des messages, soit environ deux fois plus que les étudiants avec lesquels ils discutent. De plus, Il est rare de trouver des cas où les étudiants dévoilent des aspects d'eux-mêmes sans que le francophone n'en ait fait de même au préalable. Ce dernier aspect recoupe largement les observations de Gonzalez (2007) et semble dû au fait que l'étudiant laisse au locuteur natif plus compétent linguistiquement et socio-culturellement l'initiative dans l'échange.

Figure 2 – Expression verbale de l'identité

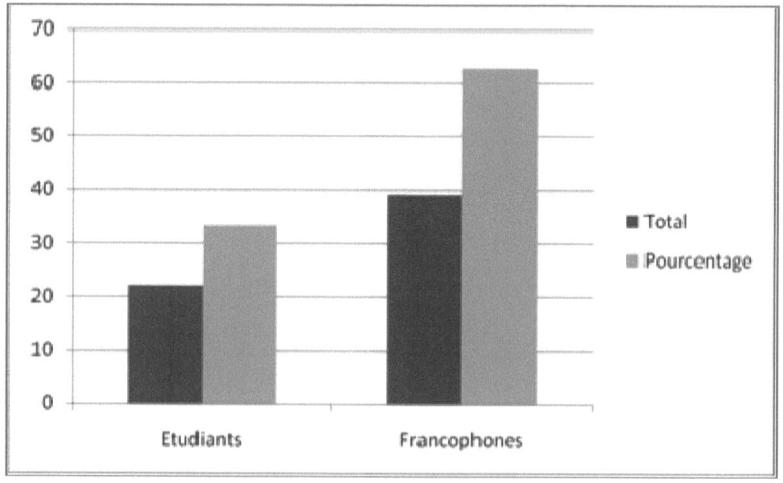

Les écarts étudiants / francophones sont encore plus importants quand nous analysons l'expression non verbale du ressenti en recensant la présence d'émoticônes et de points d'exclamation dans les contributions étudiées. Nous pouvons remarquer dans le discours des étudiants la quasi-absence d'émoticônes et de points d'exclamation : quatre messages seulement en contiennent, soit une présence dans seulement 6,2% des messages postés. Leurs partenaires francophones en font certes un usage modéré – dans 24 messages sur 62 soit dans 38,7% des cas – mais tout de même supérieur aux étudiants ce qui est d'autant plus étonnant que la moyenne d'âge des étudiants est inférieure à celle des francophones, et que de façon générale, les jeunes sont plus enclins à l'usage des émoticônes et d'autres signes non verbaux. En outre, l'usage de ces marqueurs non-verbaux par leurs partenaires francophones aurait pu inciter les étudiants à y avoir recours eux aussi.

Figure 3 – Présence d'émoticônes et points d'exclamation

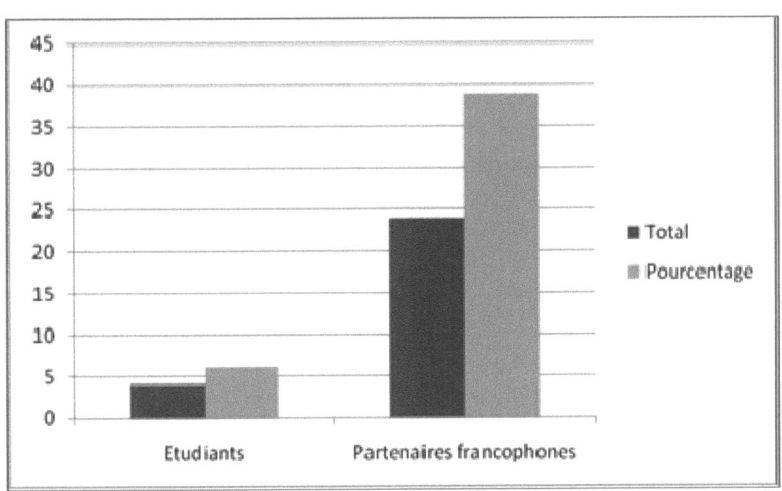

Nous avons par ailleurs examiné les éléments indiquant la construction d'une relation et tout particulièrement les formules de salutation. Il est tout d'abord intéressant de constater que cinq dyades sur 22 entrent directement en communication sans utiliser de formules d'adresse en début d'échange. Les 17 autres dyades commencent leurs échanges par des salutations (généralement soit « bonjour » soit « salut ») dans 80% des messages postés. C'est une nouvelle fois majoritairement les francophones qui initient la première utilisation d'une formule de salutation ce qui n'étonnera pas puisqu'ils sont les premiers à contribuer en réaction au travail d'analyse d'article posté par les étudiants. Il est cependant plus pertinent d'observer que dans les dyades ayant recours aux salutations, le choix de ces dernières par les étudiants n'évolue pas au fil des échanges. Ainsi, un étudiant ayant opté pour l'expression « bonjour » lors de son premier message ne changera pas de formule quelle que soit la nature du contenu des échanges ou des formules choisies par son partenaire. Trois étudiants (E2, E4 et E13) ayant choisi d'ouvrir leurs messages par « salut » utiliseront également cette formule tout au long de l'échange même si le francophone se sert systématiquement de « bonjour ». On ne retrouve une variation que chez deux étudiants : E19 varie les formules et passe de « bonjour + prénom » à un « salut » suivi d'un point d'exclamation, E12 utilise « salut » et « bonjour », mais dans ce dernier cas, l'analyse est difficile car il semble, au vu des fluctuations fréquentes entre tutoiement et vouvoiement, que le changement de formule de salutation puisse être lié à une maîtrise très relative des codes sociolinguistiques.

Le fait que, dans les discussions sur le forum, l'aspect informationnel a été le plus important ressort clairement des réflexions des étudiants rédigées après les échanges. La très grande majorité des apprenants soulignent l'intérêt des discussions en terme d'information et, pour certains, d'évolution des points de vue. E21 précise ainsi que « grâce à la discussion, [s]es vues sur le sujet ont évolué » ; E4 juge ainsi l'intérêt du forum :

> « le forum de 'Sulis' était une bonne méthode d'apprendre sur ma sujet <…>. Les opinions de ma correspondante francophone <…> m'ont aidé à comprendre la sujet mieux. J'ai pensé que la perspective d'une française était inappréciable pour cet travail. »[99]

A l'exception d'une étudiante, aucun apprenant ne revient sur l'aspect relationnel : E17 évoque l'intérêt des discussions en termes d'augmentation de savoir, mais souligne également le peu de relation établie avec son partenaire. Il faut dire qu'elle était dans le cas extrême d'un francophone identifié uniquement par « Guest ». Elle fait en tout cas remarquer que les discussions ont été finalement « plutôt impersonnel[les] » alors que cela est « curieux pour les discussions de forum ».

On notera aussi que les étudiants ont effectué la troisième partie du travail – à savoir le compte-rendu sur un éventuel changement de perspective – sur le forum d'échange alors que les consignes détaillées de l'enseignante ne prévoyaient explicitement sur le forum que les échanges entre francophones et étudiants. Cela semble confirmer que les étudiants ont bien vu le forum comme un lieu d'échange avec leur enseignant puisque ce compte-rendu n'était nullement destiné à leurs partenaires francophones. Une seule étudiante (E20) a inclus un remerciement pour sa partenaire francophone, mais exprimé indirectement : « Je veux dire merci à [F5] aussi pour toutes ses réponses et ses opinions intéressantes. » Dans la phrase qui suit, elle qualifie cependant tout de suite l'échange d'« exercice ».

Cette perception des échanges comme étant essentiellement la participation à une tâche didactique et non à une activité sociale à part entière ressort également des réponses aux questionnaires et des entretiens. Les réponses au questionnaire indiquent que dans une grande majorité, les étudiants ont posté pour des raisons pédagogiques (parce que cela représentait un des éléments de l'évaluation ou que cela pouvait les aider linguistiquement, etc.). Ces observations sont

---

[99] Les contributions des étudiants sont citées sans correction de quelque ordre que ce soit.

confirmées par les entretiens où les trois étudiantes interrogées affirment qu'elles ont posté afin de suivre les consignes données par l'enseignante et dans le but d'obtenir une bonne note :

> At the end of the day, it is about getting a mark for the module. (E9)
> Basically, we had to do it for our grade, that was first and foremost. (E12)
> The way I thought of the programme was that it was just an educational thing and it wasn't a requirement to get to know them <the French Partner>. (E18)[100]

Ce constat est renforcé par l'analyse des réflexions écrites des étudiants sur le projet où cinq d'entre eux se réfèrent aux échanges avec les partenaires francophones en utilisant le terme « exercice ».

Passons à l'influence du destinataire des échanges sur la forme, plus précisément sur la correction linguistique. Nous avons, dans le questionnaire, interrogé les étudiants pour savoir s'ils avaient prêté une attention particulière à la correction linguistique de leurs contributions et, si oui, pour quelle raisons. Tous les étudiants ont répondu positivement à la première question. Ils ont fourni les réponses suivantes à la seconde question. La raison principale (14 réponses sur 16) qui a motivé l'attention qu'ils ont portée à la correction linguistique est leur désir d'obtenir une bonne note. Viennent ensuite le fait qu'ils étaient conscients que leurs écrits étaient lus par un francophone (13) et qu'ils savaient que leur professeur les lirait (12). A noter que seuls sept ont dit qu'ils pensaient que leur partenaire francophone attendait un haut niveau de correction et seul un étudiant a répondu que son partenaire français lui avait donné l'impression qu'il devait utiliser un français de grande qualité. Il apparaît clairement que le fait que l'enseignant était présent sur le forum et était l'évaluateur des contributions a largement influencé, tout au moins dans la forme, la façon d'écrire des étudiants.

---

[100] Au bout du compte, il s'agit d'obtenir une bonne note pour le module. (E9)
En gros, nous devions avant tout le faire pour être notés (E12)
La façon dont j'ai vu le programme, c'est que c'était juste un truc pédagogique, apprendre à les [les partenaires francophones] connaître n'était pas dans les consignes. (E18)

Figure 4 – Pourquoi avez-vous fait particulièrement attention à votre français ?

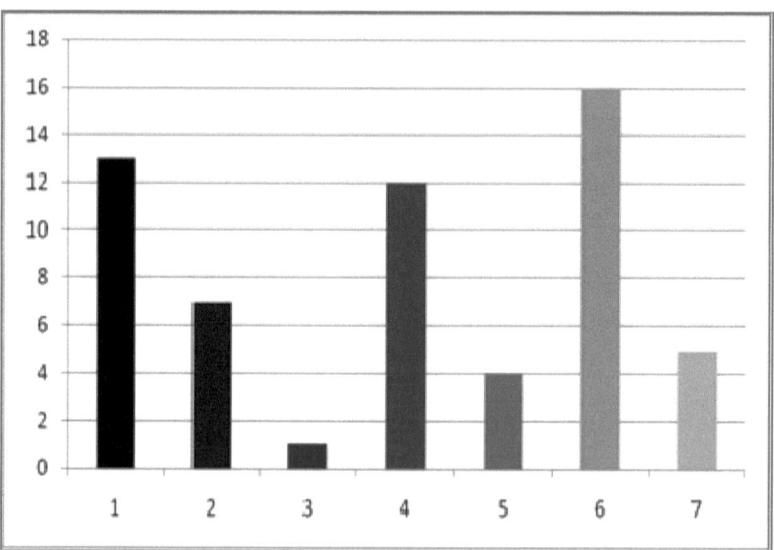

1) Vous étiez conscient qu'un Français lisait vos messages.
2) Vous pensez que votre partenaire français attendait de vous un haut niveau de qualité en français.
3) Votre partenaire français vous a donné le sentiment de devoir utiliser un haut niveau de qualité en français.
4) Vous saviez que votre professeur lirait vos messages.
5) Vous saviez que vos pairs liraient vos messages.
6) Vous vouliez obtenir une bonne note.
7) Vous faites toujours attention à la qualité du français que vous utilisez.

Le fait que l'enseignant était également celui qui a donné la tâche et qui administrait l'espace de communication a également fortement déterminé le comportement des apprenants. Si la grande majorité d'entre eux ont dit avoir consulté d'autres fils de discussions que le leur, aucun n'a participé à ces discussions. Nous leur avons demandé pourquoi. Le manque de temps (3) ou d'intérêt (2) ou le manque d'idées pour participer (1) n'ont pas été des arguments décisifs, en revanche, beaucoup ont évoqué, pour expliquer leur non-participation, le fait qu'ils pensaient que ce n'était pas souhaité ou permis (12) ou qu'on n'attendait pas cela d'eux (7).

**Figure 5 – Raisons pour ne pas participer
à d'autres fils de discussion que le sien**

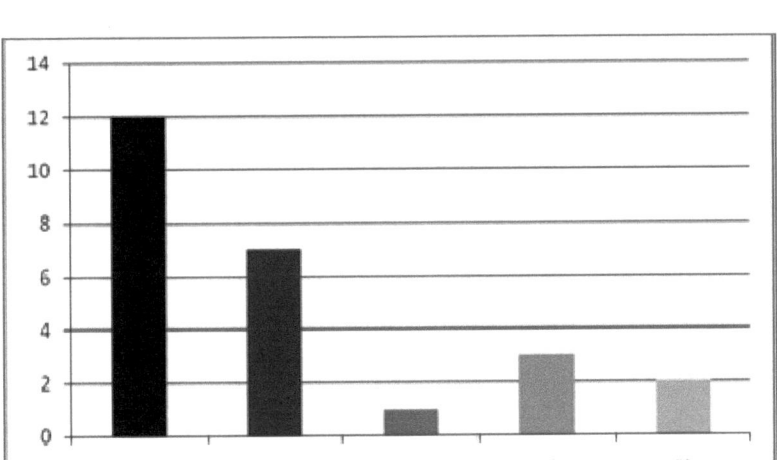

1) Vous pensiez que ce n'était pas souhaitable / permis.
2) Vous pensiez que l'on n'attendait pas cela de vous.
3) Vous n'avez rien à dire.
4) Vous n'aviez pas le temps pour plus de contributions.
5) Vous n'aviez pas envie.

Une étudiante a même ajouté le commentaire suivant :

> I actually had a discussion with a number of the class members on whether or not it was allowed as some of us had not received many replies and would have enjoyed discussing each others. However everyone seemed unsure whether or not this was an option and it certainly was not mentioned in class.[101]

L'enseignant a été considéré par les étudiants comme le propriétaire de l'espace, tout au moins comme celui qui en fixe les règles explicites et implicites. Les étudiants ont adopté un comportement aussi proche que possible des consignes données et des règles implicites qu'ils ont cru percevoir. Ce rôle de l'enseignant a eu clairement un effet inhibiteur sur la communication puisqu'il a empêché certains étudiants, qui auraient pourtant aimé le faire, de discuter d'autres sujets que le leur.

---

[101] En fait, j'en ai parlé avec plusieurs autres étudiants du groupe, on s'est demandé si c'était autorisé ou non car certains d'entre nous avaient reçu peu de réponses et nous aurions aimé participer au fils de discussion des autres. Cependant, personne ne semblait savoir si c'était possible ou non, en tout cas, ça n'avait pas été mentionné en cours.

7. Analyses et perspectives

Les contributions ont été riches aux niveaux linguistique, culturel et informationnel. Dans leur réflexion écrite sur le projet – confirmées par l'étude des contributions –, les étudiants indiquent explicitement que les échanges leur ont paru bénéfiques au point de vue culturel et linguistique.

L'analyse des données fait cependant aussi ressortir le caractère majoritairement impersonnel des contributions des étudiants dans leurs échanges avec leurs partenaires francophones. L'aspect relationnel et social de la communication est resté peu développé. Il ressort nettement que les étudiants ont ressenti l'échange comme une tâche didactique dans laquelle l'implication personnelle est restée limitée, la dimension informationnelle prenant la part la plus importante.

C'est clairement la relation enseignant-apprenant, relation fortement asymétrique qui l'a emporté sur la relation plus égalitaire unissant l'étudiant et son partenaire francophone. La présence de l'enseignant, en tant que « commanditaire » et « évaluateur » de la tâche a conduit les étudiants à lui accorder une place prépondérante dans les échanges. Bien qu'en surface, les contributions des étudiants s'adressaient aux francophones, c'est la relation sociale hiérarchique unissant les apprenants à leur enseignante qui a largement déterminé la forme des écrits estudiantins. Pris entre deux interactions sociales possibles, les apprenants ont donné un poids plus important à la relation de type complémentaire (Watzlawick et al. 1972) et se sont ainsi indirectement adressés à la personne qui devait les évaluer. C'est finalement la relation éducative qui a primé sur la relation symétrique.

Figure 6 – Communication sur le forum didactique étudié

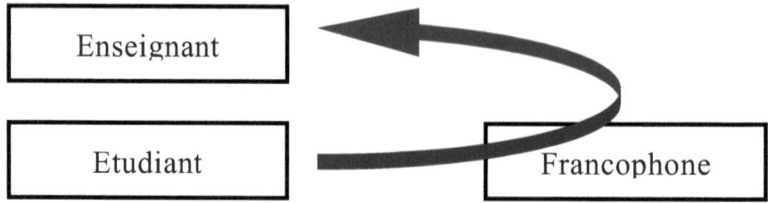

Conclusions

Il apparaît de façon évidente que la présence de l'enseignant comme évaluateur et propriétaire de l'espace de communication fausse les données de la communication. Si de tels dispositifs visent à promouvoir un gain de connaissances et un échange d'informations, l'objectif peut être atteint, si en revanche, ils visent à permettre aux apprenants de communiquer au sein d'interactions sociales variées, on voit clairement que, dans la grande majorité des cas, l'effet recherché risque de ne pas être obtenu. Pour que les apprenants communiquent en adéquation avec la relation sociale qui les unit à leurs partenaires francophones, il faudrait que l'enseignant s'efface et ne soit en aucune façon l'évaluateur des contributions des apprenants afin de permettre à l'apprenant de se concentrer entièrement sur la relation symétrique (ou presque) établie entre lui et son partenaire francophone.

Bibliographie

BRASSAC C. et GRÉGORI N. (2000), « Co-construction de sens en situation de conception d'un outil didactique », in : *Studia Romanic Posnaniensia*, 25/26, 55-66. Également disponible en ligne (version citée) :http://www.univ-nancy2.fr/pers/brassac/PublicationsBrassac.pdf/poznan.pdf [15/10/2010]

CONSEIL DE L'EUROPE (2000), *Cadre européen commun de référence pour les langues*, Strasbourg, Division des langues vivantes, Conseil de l'Europe.

GEORGES F. (2008), « Les composantes de l'identité dans le web 2.0, une étude sémiotique et statistique. Hypostase de l'immédiateté », in *Actes du 76ème congrès de l'ACFAS : Web participatif : mutation de la communication,* Institut national de la recherche scientifique, 6-7 mai 2008,Québec.http://hal.archivesouvertes.fr/docs/00/33/27/70/PDF/FGeorges_Hypostase.pdf [15/10/2010]

GLASER B.G. et STRAUSS A.L. (1967), *The Discovery of Grounded Theory : strategies for qualitative research*, Chicago, Aldine.

GOFFMAN E. (1973), *La mise en scène de la vie quotidienne – les relations en public*, Paris, Les Editions de minuit.

GONZALEZ L. (2007), « Échanger par courrier électronique : construire une relation personnelle et s'approprier la langue étrangère », in Lamy M.-N., Mangenot F., Nissen E. (coord.), *Actes du colloque Echanger pour apprendre en ligne (EPAL). Grenoble, 7-9 juin 2007.* http://w3.u-grenoble3.fr/epal/dossier/06_act/pdf/gonzalez.pdf. [15/10/2010]

GRILLO E. (1997), *La philosophie du langage*, Paris, Seuil.

GRILLO E. (2000), *Intentionnalité et signifiance : une approche dialogique*, Bern / Berlin / Bruxelles / Frankfurt am Main / New York / Wien, Peter Lang, Publications Universitaires Européennes.

HAMPEL R. et LAMY M.-N. (2007), *Online Communication in Language Learning and Teaching*, Basingstoke, Palgrave Macmillan.

HERRING S. C. (2004), « Content analysis for new media: Rethinking the paradigm. » In: *New Research for New Media: Innovative Research Methodologies Symposium Working Papers and Readings*, pp. 47-66.

KERN R., (1995), « Restructuring classroom interaction with networked computers: Effects on quantity and quality of language production », in *Modern Language Journal*, 79, pp. 457–476.

KERN R., WARE P., WARSCHAUER M. (2004), « Crossing frontiers: New directions in online pedagogy and research », in *Annual Review of Applied Linguistics*, 24, pp. 243-260.

KITADE K. (2000), « L2 Learners' Discourse and SLA Theories in CMC : Collaborative Interaction in Internet Chat », in *Computer Assisted Language Learning (CALL)*, 13, pp. 143-166.

PUREN C. (2002), « Perspectives actionnelles et perspectives culturelles en didactique des langues-cultures : vers une perspective co-actionnelle co-culturelle », in *Langues modernes*, n° 3/2002, juil.-août-sept. 2002, pp. 55-71. Également disponible en ligne : http://www.aplv-languesmodernes.org/spip.php?article844. [15/10/2010]

SOTILLO S. (2000), « Discourse functions and syntactic complexity in synchronous and asynchronous communication », in *Language Learning and Technology*, 4, 1, 2000, 82-119.
http://llt.msu.edu/vol4num1/sotillo/default.html [18/10/2010]

VERDELHAN-BOURGADE M. (1986), « Compétence de communication et communication de cette compétence », in *Langue française*, vol. 70, n° 1, pp. 72-86.

WARE P. (2003), *From involvement to engagement in online communication: Promoting intercultural competence in foreign language education*. Thèse de doctorat non-publiée, Université de Californie, Berkeley.

WATZLAWICK P., HELWICK-BEAVIN J.H., JACKSON D.D. (1972), *Une logique de la communication*, Paris, Seuil.

TROISIEME PARTIE

ENJEUX SOCIOCULTURELS

ET

POSITIONNEMENTS IDENTITAIRES

Collectifs virtuels de soutien entre professionnels : formes des échanges et vécus associés

Magali PROST[102]
Béatrice CAHOUR[103]
Françoise DETIENNE[104]

Les évolutions technologiques et organisationnelles incitent les professionnels à mettre en place de nouveaux moyens de coping (stratégies plus ou moins conscientes) afin de gérer des situations d'inconfort émotionnel. Cette notion, introduite par Lazarus et Folkman (1984), fait référence à « *l'ensemble des efforts cognitifs et comportementaux toujours changeants que déploie l'individu pour répondre à des demandes internes et/ou externes spécifiques*» (p. 141). Aucune stratégie de coping n'est efficace en soi, il s'agit d'un équilibre entre les possibilités d'action provenant de l'individu, de son réseau social et de sa personnalité.

Les professionnels ont investi les forums de discussion sur lesquels ils échangent leur vécu de situations de travail problématiques. Les forums peuvent être considérés comme le reflet de ce qui met en péril l'équilibre des professionnels. Le soutien social est un outil qui peut aider à redonner du sens à son travail, à favoriser le processus d'adaptation à une situation difficile ainsi que sa transformation..

Selon Rimé (2005) et Pennebaker (2001),le partage social des émotions est une conséquence caractéristique de toute expérience émotionnelle. Les travaux dans ce domaine mettent en évidence l'importance du non verbal pour l'expression des émotions (Ekman, 1994, Scherer, 1984) et le rôle central de la connaissance interpersonnelle pour le partage des émotions (Rimé, 2005). Les forums de discussion peuvent apparaître comme des dispositifs rendant *a priori* problématiques l'expression et le partage des émotions (écrit, asynchronie, anonymat). Pourtant, des recherches ont montré que ce média permet de nombreuses manifestations émotionnelles et du soutien social (Marcoccia, 2000 ; Pfeil, 2009, Preece, 2001).

Un consensus se dégage dans la littérature sur la définition du soutien social, il est composé (1) du *soutien émotionnel* qui vise à

---

[102] Doctorante en psychologie ergonomique – Télécom ParisTech – magali.prost@telecom-paristech.fr
[103] Chercheur CNRS – LTCI Télécom ParisTech – beatrice.cahour@telecom-paristech.fr
[104] Directrice de recherche CNRS – LTCI Télécom ParisTech – françoise.detiennne@telecom-paristech.fr

témoigner à l'autre d'un lien affectif positif (sympathie, amitié, humour, etc.) ; (2) du *soutien informationnel* qui procure à la personne des informations, des conseils et des évaluations relatives à la situation ; et (3) du *soutien instrumental* qui correspond à une aide pratique (instrumentale, financière). Rimé (2005) montre que plus un message a des marques de soutien émotionnel de type empathique (écoute, compréhension, disponibilité, etc.), plus sa qualité est relevée.

Cette communication s'intéresse aux formes des échanges discursifs et à leurs effets sur le bien-être au travail. Nous nous intéresserons, dans ce chapitre à : (1) la construction d'une méthodologie d'analyse des formes d'échanges de soutien, (2) la mise en perspective de ces formes d'échanges et de leurs vécus associés à travers l'exemple d'une discussion.

1. Construction d'une méthodologie d'analyse des formes d'échanges de soutien

1.1. Présentation des forums

Un forum est un dispositif de communication médiatisée par ordinateur permettant à un groupe d'internautes d'échanger des messages sur un sujet particulier de manière écrite et asynchrone. L'étude porte sur deux types de forums : l'un est « généraliste », tous les sujets sont abordés (commentçamarche.net), l'autre est dit « spécialisé » car dédié aux professionnels du domaine médico-social (lesocial.fr et éducspé.fr). Une étude exploratoire menée sur une centaine de discussions centrées sur les difficultés professionnelles montre que les thèmes les plus fréquents sont liés au stress et à l'angoisse. Les principales sources de ces vécus sont le manque de valorisation et d'outils, le harcèlement, les problèmes relationnels avec les collègues ou la hiérarchie, le rythme de travail soutenu et la lassitude vis-à-vis de son travail.

1.2. Corpus recueilli

1.2.1. Sélection des discussions

La sélection des discussions à partir de nos trois forums a été faite en respectant trois critères :
- L'initiateur de la discussion devait faire part d'un problème professionnel en lien avec son bien-être au travail (manifestations émotionnelles)
- Il devait réintervenir dans la discussion
- Nous devions disposer d'une adresse mail afin de lui proposer un entretien.

1.2.2. Entretien d'auto-confrontation

Nous avons mené des entretiens d'auto-confrontation avec des initiateurs de discussion. Dans la première partie de l'entretien, nous interrogeons le participant sur sa pratique, ses habitudes, ses attentes et ses motivations à participer au forum. Dans la seconde, nous lui proposons de verbaliser son vécu à partir d'une discussion qu'il a initiée et que nous lui remontrons ; on parle d' « auto-confrontation » car le sujet est confronté au contexte de son activité passée (Cahour & Licoppe, 2010). Le délai entre le moment de l'écriture du message et celui de l'entretien peut être plus ou moins long. La conversation que nous allons présenter dans ce chapitre date de juin 2009, l'entretien a été mené un an après. Le délai, s'il est important, peut donc représenter une difficulté méthodologique pour notre étude. Afin d'y pallier, nous proposons au sujet de verbaliser son vécu avec, comme support, les traces de son activité. De plus, nous couplons l'entretien d'auto-confrontation avec des relances d'entretien d'explicitation (Cahour, 2006). Ces dernières favorisent la mise en évocation du sujet (Vermersch, 1994). Les entretiens sont intégralement filmés afin de faciliter leur retranscription et renseigner la partie de la discussion commentée.

2. Analyses du contenu

2.1. Les discussions sur le forum

Nous avons construit une méthode originale pour analyser les conversations. Celle-ci nous permet d'étudier la structure des échanges, l'expression émotionnelle de l'initiateur de la discussion et les expressions du soutien social. La méthode a été expérimentée sur 8 discussions des trois forums, chacune composée de 8 à 42 messages (700 à 8300 mots). Au total, 50 forumeurs (4 à 15 personnes par discussion) ont participé aux conversations qui s'étendent sur une période de 2 jours à 9 mois. Les participants travaillaient dans des domaines variés : enseignement, médical, social, agence de voyage ou encore en grande surface.

L'étude s'intéresse dans chaque séquence, (1) au type de discours, (2) aux émotions (au sens large) communiquées, (3) à deux éléments du cadre participatif, (4) à la fonction et au type d'acte communicatif.

En s'inspirant et en adaptant les catégories de Bronckart (1985) à notre corpus, nous avons distingué (1) différents types de discours.

- Le discours relatif à la conversation en cours que nous avons appelé « discours en situation ». (DS)
- Le récit d'expérience (REX) où le locuteur donne des éléments de son vécu.

- L'aide à l'interlocuteur (OP) par la formulation d'une opinion (sur la situation, sur la solution, etc.).
- Le discours relatif au partage des informations ou connaissances pratiques (IP).

Par ailleurs, le locuteur peut (ou non) communiquer des émotions en utilisant des mots ou des procédés stylistiques traduisant son état émotionnel ou celui de son interlocuteur. Nous nous intéressons ici à l'état émotionnel communiqué, à la valence du message ainsi qu'à l'intensité des émotions. Ces indicateurs nous servent à identifier le type d'expression émotionnelle qu'utilise le locuteur. En effet, certains initiateurs utilisent des procédés tels que ceux décrits par Kerbrat (1999) pour traduire leur état émotionnel (négations, ponctuation expressive, valence émotionnelle et intensité des mots employés). Ces différentes formes de présentation de soi correspondent à des procédés discursifs et non à des états internes. Ils peuvent être représentés sur un continuum allant de la dramatisation discursive à la distanciation discursive (Prost & al., 2010). On notera également l'implication du sujet dans le discours produit à travers les pronoms personnels employés (je, tu, on, etc.).

Les deux éléments du cadre participatif étudiés sont l'adressage et la référence. Le locuteur peut ou non désigner un allocutaire. Il peut également ou non faire des références explicites aux propos des autres participants à la discussion.

Enfin, la fonction de chaque séquence est prise en compte. Le locuteur peut axer son propos sur la situation dans laquelle se trouve son interlocuteur. Il peut argumenter, analyser ou demander des clarifications sur la situation. Il peut également s'intéresser aux solutions envisageables et proposer, argumenter, évaluer ou valider/infirmer une solution. Plus généralement, le locuteur (plus souvent l'initiateur) peut exprimer une demande d'aide.

Les analyses ont relevé trois manifestations du soutien social (Prost & al., 2010).

(1) Les réactants peuvent émettre leurs opinions pour :
- Analyser la situation, le réactant exprime son point de vue sur la situation dans laquelle se trouve l'auteur de la discussion, il aide l'initiateur à construire du sens,
- Evaluer la solution proposée,
- Emettre un conseil sous une forme plus ou moins injonctive.

(2) Les réactants peuvent également partager leur expérience. Ils mettent alors l'accent sur les solutions mises en œuvre, ce qui peut avoir une valeur de conseil indirect (Pfeil & al., 2009), ou d'argument de connaissance de la situation.

(3) Parallèlement à ces deux formes de soutien, les réactants peuvent explicitement exprimer du soutien émotionnel (empathique) : de la compréhension, de l'encouragement, ou de la réassurance. Cependant, le soutien émotionnel ne se résume pas à ces manifestations et peut être contenu dans un partage d'expérience ou une opinion.

2.2. Les entretiens

Une fois l'entretien intégralement retranscrit, nous avons mis en relation les écrits des discussions et les *verbatim* du participant correspondants. Ces verbalisations sont liées au vécu de son activité (nous distinguons les pensées/activités mentales, émotions, perceptions sensorielles) ou à une analyse réflexive de cette activité (ce que le sujet pense de la situation qu'il a vécue, comment il l'analyse). Cette classification aide à mettre en lumière les éléments saillants du discours et les écrits correspondants.

3. Les structures d'interaction

Les analyses des conversations nous ont permis de distinguer 2 types de structures d'interaction. Une structure dite « *centralisée* » et une structure dite « *distribuée* » (Prost & al., 2010). Dans les deux types de structure, nous relevons plus ou moins de références aux propos des autres réactants. 2 discussions sur 8 ont une structure « *distribuée* ». Autrement dit, les interactions sont réparties entre plusieurs forumeurs permettant une co-élaboration de solution, de sens entre plusieurs participants (évaluation, argumentation). 6 discussions sur 8 ont une structure « *centralisée* ». L'initiateur est au centre des interactions et chaque réactant émet des opinions ou propose des solutions à l'initiateur.

La conversation que nous allons analyser dans ce chapitre a une structure « *centralisée* ». Le schéma ci-dessous montre que Raphaëlle, initiatrice de la discussion, est au cœur des adressages et a des interactions avec les réactants[105].

---

[105] Pour garantir leurs anonymats, les pseudonymes des forumeurs ont été modifiés.

Figure 1 – Structure « *centralisée* **» de la conversation**

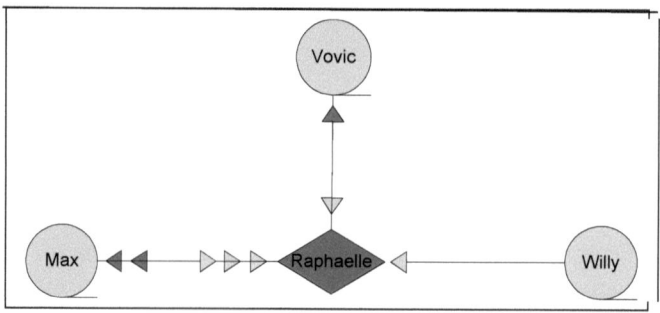

Raphaëlle écrit un message dans lequel elle décrit sa situation puis demande de l'aide. Trois forumeurs (Max, Vovic et Willy) lui répondent et elle interagit avec deux d'entre eux (Max et Vovic)

4. Analyse des vécus associés aux formes d'échanges de soutien : illustration par une discussion

4.1. Contexte de la discussion

Cette conversation « *Maltraitance institutionnelle, aidez-moi !!* » est issue du forum éducspé.fr et a été initiée en juin 2009 par Raphaëlle (28 ans, diplômée en Education spécialisée en 2007. Après avoir rempli deux CDD en Province, elle obtient son premier emploi en CDI à Paris dans un foyer d'hébergement et foyer de vie qui accueillent des personnes déficientes intellectuelles. Elle déménage de Province, où se trouvent sa famille et ses amis, pour s'installer en mars 2009 à Paris, ville qu'elle ne connait pas et dans laquelle elle n'a pas de relations. Elle a en charge de gérer une équipe composée de 3 éducateurs. Très rapidement, elle se retrouve seule (ses 3 collègues sont absents et ne sont pas remplacés) et la qualité du travail se trouve altérée.

Le codage proposé par Barcellini *et al.* (2005) permet d'illustrer l'enchaînement de la discussion à partir des adressages (voir figure ci-dessous).

Nous allons, dans la partie suivante, analyser le contenu de cette conversation en nous basant sur les écrits recueillis sur le forum. Nous verrons que les interventions des trois réactants font appel à des composantes du soutien social très différentes. Nous alimenterons ces analyses avec le vécu de Raphaëlle, recueilli lors d'un entretien d'auto-confrontation.

Figure 2 – Enchaînement de la conversation

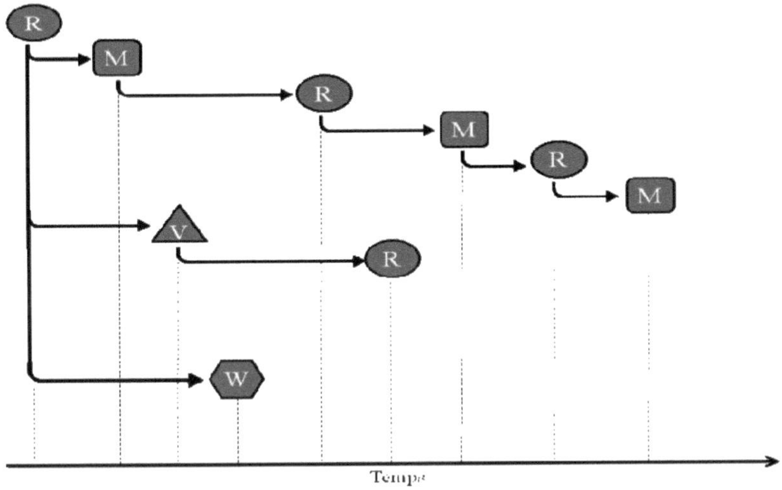

4.2. Analyse des échanges discursifs et des vécus décrits par Raphaëlle

L'ordre dans lequel nous présentons les messages est l'ordre chronologique d'apparition des messages (Cf Schéma « enchaînement de la conversation »). Nous codons en italique pour chaque séquence des messages, le contenu et la fonction. Nous soulignons les marques d'émotion et mettons en gras les pronoms personnels qui aident à la compréhension du discours et que nous commentons dans les analyses.

- 1er post de Raphaëlle « *Maltraitance institutionnelle, aidez-moi !!* »

L'équipe se débat comme elle peut, elle est en souffrance, *(OP ; analyse de la situation)* les arrêts de travail s'accumulent. Les résident également sont anxieux et ils commencent eux aussi à exprimer leur mal être; beaucoup de malades cette semaine (ma pire semaine au foyer depuis trois mois en terme de manque d'éducateurs). La direction n'entend pas notre cris d'alarme, elle discrédite l'équipe et ne voit que le côté négatif de nos actions sans tenir compte du manque de moyens. (...)
Que faire? *(Demande d'OP ; aide indifférenciée)* Je n'en peux plus, je suis fatiguée, entre collègues, il n'y a pas de soutien, *(REX; informer)* c'est comme si chacun essayait de survivre à cette situation de sa manière,*(OP méta-cognitive ; analyse de la situation)* on commence à

être <u>désagréable</u> entre nous mais aussi avec les résidents par manque de temps, <u>manque de patience</u>, manque de moyens et <u>manque d'envie</u> parfois. *(REX ; informer)*

Que faire? *(Demande d'OP ; aide indifférenciée)*

J'ai plusieurs idées mais je ne sais pas bien, <u>j'ai peur</u> de m'embarquer dans quelque chose qui va me dépasser et puis je ne sens pas une solidarité d'équipe, <u>je me sens très seule</u>. J'aimerais écrire et informer le siège de l'association de nos conditions de travail, ou la DDass? Je ne sais pas, *(OP ; proposition de solution)* <u>aidez moi!!!!!!!!</u> *(Demande d'aide)*. Je pense aussi chaque jour à démissionner *(OP ; proposition de solution)*. Je me demande aussi quelle responsabilité a t'on de ne pas dénoncer nos conditions de travail et le fonctionnement de ce foyer? Jusqu'où va t'on accepter ce dysfonctionnement, nous ne sommes mêmes pas capables parfois d'assurer la sécurité des résidents, doit on attendre en fermant les yeux qu'il se passe quelque chose? un accident? un décès? *(OP méta-cognitive ; analyse de la situation)*

Que faire? *(Demande d'OP ; aide indifférenciée)*

Après avoir décrit le contexte dans lequel elle se trouve (nous avons sectionné ce passage), Raphaëlle fait une analyse des rôles de chacun (équipe, résidents, direction) et tente ainsi de donner du sens à la situation. À la suite d'un appel à l'aide aux participants du forum (« *Que faire ?* »), elle exprime son état émotionnel en utilisant des marques linguistiques à valence émotionnelle négative : « *Je n'en peux plus, je suis fatiguée, entre collègues, il n'y a pas de soutien* ».

Raphaëlle montre qu'elle a déjà pensé à différentes alternatives possibles (alerter des autorités supérieures, démissionner) mais ne sait laquelle privilégier, elle demande donc l'avis de ses pairs. Elle remet en question son positionnement et se demande quelle est sa responsabilité vis-à-vis des résidents. Ces écrits montrent que Raphaëlle est tourmentée par la situation et ne sait pas comment y remédier. Elle demande explicitement de l'aide aux participants au forum (« *Que faire* », qu'elle réitère 3 fois). Raphaëlle utilise des procédés discursifs qui pourraient être apparentés à de la dramatisation discursive : « *je ne sais pas bien, j'ai peur de m'embarquer dans quelque chose qui va me dépasser et puis je ne sens pas une solidarité d'équipe, je me sens très seule(...) aidez-moi !!!!!!!!* ». Cependant, elle utilise également des marques de distanciation discursive comme des opinions méta-cognitives sur la situation (« *c'est comme si chacun essayait de <u>survivre</u> à cette situation de sa manière* ».

- 1ère réponse de Max

> Si aucun soutien existe dans ta boite, va voir un syndicat. *(OP ; proposition de solution)*. Ce n'est pas parce que nous travaillons dans le social que nous sommes des bénévoles. (…) Si nous ne battons pas pour des conditions de travail convenable, ce sont les personnes dont nous nous occupons qui en pâtiront. *(OP; analyse de la situation)*. Je sais, je me suis retrouvé hospitalisé en urgence en cardiologie lors d'une réunion pour avoir <u>trop encaissé</u> *(REX ; argument)*. Pour être passé par là, je peux te dire qu'auprès d'un syndicat, non seulement j'y ai trouvé de l'aide mais j'y ai également puisé les ressources nécessaires pour continuer à me battre pour mes conditions de travail et pour les personnes qui sont prises en charge. *(REX ; argumente la solution)*. Bon courage et ne baisse pas les bras mais surtout ne reste pas seule. *(DS ; proposition de solution)*

Max commence par exprimer des opinions-conseils sur un mode injonctif : « *Si aucun soutien existe dans ta boite, va voir un syndicat* ». Puis, il argumente son discours en faisant une analyse de la situation. Notons qu'il utilise le pronom « nous », il s'inclut dans son propos et témoigne ainsi de sa connaissance de la situation : « *Ce n'est pas parce que nous travaillons dans le social que nous sommes des bénévoles (...)* ». Il donne du crédit à son propos en donnant des éléments de son vécu : « *Je sais, je me suis retrouvé hospitalisé en urgence en cardiologie lors d'une réunion pour avoir trop encaissé* ».

Raphaëlle nous dit, lors de l'entretien, qu'elle se souvient de ce message et que ce témoignage l'a touché « *ça m'a vachement touché ce truc là quand même parce que le gars il explique quand même qu'il est allé jusqu'à être hospitalisé. (...) mais ça me fait peur aussi un peu parce que je me dis qu'arriver au point d'être mal comme ça et je me dis qu'il y a des gens qui savent ce que c'est quoi (...) là ça me renforce aussi dans mon idée qu'il faut qu'il y ait des choses qui se passent* ». Elle explique, lors de l'interview, que la confidence de Max lui a permis de réfléchir à sa situation et l'a confortée dans son idée de mettre en place une action pour s'en sortir. Ce témoignage a été important pour Raphaëlle car elle dit avoir eu l'impression de s'être elle-même beaucoup livrée « *j'ai trouvé important, bon il n'en aurait pas donné bon ben voilà mais moi ça me rapprochait de lui en fait, c'était ça, parce que moi je m'étais livrée aussi dans mon message, du coup, je trouvais que ça me rapprochait de lui* ». Notons que pour elle, le partage d'expérience n'est pas un élément indispensable mais le fait que Max lui fasse part de son vécu a permis une plus grande proximité relationnelle : « *Le fait que la personne se livre, c'est ça qui m'a encore plus touché mais si la personne avait juste été dans le soutien* [émotionnel] *et n'avait pas parlé d'elle personnellement, ça ne m'aurait pas dérangé ».*

Max continue son message et argumente sa solution (aller voir les syndicats) en précisant qu'elle a été bénéfique pour lui. « *je peux te dire qu'auprès d'un syndicat, non seulement j'y ai trouvé de l'aide mais j'y ai également puisé les ressources nécessaires...».*

Enfin, il manifeste explicitement du soutien émotionnel : « *Bon courage et ne baisse pas les bras mais surtout ne reste pas seule».*

Lors de l'entretien, Raphaëlle dit à plusieurs reprises qu'elle attendait ce type de soutien : « *ce que j'attendais c'était des phrases du style « courage », « ça va aller », oui c'était plutôt ça ».* Ces exemples font référence à du réconfort et de l'encouragement. Le soutien émotionnel semble être une composante nécessaire pour Raphaëlle. Cette dernière explique que le message de Max lui a donné envie de lui répondre : « *j'ai eu envie de lui répondre, je trouvais ça bien quelqu'un qui se livre comme ça, qui puisse dire qu'il a aussi vécu ça, c'est pas facile hein de dire qu'il a même été hospitalisé ».* On voit ici encore que le partage d'expérience a eu une incidence directe sur l'investissement de Raphaëlle dans sa relation avec Max. Elle fait une analyse réflexive de ce message plusieurs mois après, et le considère comme un élément qui a été important dans sa prise de décision (elle a démissionné de son emploi quelques semaines plus tard) : « *je pense que, ouais, c'est un peu grâce à cette discussion sur le forum que je me suis décidée ».*

- 2ème réponse : Vovic

> **Tu** as la possibilité de rencontrer le médecin de la médecine du travail pour expliquer l'ambiance qui règne et les difficultés d'encadrement que **tu** connais. *(OP ; proposition de solution)* Cela va te permettre de pouvoir <u>décharger</u> un peu ce qui est difficile à porter pour toi. *(OP ; argumente la solution)* Ensuite **tu** as la possibilité de voir avec les délégués du personnel (enfin s'il y en a) et **tu** peux aussi envoyer un courrier à l'inspection du travail. **Tu** es tout à fait en droit d'informer l'association géstionnaire<u>!!</u> *(OP ; proposition de solution)* Mais c'est une association de parents? Les résidents ont-ils encore des parents qui viennent? *(Demande ; clarification du contexte)* Parce que si oui, ils doivent bien se rendre compte de certaines choses quand même. *(OP ; analyse de la situation)* Surtout il faut que **tu** essayes de sonder et voir si des gens seraient prêts à s'unir. *(OP ; proposition de solution)* Et ton directeur a des budgets pout remplacer les personnes en maladie ordinaire et en congès normalement<u>!!!</u> *(OP ; analyse de la*

> *situation).* Allez courage *(DS),* je reste pas loin si besoin... *(DS ; proposition d'aide)* Tiens nous au courant *(DS)*

Vovic propose différentes alternatives à Raphaëlle sur un mode peu injonctif au début (à la fin on a « *surtout il faut que tu...* ») et en s'impliquant peu personnellement (nombreux « *tu* ») sauf à travers des exclamations et des marques de soutien empathique à la fin (« *courage, je reste pas loin, tiens-nous au courant* »). Il considère différents scénarios et laisse ainsi à l'initiatrice le soin de choisir parmi ses différents conseils.

Lors de l'entretien, Raphaëlle dit avoir évalué les différents conseils proposés lorsqu'elle a pris connaissance de ce message. Le premier conseil est associé à une information pratique que Raphaëlle ignorait jusqu'alors (possibilité de s'adresser à la médecine du travail). Elle apprécie le fait de connaître cette alternative qui pourrait lui servir par la suite : « *ce qui est pas mal c'est que je sais que quand ça va pas dans mon boulot, je peux aller voir la médecine du travail».* Elle rejette néanmoins cette éventualité car elle estime ne pas avoir les symptômes nécessaires : « *(...) je me dis que c'est pas ça dont j'ai envie (...), j'y serai allée si vraiment j'étais mal physiquement, si je sentais que ça induisait physiquement des malaises, une dépression ou quelque chose comme ça* ». En revanche, Raphaëlle ratifie le deuxième conseil (rencontrer la déléguée du personnel). Elle a tenté d'obtenir l'aide de la déléguée du personnel mais ce fut un échec, celle-ci ne se sentait pas suffisamment investie, selon Raphaëlle, pour remplir son rôle. L'initiatrice nous dit avoir déjà envisagé de s'unir avec ses collègues, le troisième conseil de Vovic est ainsi rejeté : « *ba ça j'avais clairement vu que c'était pas la peine ça dans l'asso dans laquelle j'étais».*

Dans son message, le réactant lui rappelle une information factuelle (le directeur a des budgets pour remplacer le personnel absent). Raphaëlle nous dit, lors de l'interview, connaître cette information mais elle s'est sentie rassurée que Vovic lui en fasse le rappel : « *ça je m'en doutais mais ça fait du bien d'entendre confirmer des choses».*

Plus loin dans le message, Vovic témoigne de l'intérêt pour le problème de Raphaëlle, qui se donne à voir dans son argumentaire où il projette les conséquences de son conseil : « *va te permettre de pouvoir décharger un peu ce qui est difficile à porter pour toi* ». De plus, il demande une clarification du contexte dans lequel se trouve l'initiatrice, ce qui laisse penser qu'il souhaite en connaître davantage afin d'adapter au mieux son discours.

Enfin, il témoigne explicitement de soutien émotionnel et propose une aide concrète : « *je reste pas loin si besoin...* ». Max manifeste ainsi une certaine implication dans sa relation avec l'initiatrice.

Raphaëlle se souvient, lors de l'entretien, avoir été agréablement surprise par la proximité dont il témoigne : « *je trouvais ça assez étonnant parce que tu vois, il met « allez courage, je reste pas loin si besoin, tiens nous au courant », des choses comme ça alors que c'est une personne que je ne connais pas quoi (...) je trouvais que les gens étaient, pouvaient amener une proximité par Internet* ».

Tout comme le message de Max, celui de Vovic comporte des opinions-conseils et du soutien émotionnel. Cependant, il tient sa différence dans le fait qu'il ne fait pas part de son expérience mais propose une aide concrète.

Lors de l'entretien, Raphaëlle se souvient : « *je suis étonnée de voir que c'est quelqu'un tout aussi solidaire que l'autre* ». Les deux messages, bien que différents, ont été importants pour l'initiatrice qui décrit, dans un mode analytique : « *les 2 messages sont différents parce que tu vois là, lui* [Max], *il parle de lui personnellement, de ce qui lui est arrivé, ce que je trouve bien, qu'il puisse dire ça, il se livre aussi un peu personnellement ; et puis celui-là* [Vovic], *là lui il ne parle pas de lui mais c'est plus sous forme de conseils* ».

- 3ème réponse : William

> Bonjour,
> Compte tenu de la situation que tu décris, un signalement a la DDASS serait certainement le bienvenu... *(OP ; proposition de solution)* Avec un audit, ta direction devra se mobiliser pour remplacer ou assurer la sécurité des résidents. *(OP ; argumente la solution)* C'est un conseil; a toi de décider! *(OP ; informer).* Courage dans tous les cas! *(DS)*

Ce troisième message est très différent des deux premiers. William propose une alternative déjà évoquée par Raphaëlle et lui rappelle que c'est à elle de prendre une décision. Ceci pourrait être considéré comme un refus d'engagement dans la relation avec l'initiatrice, qui se traduit notamment par une absence de pronom « je ».

Ce message n'a pas marqué Raphaëlle qui, lors de l'interview, ne s'en rappelle pas, elle ajoute : « *ça m'aurait plus déçue si j'avais eu juste ce message là la première fois. (...) C'est maintenant ce que je pense, ça m'aurait déçue, d'ailleurs je crois que ce message là je l'ai lu vite fait et puis voilà. (,,,) c'était une info, voilà, le signalement à la DDASS, heu voilà ; il me met « courage » dans tous les cas mais voilà* ». Néanmoins, elle relève le fait que William lui témoigne du soutien émotionnel : « *courage dans tous les cas* ». Cette manifestation de soutien émotionnel pourrait être considérée comme une formule de politesse.

L'initiatrice cherche une proximité relationnelle avec son interlocuteur comme en atteste ses verbalisations : *« je recherchais un échange plutôt que quelque chose de très froid* [fait référence au message de William]». Elle analyse ses attentes : *« d'ailleurs le message sur lequel je me suis le plus attardé il n'est pas comme ça* [message de Max] *; pourtant les autres messages sont intéressants parce qu'ils m'apportent des informations et des conseils ; tu vois celui-là* [message de William], *je ne me suis pas attardée dessus et pourtant il m'apporte une information intéressante, le signalement à la DDASS. »*. On peut remarquer que William ne lui pose aucune question par contraste avec Vovic.

Il apparaît que le soutien informationnel n'est pas suffisant, de même que le soutien émotionnel seul. Il semble que pour Raphaëlle, un message de soutien social de qualité soit un ensemble de composantes et non pas des éléments épars ou isolés.

- 1ère réintervention de Raphaëlle : s'adresse à Max

> En effet, je pense à me syndiquer depuis mon arrivée dans cette association!!!!J'ai envie d'une part de connaître mes droits mais aussi de pouvoir dénoncer des conditions de travail abusives que j'ai déjà connues auparavant dans d'autres structures en [Province]. *(OP; acceptation de la solution)* En faite, je <u>déchante</u> pas mal depuis que je suis diplômée sur les associations, les institutions...et leurs valeurs au point parfois de vouloir changer de travail!!!! 😠 *(REX)*. Pourrais tu m'indiquer où me renseigner pour les syndicats (il y a en a un certains nombres!) comment ça se passe pour adhérer...? *(Demande INF PRA ; acceptation de solution)* Merci d'avance, *(DS)* ça me remobilise de lire ces messages *(DS)*

Raphaëlle adresse ce message à Max, elle reprend ses propos et les commente. Elle explique qu'elle pense depuis un certain temps à se syndiquer et accepte ainsi le conseil qu'il lui a donné. Elle en explique les raisons qui dépassent cette seule situation et elle livre son ressenti « *je déchante pas mal (…)* ».

L'initiatrice explique lors de l'entretien « *j'avais aussi besoin de parler de ce que je vivais en général depuis que j'étais éduc quoi, c'était un ensemble de choses (...) depuis que je suis diplômée, depuis juin 2007, je suis pas mal sur des désillusions, tant dans les assos que j'ai faites, tant pour moi-même en me posant aussi la question de mon orientation, à me dire heu, déjà je suis déçue par certains trucs c'est* sûr mais aussi par l'équipe ». Notons que l'inconfort que vit Raphaëlle n'est pas uniquement dû aux problèmes professionnels auxquels elle est confrontée mais aussi à une remise en question plus globale du métier d'éducateur spécialisé.

Dans son message, elle demande des informations complémentaires à Max afin de savoir à qui s'adresser pour se syndiquer. Enfin, elle témoigne de sa satisfaction en remerciant et expliquant les effets des réponses sur son état émotionnel « *ça me remobilise* ».

- 2ème réintervention de Raphaëlle : s'adresse à Vovic

> Merci pour ton message *(DS)*, ça me <u>donne envie</u> de persévérer *(DS)* Et puis parfois on se sent <u>tellement seule</u> face à une situation qu'on se demande si finalement **on** n'est pas complètement à côté de la plaque et **on** se demande si nos propos sont légitimes.*(REX)* (…)
> [*Répond aux questions*]
> [*Donne un exemple concret de tentative pour mobiliser les équipes à se lier contre la direction*]
> Quant à rencontrer le médecin de la médecine du travail, je pense que ça me <u>ferait du bien</u>, ça <u>me soulagerait</u>, *(OP; évaluation de la solution)* par contre je ne suis pas encore prête à faire un courrier à l'inspection du travail, *(OP ; rejet de solution)* je sais pourtant que c'est aussi mon devoir en tant qu'employée de signaler des abus mais seule je me sentirais <u>mal à l'aise, coupable, illégitime</u>... *(OP méta-cognitive; évaluation de solution)* je suis la dernière arrivée (à peine 3 mois) et je suis <u>effarée</u> de voir que tout le monde accepte plus ou moins ces conditions là en pensant pour la plupart (de toute façon je ne vais pas rester). *(REX ; analyse de la situation)*

Raphaëlle adresse ce message à Vovic (elle fait exclusivement référence à ses propos). L'initiatrice commence par remercier son interlocuteur pour son message et atteste, comme pour Max, de sa satisfaction : « *ça me donne envie de persévérer* ». Elle explique son état émotionnel avec de la distanciation discursive (elle utilise le pronom « *on* » et non le « *je* »). Elle reprend les conseils du réactant et lui fait part de son opinion.

Nous remarquons qu'il y a un décalage entre les écrits de l'initiatrice et ses propos lors de l'entretien en ce qui concerne la médecine du travail. En effet, dans son message, elle dit que rencontrer la médecine du travail lui ferait du bien, que ça la soulagerait. Bien qu'elle ne le dise pas explicitement, elle donne l'impression de valider le conseil de Vovic puisqu'elle l'évalue de manière positive. Néanmoins, lors de l'entretien, elle dit « *c'est pas ça dont j'ai envie (...), j'y serai allée si vraiment j'étais mal physiquement (...) ».* Le retour que fait l'initiatrice sur ce conseil n'est pas tout à fait fidèle à ce qu'elle pensait à ce moment-là. On peut imaginer qu'elle n'ait pas fait part de ce refus pour éviter de froisser son interlocuteur.

Plus loin dans son message, elle exprime explicitement sa réaction émotionnelle face à l'absence de réactions de ses collègues « *je suis effarée (...) ».* Elle confirme ce sentiment lors de l'entretien « *c'est ça aussi qui m'excédait quoi c'est de me dire qu'on accepte, la plupart des professionnels avec qui je travaillais, ils acceptaient en se disant « de toute façon, je ne vais pas rester ».* On voit ici qu'il y a concordance entre ce que Raphaëlle vivait de cette situation et la manière dont elle communiquait. D'une manière plus générale, l'initiatrice estime avoir retranscrit fidèlement ce qu'elle ressentait « *c'est vraiment ce que je pensais sur le moment et je ne me suis pas censurée, je ne me suis jamais dit « là tu es sur un forum, fais attention ».*

- 2ème réponse de Max : s'adresse à Raphaëlle

Raphaëlle dit, lors de l'interview, ne pas se souvenir de ce message. Ceci est intéressant puisqu'il est de Max, le réactant dont le précédent message l'a beaucoup touchée. Nous pouvons penser que ce message ne l'a pas marquée pour deux raisons. La première serait la pertinence du discours. En effet, les informations transmises par Max ne sont pas inconnues de Raphaëlle : « *Les syndicats, il en existe plusieurs. D'abord renseigne toi s'il n'en existe pas déjà un dans ta boite. Sinon, il existe souvent dans les villes importantes une "maison des syndicats" qui regroupe les différentes unions locales. Autrement, chaque syndicat a, il me semble un site national sur lequel tu peux trouver des adresses ».* La seconde raison serait que ce message ne contient quasiment que des informations pratiques.

Raphaëlle décrit en entretien : *« les messages qui m'ont moins marqués ce sont les messages où on me propose des solutions concrètes (...) ce que je recherchais c'était pas vraiment les solutions donc du coup, c'était parler, échanger ».* Il est intéressant de noter que cette réponse de Max, si elle ne satisfait pas Raphaëlle, répond toutefois aux questions de cette dernière dans sa 1ère réintervention (« *Pourrais tu m'indiquer où me renseigner pour les syndicats (il y a en a un certains nombres!) comment ça se passe pour adhérer...? »*).

Ainsi, nous pouvons imaginer que le manque de pertinence du discours associé au fait que Max ne témoigne que de soutien informationnel implique que ce message ne contenait pas les composantes nécessaires pour marquer l'initiatrice.

- 3ème réintervention de Raphaëlle

> oui il y a un syndicat présent (c'est la CGT il me semble) mais la déléguée du personnel n'est pas très investie, elle n'a pas renouvelé son adhésion, les rencontres mensuels prévus entre elle et la direction, concernant les questions du personnel, n'ont plus lieu. *(REX; clarification)*
> Après tes problèmes de santé, Tu es resté dans la même boîte finalement? T'être syndiqué a t'il fait avancer les choses? *(Demande ; clarification)*

D'après le contenu, Raphaëlle adresse ce message à Max. On note ici que l'initiatrice manifeste un intérêt personnel pour ce réactant, il est le seul auquel elle pose des questions.

Lors de l'entretien, elle explique : « *j'avais vraiment envie d'être dans un échange et d'en savoir plus (...) je trouvais ça dur pour lui et en même temps fou qu'on puisse en arriver à avoir des problèmes cardiaques parce qu'on est stressé au boulot* ». Raphaëlle exprime, dans ce message et pendant l'entretien, une envie d'échanger avec Max. Elle manifeste ainsi une volonté de maintenir le dialogue. Il est possible qu'elle ait commencé (dans sa 1ère réintervention à Max) par exprimer une demande d'informations pratiques avec, en arrière-plan, le désir de connaître davantage l'expérience de Max. Ce souhait n'étant pas satisfait, elle l'exprime explicitement dans sa 3ème réintervention à Max.

- 3ème réponse de Max

> Les choses ont effectivement bougé mais surtout, le fait d'être syndiqué m'a permis de ne plus me trouver seul. C'est ce qui est le plus important. [*Il donne des précisions sur sa situation professionnelle actuelle et des précisions sur son expérience des syndicats*] Sinon, merci de t'inquiéter de ma santé, <u>je vais bien</u>, j'ai juste un petit cachet à ne pas oublier de prendre tous les matins! *(REX ; informer)*

Ce message est le dernier de la discussion. Max répond aux questions posées par Raphaëlle.

L'initiatrice confie lors de l'entretien s'être sentie proche de ce réactant et avoir eu envie de nouer contact avec lui : « *ça me donne l'impression de poser beaucoup de questions et d'avoir envie d'échanger en fait parce que je sentais que c'était une personne qui dès le départ s'était livrée et que du coup, elle me semblait plutôt sincère, ce n'était pas juste « je réponds à ton forum et à ta question » (...) c'est une personne à qui j'aurais pu réécrire* ».

Enfin, Max lui dévoile de manière humoristique des informations personnelles. Ceci a eu l'effet de surprendre et amuser l'initiatrice « [rire] *je trouve ça dingue quoi, je trouve ça assez convivial, comme je t'expliquais, c'est une forme de proximité qui n'en est pas une, c'est une proximité d'un message à un autre* ».

L'ensemble des messages de Max ont, en partie, permis à Raphaëlle de prendre la décision de démissionner de son travail « *ça m'a aidé à prendre ma décision* ». En effet, elle a eu peur de se retrouver dans une situation similaire et a préféré partir « *ça m'a permis aussi de me dire « je ne veux pas de ça, je ne veux pas de ça et que ce soit éduc ou autre chose, je ne veux pas de ce genre de stress au travail, de ce genre de maladie* ».

4.3. Discussion

La complémentarité de l'analyse des discussions observables et des vécus associés permet d'avoir accès au lien entre présentation de soi et attentes associées. Cette méthodologie permet de saisir finement la satisfaction de l'initiateur en lien avec les différents modes de soutien des réactants. L'entretien d'auto-confrontation a révélé 2 phases distinctes qui s'imbriquent partiellement: une phase où Raphaëlle est en évocation dans laquelle elle décrit son vécu ; et une phase en position plus analytique dans laquelle elle tente de donner du sens à son vécu. L'entretien d'explicitation a permis de ramener le sujet en évocation du vécu pour éviter la rationalisation. Ces deux types de phases ont parfois mis en perspective des décalages intéressants.

Les traces écrites rendaient compte des réactions socialement exprimées de Raphaëlle ; l'entretien a permis de connaître son ressenti face aux différentes formes de soutien proposées. Le décalage observé entre les attentes exprimées lors de l'entretien et celles du premier message permet de pointer un lien entre présentation de soi et attentes de l'initiateur. Raphaëlle exprime par écrit une demande de conseils et décrit les solutions potentielles dans le but de réduire son inconfort émotionnel. Cependant, lors de l'entretien, l'initiatrice fait part d'attentes différentes (cf extrait p15). Raphaëlle semble qui révèlent une forme d'aversion pour les réponses uniquement composées d'injonction (aucune réponse de la discussion n'est uniquement composée d'injonction, on trouve des formes combinées). Dans la suite de l'entretien, elle confirme attendre ce type de réponses combinées. « *mon tout premier message que j'ai posté, il appelle à justement pas juste une réponse d'injonction* » pointant effectivement un lien entre la présentation de soi et ses attentes.

L'entretien d'auto-confrontation rend compte d'une relation complexe entre le soutien social manifesté et la satisfaction associée. Dans la logique des attentes réelles exprimées lors de l'interview, l'initiatrice a répondu aux messages qui l'ont intéressée. Les trois réactants ont sollicité des aspects du soutien social différents dans leur message.

Le message de William comporte majoritairement un soutien informationnel de type « conseil » et « informations ». L'initiatrice n'a pas répondu à ce réactant (contrairement aux deux autres), ne se souvient plus de ce message et fait part de la déception qu'elle aurait ressentie face à un message uniquement de ce type. L'exemple de cette discussion amène à penser que les informations pratiques sont « *un plus* » mais ne constituent pas la part centrale du soutien social. Ce type de soutien est celui qui revêt le moins d'importance à ses yeux. Raphaëlle a davantage besoin d'échanger des points de vue, des vécus similaires que des informations pratiques.

Le message de Vovic est composé de soutien informationnel (conseils et informations pratiques) ainsi que de soutien émotionnel. Ce message semble satisfaire l'initiatrice qui répond au réactant. L'entretien montre qu'elle semble agréablement surprise par la solidarité du réactant. Néanmoins, Raphaëlle ne cherche pas à maintenir un lien avec ce dernier.

Le second message de Max est riche car combine toutes les formes de soutien. Son 1er message comporte des conseils formulés de manière injonctive qu'il s'accompagne d'opinions-analyse de la situation, de partage d'expérience et de soutien émotionnel ce qui semble participer à une meilleure acceptation du conseil injonctif.

Le partage d'expérience constituerait une composante du soutien importante mais non suffisant pour l'initiatrice (« *Le fait que la personne se livre, c'est ça qui m'a encore plus touché mais si la personne avait juste été dans le soutien* [émotionnel] *et n'avait pas parlé d'elle personnellement, ça ne m'aurait pas dérangé* »). Par ailleurs, le partage d'expérience constitue un élément facilitant la proximité relationnelle, l'engagement dans la relation avec Max. Son 1er message, qui comporte des éléments de son vécu, a marqué l'initiatrice qui se souvient nettement du message et du ressenti associé. Le partage d'expérience apparaît ici comme un élément catalyseur ayant contribué à la prise de décision de l'initiatrice de démissionner de son emploi. L'interlocuteur a permis à l'initiatrice de se projeter dans sa situation et en réaction de faire un choix décisif.

La satisfaction de l'initiatrice est motivée par différents aspects tels que le besoin de proximité relationnelle, d'échanges et la recherche d'une solution adaptée au problème. Le message de Max est celui qui satisfait le plus Raphaëlle, l'échange dans lequel elle a le plus envie de s'engager et qui a eu un impact important sur la transformation de sa situation de travail. La proximité relationnelle entre les interlocuteurs semble ainsi être une condition essentielle au maintien du dialogue (Cf. extrait dernier paragraphe page 16).

Conclusion

L'objectif de ce travail était de montrer, à travers une étude de cas, que l'on trouve un effet clair du type de réaction discursive sur les réactions de l'initiatrice dans l'interaction et sur son vécu. L'analyse d'une conversation écrite mise en relation avec le vécu a permis de rendre compte de décalages entre ce qui est socialement exprimé et ce qui est de l'ordre du vécu. Il apparaît que le soutien social attendu ne peut être associé à une de ses composantes mais serait plutôt une combinaison de celles-ci. Le soutien émotionnel est une composante indispensable à la satisfaction du participant. Ce résultat va dans le sens de ceux de Rimé (2005) qui explique que plus un témoignage de soutien contient du soutien émotionnel, plus il est considéré comme de qualité. Néanmoins, cet élément semble devoir être associé à un témoignage d'intérêt qui peut être traduit par des opinions (conseils, analyse de la situation) ou du partage d'expérience. Ce dernier élément semble procurer de la proximité et de l'intensité relationnelle.

Cette étude de cas ne saurait à elle seule dégager des tendances sur les nouvelles formes de soutien. Ainsi, ces résultats nécessitent d'être complétés par l'analyse d'autres discussions accompagnées d'entretiens, qui pourraient mettre en lumière d'autres formes combinatoires.

Bibliographie

BARCELLINI F., DETIENNE F., BURKHARDT J-M., & SACK W. (2005) *A study of on-line discussions in Open-Source Software Community: Reconstructing thematic coherence and argumentation from citation practices.* Communities and Technologies, Milano, It, June.

BRONCKART (1985). *Le fonctionnement des discours, un modèle psychologique et une méthode d'analyse.* Delachaux & Niestlé : Paris.

CAHOUR B. (2006). « Les affects en situation d'interaction coopérative : proposition méthodologique » in *Le Travail Humain*, 69 (4), 379-400, PUF.

CAHOUR B. & LICOPPE C., (2010), « Confrontations aux traces de son activité » (numéro spécial), In *Revue d'anthropologie des connaissances*, 4 (2).

KERBRAT-ORECCHIONI C. (1999). *L'énonciation, De la subjectivité dans le langage.* Paris : Armand Colin.

LAZARUS R. S. & FOLKMAN S. (1984). *Stress, Appraisal, and Coping.* New York: Springer.

MARCOCCIA M. (2000). La communication écrite médiatisée par ordinateur : faire du face à face avec de l'écrit. *Journée d'étude de l'ATALA « Le traitement automatique des nouvelles formes de communication écrite (e-mails, forums, chats, SMS, etc.) »*

PENNEBAKER J.W., ZECH E., & RIME B. (2001). Disclosing and sharing emotion: Psychological, social and health consequences. In M. Stroebe, W. Stroebe, R.O. Hansson, & H. Schut (Eds.) In *Handbook of bereavement research: Consequences, coping, and care*. Washington DC: American Psychological Association.

PFEIL U., ZAPHIRIS P. & WILSON S. (2009). Older adults' perceptions and experiences of online social support. In *Interacting with computers*, 21, 159-172.

PREECE J. (2001). Online communities: Usability, Sociability, Theory and Methods. In R. Earnshaw, R. Guedj, A. Van Dam & T. Vince (Eds) *Frontiers of Human-Centred Computing, Online Communities and Virtual Environments*. Springer Verlag: Amsterdam.

PROST M., CAHOUR B. & DETIENNE F. (2010). « Le soutien mutuel sur le Web : un nouveau mode d'adaptation aux vécus professionnels difficiles ? » *45ème congrès de la SELF*, Liège, Belgique, septembre 2010.

RIME B. (2005). *Le partage social des émotions*. Paris: PUF.

VERMERSCH P. (1994). *L'entretien d'explicitation*. Paris: ESF.

Le rôle des forums de discussion dans la gestion des organisations publiques locales

Grégory SPIETH[106]

Engagé depuis une vingtaine d'années en France, le mouvement de modernisation du service public a pris depuis 1998[107] un tour nouveau, accordant un rôle tout particulier aux technologies. Cette informatisation des organisations publiques qui désigne l'ensemble du processus lié aux transmissions de données sous forme numérique et recouvre un large éventail de services, d'applications, de technologies et d'équipements, est le moteur d'une profonde transformation du travail administratif. L'objectif affiché de ce changement, est de conduire les administrations vers plus de transparence et d'efficacité dans leur fonctionnement. Le gouvernement français souhaitant faire de son administration modernisée une « administration de service » centrée sur l'usager/client. Ainsi, l'attention a été tout particulièrement portée sur le développement de la communication électronique et la qualité des services publics offerts. Dès lors, les nouvelles possibilités offertes par la modernisation des processus techniques et managériaux permettent d'instaurer des relations médiatisées distantes et dématérialisées avec l'usager/client. Ces relations tendent à compléter, voire supplanter, les relations de services traditionnelles amenant les villes à se questionner sur le rôle du citoyen dans la performance de la gestion publique. Ce phénomène émergent[108], qui signe l'institutionnalisation de la consultation de la population à l'échelle locale cherche à associer les citoyens

---

[106] Docteur en Sciences de Gestion et Membre du Centre de Recherche en Ingénierie Financière et Finances Publiques (CRIFP) EA 1195.
Institut d'Administration des Entreprises, Université de Nice-Sophia Antipolis.
Pôle Universitaire Saint Jean d'Angély
24, Avenue des Diables Bleus
06357 NICE Cedex 04
spiethgregory@hotmail.com
Domaines de recherche : la liaison entre les dimensions managériales et politiques au sein des collectivités locales gravitant autour de la gestion des services publics locaux ; les systèmes d'information ; le marketing et plus généralement l'articulation entre sphères publiques et privées.
[107] Le 16 janvier 1998, à l'issue du premier Comité interministériel pour la société de l'information (CISI), le Gouvernement de Lionel Jospin a publié son Programme d'action gouvernemental pour l'entrée de la France dans la société de l'information (PAGSI).
[108] Font (2001) qualifie ce phénomène politique « d'émergent » car il est loin de constituer une réalité suscitant l'unanimité. Les racines de la dynamique participative sont cependant anciennes, la demande de démocratisation et de reconnaissance du local face à un État tout-puissant constituant déjà les mots de ralliement des mouvements sociaux des années 1960.

ordinaires[109] à la discussion des enjeux collectifs (Vigoda, 2002). Devant la complexité de ces processus participatifs locaux qui imposent de prendre en considération un certain nombre de particularismes comme la proximité du citoyen, les besoins de réactivité et la visibilité des actions dans la gestion, les forums de discussion ouvrent des scènes sur lesquelles sont mises à l'épreuve des propositions et où sont coproduits des savoirs (Vedel, 2003). Ces outils modernes, transversaux et flexibles devraient permettre d'aborder la reconquête du « sens » et doter ainsi les administrations d'un service public performant et intelligible pour les citoyens. Cet article tente donc d'analyser au travers des forums de discussion présents sur les sites institutionnels des grandes villes françaises, les modalités de relations entre les usagers et les administrations, pour en comprendre leurs applications dans la gestion publique locale. Pour illustrer le propos, une étude de terrain fondée sur une analyse statistique des sites Internet des villes françaises de plus de 30 000 habitants a été effectuée. Elle est complétée par des entretiens téléphoniques semi-directifs auprès des administrateurs de site Internet. Dans une première partie, après avoir souligné les enjeux modernes de l'utilisation des forums de discussion, il conviendra de revenir sur leurs impacts dans les processus participatifs. Dans un second temps, il s'agira de décrire grâce à l'étude des variables théoriques de la qualité, le rôle de ces forums de discussion dans la gestion publique locale. Enfin la dernière partie, présentera et discutera les principaux résultats de cette étude.

1. Les forums de discussion : un nouvel enjeu pour les organisations publiques ?

Les espaces numériques permettent d'améliorer la communication, à l'intérieur de l'administration mais surtout ouvrent des perspectives dans la relation avec les publics (Kalika, 2003). Ainsi, par l'utilisation interactive des forums de discussion, les organisations publiques proposent un nouveau lien de communication horizontal avec les citoyens. En effet, les forums sont des espaces publics de discussions ouverts à tous. Les usagers peuvent y laisser des messages soit à destination de la municipalité, d'un élu en particulier ou encore à destination d'autres usagers. Ces forums peuvent être, à l'initiative de l'administrateur, complètement libres, dédiés à certains acteurs en particulier et thématisés. Ces forums qui sont le reflet des diverses opinions et des centres d'intérêt des utilisateurs, permettent de poser des questions, de discuter, de réagir et d'exprimer des avis. Dans les sites des collectivités territoriales, les forums ne prennent pas une place

---

[109] Ni experts de la technique, ni professionnels de la politique, les citoyens « ordinaires » sont de simples citoyens ou des citoyens organisés, selon leur appartenance ou non à une organisation sociale.

centrale, mais ils entretiennent l'idée d'une régulation managériale collectivement élaborée et donc collectivement admise.

1.1. Les forums, une nouvelle approche de l'interactivité relationnelle ?

Sur un plan plus théorique, les forums réactualisent un débat sur l'interactivité qui a connu une première vague d'intérêt autour des systèmes dits « interactifs » d'aide à la décision. Non seulement l'information y est échangée, mais la communication numérique permet également l'émergence de nouvelles idées dans un processus créatif (Malhorta, Rogers, 2000). Yildiz (2002) parle d'un nouveau modèle de communication sur Internet remettant en cause le modèle linéaire puisque le récepteur ne subit pas l'information qu'il reçoit, mais il participe activement à la construction de l'information émise. Au sens strict, l'interactivité correspond donc à un processus de structuration des préférences par un certain type de dialogue homme-machine. La partie de la relation en ligne qui consiste en un simple échange d'informations (par exemple, le recueil de l'adresse e-mail du visiteur, ou l'utilisation par ce dernier d'une rubrique « *FAQ, Frequently Asked Questions*») relève de capacités conversationnelles, et non d'une gestion explicite des préférences et des choix de l'internaute (Stenger, 1993). Ainsi, il faut distinguer, dans un programme interactif, ce qui régit le protocole de communication entre l'utilisateur et la machine et ce qui régit le protocole de communication entre l'utilisateur et l'administration, absente, mais présente à travers le logiciel, simulant la situation interactive de communication. C'est le caractère intentionnel de l'interactivité sur les forums de discussion qui constitue alors une dimension distinctive. C'est sur cette dichotomie (fonctionnelle/ intentionnelle) que repose une grande partie des définitions de l'interactivité dans les relations homme-machine. Elle a l'intérêt de placer le support, l'outil au milieu du schéma de communication, en tant que moyen (ou media), en soulignant sa présence et en suggérant qu'il peut jouer un rôle spécifique dans les messages transmis par les citoyens. Cette conception de la communication sous-entend que la technologie n'est pas neutre et intervient dans le processus de communication. Dès lors, les forums de discussion apparaissent comme des systèmes de communication inclusifs (Mitra, 2001) basés sur des principes de liberté et d'authenticité qui transcendent les frontières géographiques, sociales et culturelles (Norris, 2001 ; Davis, 2003). Ainsi, les assemblages hypertextuels rendent possible la compréhension mutuelle et l'autorégulation, en encourageant la création de liens sociaux (Vedel, 2003). Dans cette perspective, la conversation en ligne est un processus qui permet aux individus de se percevoir comme des participants à un débat où la prise de parole intervient dans l'espace public général (Chadwick, May, 2003). La recherche développée par Mitra (2001) révèle que les espaces de conversation existant sur Internet, peuvent devenir des contextes de définition et d'interprétation des problèmes d'une organisation publique. Dans ce sens, l'acquisition d'une « voix » sur le réseau peut aussi rendre possible l'expression d'une parole, c'est-à-dire d'une capacité discursive permettant à des citoyens d'utiliser certains espaces afin de définir ce qui est important. Ainsi, la communication horizontale, rendue possible par la mise en place de forum de discussion sur les sites Internet des collectivités territoriales, a suscité l'espoir de l'émergence d'un nouvel espace public, ouvert à tous, où les citoyens peuvent se rencontrer et débattre.

1.2. Les forums, une relation « multidimensionnelle »

Les forums de discussion permettent de construire des relations interactives « multidimensionnelle » où les administrations reconnaissent aux citoyens la capacité de soulever des enjeux, de proposer des politiques et de configurer le dialogue (Polat, 2005). La relation est « multidimensionnelle » en ce sens que les différentes composantes citoyennes de la société seront invitées à accroître leurs échanges entre elles et non uniquement avec le gouvernement, pour s'inscrire dans de véritables débats (Vedel, 2000). L'interaction destinée à la construction d'un problème public politique permet aux individus de mettre en pratique leurs connaissances et de les soumettre à l'appréciation et au jugement des autres. En outre, les échanges en ligne requièrent une prise de position dans le débat par rapport aux valeurs et aux points de vue partagés avec les partenaires d'interlocution. Ainsi, les besoins, les valeurs et les expériences de la population seront mieux compris et, les citoyens seront plus à même de contribuer activement à l'exercice complexe de la gestion publique. La valorisation actuelle de l'Internet est intimement liée à sa capacité d'offrir des ressources aux individus et aux groupes, pour qu'ils puissent s'exprimer et construire leurs identités, et leurs intérêts. Dans cette optique, Jacquelin (2004) décrit les forums de discussion comme un puissant moteur transformant ou concurrençant déjà directement les structures du pouvoir (politique, économique, social) en place. Ainsi, pour l'auteur, les forums de discussion sont des boîtes à outils de l'auto-organisation où les participants peuvent confronter publiquement leurs points de vue, en cherchant à les clarifier de façon réciproque avec la finalité de maintenir ouverts le dialogue et la coopération. La réappropriation du pouvoir politique s'opère dès lors, grâce à la démocratisation du pouvoir d'expression permise par Internet. C'est notamment l'idée défendue par Peugeot (2001) pour qui, le fait que chaque citoyen dispose potentiellement de la capacité de contribuer collectivement à enrichir l'espace public ouvre une brèche dans le monopole économique, politique et surtout symbolique de la parole. La réappropriation du pouvoir politique s'opère également par une dissémination des savoirs, augmentant non seulement la possibilité, mais aussi la capacité à prendre part aux décisions. Toutefois, la responsabilité ultime de la décision demeure une prérogative gouvernementale. Le forum de discussion se veut donc un élément contributif d'une démocratie participative élargie, au sens d'Assens et Phanuel (2000), qui encourage le réseautage entre les acteurs et donc, qui permet non seulement de développer des relations verticales, mais aussi des relations horizontales.

1.3. Les forums de discussion, une nouvelle approche de la démocratie participative ?

La démocratie participative propose de multiples acceptations. Ses objectifs : assurer une plus grande transparence de l'action politique et une association étroite des citoyens aux processus de décision, témoignent de la complexité et de la flexibilité de la formule démocratique. Toutefois, dans la recherche d'une forme d'organisation politique qui se situerait quelque part entre une démocratie représentative en crise et une démocratie participative utopique, l'idée de l'utilisation d'outil de communication numérique prétend apporter une réponse technique, à l'action publique. Comment ne pas être séduit par un discours qui prétend compenser l'impuissance des humains par la puissance de machines ? Cependant, multiplier les sources d'information n'accroît pas les capacités cognitives des individus. Fluidifier la circulation de l'information ne crée pas la transparence tant que l'opacité reste une ressource stratégique. Discuter entre citoyens du monde n'est qu'un agréable échange si l'on ne sait pas construire une décision collective. D'après Vedel (2003), toute innovation technique qui s'efforce de résoudre des problèmes existants génère des problèmes. En effet, l'espace public qu'on voulait revitaliser se fragmente. La transparence qu'on espérait devient surveillance. De son côté, Coleman (2000) constate qu'à l'origine, lorsqu'ont émergé les premiers efforts pour faire de la politique en ligne, ce sont les technologies qui ont assumé le *leadership* et elles n'ont le plus souvent, faute de compréhension de la démocratie, que répliqué les vieilles routines numériques. Lorsque les gouvernements s'y sont engagés, ils ont plutôt considéré l'Internet comme une voie de communication unilatérale et descendante. Cependant, d'après Callon *et al.*, (2001) les forums de discussion concourent à une plus grande transparence de l'action gouvernementale : en fournissant un puissant outillage de stockage et de distribution de l'information, ils semblent rendre caducs les arguments matériels qui servent aux administrations à empêcher l'accès aux documents publics. Pour autant, la question de la transparence n'est pas complètement résolue. D'abord, les forums ne lèvent pas tous les obstacles. En effet, en augmentant la quantité de données fournies aux citoyens, on handicape ceux qui sont les moins bien équipés pour gérer un surplus d'informations. De plus, une véritable transparence de l'action administrative implique en second lieu un réaménagement du rapport de l'Etat à la société civile. L'opacité que l'administration entretient si souvent, tient à sa subordination à l'autorité politique et aux principes de généralité et d'égalité qui organisent son fonctionnement (l'administration ne peut systématiser des réponses personnalisées aux requêtes que lui présentent les citoyens). En outre, la quête d'une gestion rationnelle et efficace de l'action publique génère de l'opacité (Muller, 1990). Pour mieux agir sur la société, l'Etat se fragmente en unités spécialisées, multiplie les niveaux d'intervention, noue des relations avec un nombre croissant de partenaires et technicise ses modes opératoires. En d'autres termes, pour mieux servir le public, l'Etat devient une machine de plus en plus complexe et de moins en moins intelligible pour les citoyens. La recherche d'un fonctionnement plus démocratique de l'action publique grâce au forum de discussion peut même entrer en contradiction avec l'exigence – toute aussi démocratique – de transparence dès lors qu'elle se traduit par une profusion de règles de procédure, que seuls des spécialistes peuvent maîtriser. Alors, quelles sont les variables a utiliser pour comprendre le rôle de ces forums dans la performance des organisations publiques locales ?

2. L'approche de la performance des services publics par la participation des usagers/clients sur les forums de discussion

Conçue pendant longtemps comme un système fermé et autoréférencé, l'administration publique s'est progressivement ouverte sur ses « clients » (De Quatrebarbes, 1996), aboutissant à une forme de confrontation entre les exigences internes et externes (Dupuy 1988). Cette orientation-client a amené les organisations publiques à une prise en compte systématique de la perception des bénéficiaires des prestations publiques par une réorganisation du travail. En effet, « *Le client est un destinataire que l'on respecte et à qui l'on propose une offre adaptée [...]. Le changement n'est plus seulement symbolique mais pratique. Le client est celui qui achète le service sur un marché où il a un choix et qui, par ce choix, oriente [...] la définition de l'offre de service* », (Jeannot, 1999, p.68). Un exercice qui suppose un changement profond de culture, afin d'intégrer la figure du bénéficiaire, sans tomber dans une logique consumériste propre au monde marchand (Boltanski, Chiapello, 2002). Dans ce sens, cette exigence aboutit à repenser la double régulation de l'action publique : celle des bénéficiaires, mais également celle des citoyens, en amont de l'action publique. Cette double régulation, lorsqu'elle existe, n'est pas toujours exempte de problèmes[110] (Schedler, Felix, 2000). Alors, dans quelle mesure le renouvellement de la relation de service permis par l'utilisation des forums de discussion peut-il être considéré comme un indicateur de la performance publique ? Pour répondre à cette question, le management moderne, incarné notamment par les courants de la qualité, insiste sur la nécessité d'intégrer les parties prenantes, porteuses de compétences collectives « d'usage » grâce aux outils modernes de communication.

2.1. La participation des citoyens sur les forums de discussion : pour une définition commune des objectifs stratégiques des services publics

Comment mobiliser et impliquer les citoyens si l'on n'a pas défini avec eux le service que l'on veut rendre ? Définir ce « service voulu » suppose, d'une part, que l'on connaisse les attentes des usagers/clients et d'autre part, que l'on ait explicité les objectifs stratégiques que l'on poursuit. Ces objectifs stratégiques ne s'expriment pas par les moyens ou les actions nécessaires pour y parvenir mais par le résultat voulu pour les usagers/clients. Dès lors, exprimer l'objectif de son travail en termes de résultats voulus pour les différents types de client, conduit à un changement de regard sur l'activité de production des services publics. Ce regard est aujourd'hui introverti et porté plus sur les processus internes à l'administration. Cependant, il n'y a pas de démarche qualité possible sans « extravertir » le regard collectif de la résolution des problèmes d'orientations stratégiques dans les services publics. L'animation managériale de ce changement doit s'appuyer sur la mesure du résultat notamment par l'écart entre le service réalisé et le service voulu, ainsi que sur des outils modernes de communication comme les forums de discussion. Évidemment, définir le service voulu et en mesurer l'atteinte ne suffit pas à constituer une démarche qualité mais peut en être, à la fois le point de départ et le fil conducteur. La prise en compte de l'usager/client devient donc une variable déterminante, mais aussi une exigence méthodologique, dans la valorisation et l'optimisation de l'ensemble des dimensions qui déterminent directement ou indirectement, et de manière transversale et

---

[110] Dans de nombreux pays européens, la régulation par les citoyens se limite à l'élection de leurs représentants au parlement et à l'exécutif.

cohérente, la performance du service rendu. Devant la complexité des variables et des données à prendre en compte, la mobilisation des connaissances mutuelles sur des forums de discussion (administrations/usagers) permet de mettre en évidence les choix à effectuer, ainsi que les contraintes plus ou moins fortes à respecter. Dans ce sens, il n'y a pas une solution unique et optimale. La construction de la qualité ne résulte pas d'une approche totalement rationnelle, mais plutôt d'un ensemble de compromis qui aboutit à un résultat commun et donne satisfaction aux deux parties. Ainsi, un citoyen partenaire de l'action publique pensera qu'en cas de problème, l'administration publique mettra en œuvre tous les moyens permettant de le résoudre. Il cherchera avant toute chose une solution de compromis et ce, grâce à l'adoption d'un comportement de réclamation constructive qui se traduira souvent par un commentaire ou une question sur le forum de discussion.

2.2. La « qualité relationnelle », un nouvel indicateur[111] de la performance des services publics

Certains chercheurs se sont penchés sur l'étude du concept de « la qualité relationnelle », qui représente « *un jugement global quant à la capacité de la relation à satisfaire les besoins du consommateur* » (Hennig-Thurau, *et al.*, 2002). Cette qualité relationnelle est un construit multidimensionnel composé de l'ensemble des facteurs clefs traduisant la nature globale de la relation entre la firme et le consommateur. Malgré l'absence d'un consensus général concernant la conceptualisation de la qualité relationnelle, la majorité des recherches récentes considèrent la satisfaction, la confiance et l'engagement des clients grâce aux nouveaux outils de communication comme les principales composantes de la qualité de la relation (Baker *et al.*, 1999 ; Hennig-Thurau *et al.*, 2002). Le passage d'une simple « stratégie de qualité » à cette « logique relationnelle client/consommateur » renforce la tendance de l'activité de travail à se trouver interrogée. Il provoque, en effet, l'irruption du client dans un travail qui se déroulait en dehors de sa présence ou qui était conçu de manière à minimiser les interactions. Les recherches n'ont encore que partiellement approfondi les questions posées aux organisations. Cependant, un nombre croissant de travaux font apparaître des thèmes comme les procédures destinées à

---

[111] Un *indicateur* est une interprétation empirique et indirecte de la réalité. Il permet d'agréger des données statistiques ou spatiales en une information succincte qui favorise une meilleure perception des phénomènes complexes. Aux trois fonctions principales des indicateurs que sont la simplification, l'évaluation quantitative ou qualitative et la communication on peut ajouter différents types de comparaison : statistiques, temporelles, spatiales, *etc.*

cadrer les réponses apportées aux demandes des clients, le « vécu » de la relation aux clients et les moyens à travers lesquels les employés collectivisent ces expériences. Dans le secteur public des programmes de modernisation mis en œuvre dans les années 1990 ont tenté de mettre en place des mesures pour évaluer les attentes et la satisfaction des usagers afin d'améliorer les services qui leur étaient destinés. La « qualité relationnelle » dans les administrations publiques est donc devenue un indicateur de la performance des services publics. Logiquement le rôle de l'usager/client dans la production des services publics à donc changé, le bénéficiaire des services devant être en mesure de s'exprimer sur le niveau de qualité attendu. Au cours de certaines phases d'exécution de l'action publique, l'écoute relationnelle des usagers/clients moderniser par l'utilisation des forums de discussion, peut être indispensable pour affiner la compréhension de leurs attentes et adapter en conséquence la production du service. L'approche relationnelle numérique de l'usager/client doit être une des facettes de la nouvelle efficacité des services. Cette efficacité doit s'articuler autour d'une flexibilité des actions et d'une analyse systématique de la satisfaction de l'usager/client grâce à l'utilisation des forums de discussion. C'est donc de cette satisfaction qu'il convient de partir pour définir les objectifs des actions conduites.

2.3. Satisfaction et participation des citoyens sur les forums de discussion

Plusieurs recherches se sont intéressées à la relation entre la satisfaction et la participation des clients dans la gestion des organisations. Dans le domaine du marketing industriel, Selnes (1993) a montré que la participation des clients est une condition de la satisfaction, dans la relation fournisseur-client. Selon Ganesan (1994), la satisfaction du distributeur, suite aux interactions passées avec son grossiste, augmente la perception de bienveillance et de crédibilité de son partenaire. Dans le domaine d'analyse du comportement du consommateur, les études soulignent que la participation des clients renforce les liens entre acheteurs et vendeurs de biens et de services. Cette participation influence d'une part, l'anticipation d'interactions futures (Bergad *et al.,* 1999) et d'autre part stimule favorablement les attitudes à l'égard du vendeur (Schurr *et al.,* 1985). A l'instar de Ball et Tasaki (1992) et Nicholson *et al.* (2001), cette étude suppose que la participation des citoyens sur les forums de discussion influence positivement la satisfaction des usagers/clients. En effet, pour Eiglier et Langeard (1987), un service est jugé de bonne qualité lorsque le client pense avoir joué un rôle dans sa définition. Dans cette optique Lehtinen et Laitamaki (1984) soutiennent que pour produire des services de qualité, le prestataire doit prendre en considération les attentes du client et doit adopter une démarche relationnelle orientée vers le consommateur. Ainsi, Lewis et Booms (1993) prétendent que la qualité d'un service peut être mesurée par la capacité de la firme à combler, voire dépasser, les attentes du client. Les auteurs soulignent deux éléments-clés dans la gestion de la qualité : d'une part le processus de production du service doit être collectif et d'autre part il doit s'appuyer sur les attentes et les perceptions du client. D'un autre côté, des études soulignent les contradictions concernant l'hypothèse de la performance (Zeithaml, Parasuraman, Berry, 1990 ; Bouckaert, 1995). En effet, le lien entre la qualité du service rendu, la satisfaction des clients et la participation des citoyens n'est pas évident. Pour Bouckaert (1995), des variables intermédiaires liées aux perceptions et aux attentes des citoyens interfèrent avec la satisfaction des intéressés. L'analyse des écarts démontre des décalages importants entre les attentes, les perceptions et la réalité du service rendu (Zeithaml, Parasuraman, Berry, 1990). De plus, le manque de réactivité des services vis-à-vis des discussions présentes sur les forums, entraîne un sentiment de risque, d'incertitude et de complexité croissant. Enfin, entre la recherche de la participation des citoyens permettant de répondre au mieux aux attentes de l'usager, et la difficulté de s'organiser effectivement en fonction de l'usager, il existe un espace pour remettre en question l'organisation des structures administratives. Entre les discours de prescription sur cette nouvelle manière « ouverte » de gérer les affaires publiques et les réalisations, il existe une certaine distance qui reflète la complexité du système politico-administratif. Cependant, face à des marchés imparfaits, souvent dominés par les monopoles historiques, dans lesquels privatisations et libéralisations ne suffisent pas à garantir la performance des services publics, la transparence et la systématisation d'indicateurs de performance intégrant les attentes des utilisateurs formulés sur des forums de discussion contribuent à la création d'un système d'information, de protection et de participation de l'usager/consommateur (Jaglin, 2002). Pour comprendre les relations opérationnelles entre les forums de discussion et la gestion des organisations publiques locales, il s'agit à présent de présenter les résultats de notre étude empirique.

3. Etude empirique : les forums de discussion sur les sites Internet des collectivités territoriale de plus de 30 000 habitants

Les collectivités territoriales ont repris une bonne partie du rôle anciennement dévolu à l'appareil administratif central et contrôlent une part croissante des politiques publiques, la mise en œuvre de celles-ci étant de plus en plus laissées entre leurs mains. Elles représentent donc un terrain de recherche original.

3.1. Méthodologie de la recherche

L'étude empirique s'est déroulée en deux phases. Dans un premier temps, l'ensemble des sites Internet des villes françaises de plus de 30 000 habitants ont été enquêtés statistiquement (263 villes). Pour analyser l'ensemble des variables obtenues définissant chacune une partition d'un ensemble de villes, on lui a associé un tableau disjonctif complet (cf. Tableau 1) traité par une analyse des correspondances. Un tableau disjonctif est un tableau à deux dimensions constitué par le croisement de deux variables à catégories nominales ou ordinales, dont les cases contiennent le comptage d'occurrences conjointes des caractères présents dans une population d'individus. Les variables qualitatives à plusieurs modalités (oui/non) ont été transformées dans le tableau disjonctif complet en valeur nominale (1/0). Le tableau disjonctif complet croise donc l'ensemble des variables V_1, V_2, V_3 avec l'ensemble des individus I. Dans ce tableau disjonctif, on obtient des résultats qui signalent la présence et les modes de fonctionnement d'un forum sur le site de la collectivité territoriale (présence d'un forum, présence d'un modérateur actif et l'obligation pour l'utilisateur de s'identifier).

Tableau 1 – Matrice du tableau disjonctif (source : l'auteur)

	V_1 Présence d'un forum sans identification et sans modérateur	V_2 Présence d'un forum avec identification des utilisateurs	V_3 Présence d'un forum avec modérateur
I_1			
$I..$			
I_s			

Dans un second temps, cette étude s'appuie sur une recherche qualitative par entretiens semi-directifs individuels avec les administrateurs de sites Internet des villes possédant un forum de discussion sur leur site. L'enquête sur le terrain a duré un mois, et les interviews se sont déroulées par voie téléphonique. L'objectif de ces entretiens était de recueillir des informations sur le rôle des forums de discussion dans la gestion d'une collectivité territoriale, afin d'en comprendre l'impact et d'en définir les modalités de traitement. Cette étude a été traitée par une analyse thématique que Bardin (1977, p.77) définit comme « *le comptage d'un ou plusieurs thèmes ou items de signification dans une unité de codage préalablement déterminée* ». L'unité de codage est ici déterminée par la phrase. Le but de ce dénombrement thématique est de faire ressortir les opinions émises et de faire émerger le discours des acteurs. Ce type d'analyse s'intéresse au fait que des thèmes soient ou non présents dans un contenu. L'importance à accorder à ces thèmes se mesure alors en fréquence d'apparition. Dans cette optique l'analyse thématique, permet d'avoir accès à des contenus plus organisés que des associations de mots dans la mesure où la signification de ces derniers relève de la syntaxe. Le *corpus* est découpé en un certain nombre de thèmes. L'unité thématique n'a pas été définie *a priori*, mais le sens est repéré en fonction de la problématique et des différentes hypothèses de recherche. La présentation de notre méthodologie conduit à présenter les résultats de cette recherche.

3.2. Résultats : le forum, un outil en crise

Cette partie se propose de livrer les résultats des différentes études empiriques menées dans le cadre de la recherche. Elle permettra dans un premier temps d'analyser statistiquement les résultats obtenus. Dans un second temps elle proposera de dégager, à partir de l'ensemble des données et résultats, les dimensions associées aux rôles des forums de discussion dans la gestion publique locale.

Ainsi, la typologie proposée dans la méthodologie matérialisée par le tableau 2 permet de dégager trois sous ensembles distincts. Le premier groupe réunit les collectivités territoriales dont les sites Internet utilisent principalement des forums sans identification des utilisateurs et sans modérateurs, ce groupe est le plus important puisqu'il regroupe 6,8 % des collectivités territoriales enquêtées. Le deuxième groupe rassemble 13 collectivités territoriales. Leurs sites possèdent un forum de discussion nécessitant une identification par les utilisateurs. Enfin le troisième groupe ne représente que 3% des collectivités territoriales analysées, leurs sites Internet se différencient par la présence de forums de discussion qui possèdent un modérateur. Au final, peu de villes possèdent un forum de discussion sur le site Internet (39 sur 263).

**Tableau 2 – Tableau de contingence sur l'analyse
des villes françaises de plus de 30 000 habitants**

Type de forum	Nombre de villes	Résultats exprimés en %
Forum sans identification, sans modérateur	18	6,8%
Forum nécessitant une identification	13	4,9%
Forum possédant un modérateur	8	3%
Total	**39/263**	**14,7%**

Après une période euphorique de développement des forums au sein des sites des villes françaises, il semble selon les responsables de ces mêmes sites qu'ils aient eu à faire face à une crise de l'outil. En effet, plusieurs questions se posent quant à leur réelle utilité. Ces outils ne peuvent être assimilés à une représentativité de la population, car comme l'évoque les acteurs ce sont souvent les mêmes internautes qui s'expriment sur ces espaces. Par ailleurs, se pose le problème de la centralisation de l'information ainsi que de la liberté d'expression. Pour de nombreuses villes ayant tenté l'expérience de la liberté totale d'expression, il a été très rapidement mis en évidence la nécessité de faire intervenir un modérateur. Ce dernier a pu être perçu par les participants comme censeur de la liberté d'expression impliquant de fait une désaffection de ce type d'outil par les internautes. Compte tenu des expériences antérieures en matière de participation des internautes à la vie locale, il semble compliqué de relancer ces outils. En effet, la difficulté réside dans le système d'information choisi et dans la maitrise de l'information. Pour impacter significativement la gestion des services publics il est, selon les répondants, primordial de mettre en œuvre un archivage systématique des conversations qui, couplé à l'introduction d'un moteur de recherche, peut permettre de rendre plus efficace les liens entre les informations et la gestion des services publics. Au final, si les forums de discussion présents sur les sites Internet enquêtés privilégient l'information des usagers et la discussion, il convient dans un futur proche de se centrer sur des missions de sensibilisation à la gestion publique. Pour mesurer cette posture pédagogique, des variables peuvent être isolées comme la présence d'une discussion appuyée sur le fonctionnement des services des publics, ou de discussions techniques et politiques mises en perspective avec les choix budgétaires. Il ne s'agit pas simplement de discuter sur les « horaires des bus », mais il s'agit d'apporter des développements pour faciliter la participation des usagers au pilotage de l'action publique. Il faut permettre aux usagers de se rendre compte de la pertinence des choix publics effectués, et surtout leur donner l'occasion de s'exprimer avec une connaissance des problématiques de terrain afin de les rendre pertinents dans leurs remarques. Ces éléments concourent à une sensibilisation accrue des usagers sur les rôles qui leurs sont octroyés dans la gestion de la ville. Ce processus d'apprentissage permettra d'abaisser le coût de transaction, en améliorant d'une part, la cohérence des informations fournies aux usagers, en diminuant d'autre part, la nécessité de liaisons (baisse des coûts de coordination).

4. Discussion : le rôle des forums de discussion numériques dans la gestion publique locale

Il ressort de cette recherche que le recours aux forums de discussion ne constitue pas encore une rupture radicale vis-à-vis des modèles de régulation traditionnels du pouvoir. Si ce recours aux outils numériques révèle une évolution vers une gestion plus interactive et un management plus relationnel, la volonté de les utiliser comme des outils de manipulations politiques est encore très forte. Cette étude partage donc les résultats avancés par Godener et Gonthier-Besacier (1999), qui soulignent que pour l'instant, les technologies de l'information se sont en partie substituées à l'usage du téléphone, fax et courrier pour offrir des innovations incrémentales.

4.1. Une conception centrée sur le pilotage de la qualité des services publics

Dans cette étude, les discours des acteurs rappellent que c'est avant tout pour améliorer la qualité des services publics que les usagers sont encouragés à signaler d'éventuels problèmes sur les forums de discussion. Ces affirmations émanant du terrain vont dans le sens d'une prise en compte des usagers/clients comme un indicateur pertinent, de la performance publique, déjà évoqué par Guérin (2001). Cette étude souscrit donc au propos de Lidec et Montricher (2004) qui constatent que le désintérêt pour la démocratie locale peut se traduire par une nouvelle approche de la participation centrée sur un usager au service de l'efficience de la production des services publics. La possibilité de dissocier le pilotage des relations et le pilotage des performances, permet de revenir sur les différentes formes de management distinguées dans l'analyse de la littérature. Les villes étudiées montrent que l'impact des forums de discussion dans la gestion ne s'apparente pas plus au « modèle rationnel de la décision » qu'au modèle purement relationnel identifié par Smets (2005). Il relève plus d'une théorie de la rationalité interactive (David, 1996) caractérisée par une opérationnalisation consultative limitée des forums où, pour des raisons d'efficacité les décideurs conservent une certaine autonomie par rapport aux enjeux de la production des services publics. Cette vision permet de revenir sur les différentes formes de gestion de la relation aux habitants et surtout de leurs impacts dans la gestion locale distinguée dans l'analyse de la littérature (Vedel, 2003 ; Michel, 2008).

4.2. Le développement de la gestion de la relation aux usagers

Les forums de discussion permettent d'après Kalika (2003) d'ouvrir des perspectives dans la relation avec les publics. C'est le début d'une communication électronique bidirectionnelle avec le citoyen et, d'une gestion systématique du contenu et des documents. En effet, l'intégration progressive des forums de discussion dans la gestion des services publics signale la prédominance d'une conception interactive de la rationalité et donc une tendance à appréhender conjointement les relations et les connaissances. Cette recherche corrobore donc le constat de l'émergence d'un usager/client jouant un rôle dans la régulation de la production des services publics (Huron, 2002 ; Guérin, 2001). Il semble donc, qu'en pratique, le modèle relationnel de l'administration a évolué. Celui-ci, traditionnellement décrit comme un système de « *non-communication généralisée* » où s'installe un jeu d'évitement, qui se répercute tout au long de la chaîne hiérarchique (Crozier, 1963 ; Dupuy, Thoenig, 1983), ne semble plus en vigueur. En dehors de la signature d'identification présente sur certains forums de discussion, aucune barrière à l'entrée des contributeurs ne conditionne leur droit d'accès à la plateforme des administrations publiques des villes françaises. Cette modernisation de la relation passe par une attention aux effets des actions conduites au travers de la multiplication des dispositifs de mesure de la satisfaction et de l'essor de la gestion des réclamations. Sur ce point, cette étude confirme l'ouverture des organisations publiques à des préoccupations externes et infirme le constat du repli sur soi, propre aux organisations bureaucratiques (Dupuy, 1988). Cependant, cette intensification des relations avec l'extérieur se situe dans des limites qu'il convient de souligner. D'une part, la figure de l'usager/client domine et signale une attention portée à sa satisfaction immédiate (Guenoun, 2009). D'autre part, si la réceptivité des administrations publiques locales semble importante, la participation des usagers sur les forums de discussion est circonscrite à la consultation. Par delà la variété des qualificatifs utilisés pour évoquer les bénéficiaires, c'est la figure de l'usager/client, le consommateur direct des services délivrés, qui accapare l'attention des responsables et des agents. Sa satisfaction directe est la mesure finale de la performance de l'action publique locale. Il s'agit avant tout de prendre en compte son avis au travers de dispositifs maîtrisables et relativement discrets, plutôt que de l'associer directement à la prise de décisions et à la conception des politiques publiques. Au final, l'émergence d'un pilotage participatif, permis par l'utilisation d'outils modernes de communication et l'assouplissement des relations hiérarchiques, donne une image des collectivités locales en décalage avec le stéréotype bureaucratique.

4.3. Les forums : une ingénierie additionnelle mais pas substitutive des procédures participatives réglementaires

Un point intéressant dans ces analyses concerne le rôle joué par les forums de discussion dans les procédures de consultations institutionnelles des publics. Les recherches de Crawford (1982) et Guilloux *et al.* (2000), signalent qu'il y a une substitution partielle de la communication électronique à la communication traditionnelle (face à face). Ainsi, la dispersion géographique pousse les acteurs à utiliser le forum comme moyen de communication par défaut pour s'affranchir des contraintes spatiales. Cette recherche conduit à un constat nuancé. En effet, l'utilisation de dispositifs numériques est accompagnée d'un discours, porté par la hiérarchie et auquel une majorité d'acteurs adhèrent, orientée vers la diminution de l'utilisation des outils de communication traditionnels. Cependant, compte tenu d'une absence de cadre règlementaire, les acteurs envisagent que les forums puissent aussi jouer un rôle support pour des procédures participatives classiques (Plottu, 1998). Ainsi, outre leurs caractéristiques objectives signalées par Daft et Lengel (1986), les outils de communication électroniques possèdent des propriétés pouvant simplifier la mise en place de réunions participatives. Grâce à leurs mécanismes de coordination évoqués par Mintzberg (1982), on note que les différents processus (ajustement mutuel, supervision directe, standardisation) nécessaires au processus participatif peuvent être mis en œuvre *via* la communication électronique. Les forums en permettant de réduire le besoin de présence des habitants dans les administrations publiques complètent plus qu'ils ne se substituent aux relations des processus participatifs classiques (face à face). En fait, cette étude valide partiellement la théorie du « millefeuille » (Kalika, 2003) car il ressort que les contraintes juridiques sont d'autant mieux supportées lorsque des dispositifs numériques les accompagnent (Osimo, 2008). On sait, par exemple, dans les enquêtes publiques depuis les études de Blatrix (1999), que le coût de l'écrit et le peu de volonté des citoyens de vouloir se mettre en « avant » peuvent se conjuguer pour bloquer la participation des usagers. Mis à profit par la participation des usagers, les forums de discussion semblent pour les acteurs un excellent support pour lever ces blocages.

Conclusion

Les analyses de cette recherche confirment une utilisation incrémentale des capacités de l'Internet et de ses outils de communication dans les organisations publiques locales. La présence de forum de discussion sur les sites de certaines collectivités territoriales souligne une réelle volonté publique de faire participer les citoyens à la gestion publique locale. En effet, à l'instar des organisations du secteur privé, la gestion numérique de la relation aux usagers/clients fait partie des priorités des organisations publiques locales. L'approche participative doit donc devenir une partie intégrante du rituel du pilotage de l'action publique. Cependant les réalités de terrain soulignées par l'étude statistique témoignent du peu d'intérêt que suscitent encore les forums de discussion pour les collectivités territoriales françaises. De plus, l'observation des pratiques dans les administrations locales laisse penser que ces institutions consultatives n'influencent qu'à la marge la gestion publique. En d'autres termes, le retour sur l'investissement de ces outils numériques est décevant, dans la mesure où, malgré tous les moyens engagés pour leur fonctionnement, les avis formulés par les citoyens sont rarement pris en considération dans la décision finale. Néanmoins, il convient de nuancer ces propos dans le cas de l'utilisation de ces outils dans le pilotage *ad hoc* des services publics. Ainsi, il existe une proportionnalité entre les moyens investis et la prise en compte des avis dans la gestion des services publics locaux. Pour toutes ces raisons, la participation des citoyens sur des forums de discussion nécessite impérativement un cadre et des règles claires, dès le commencement de la procédure. Ce cadre est primordial, car il garantit que la participation aura un effet réel. Dans le cas inverse, des frustrations surgiront rapidement, et la participation perdra à la fois son intérêt et son objet.

Bibliographie

ASSENS C., PHANUEL D. (2001), « Les modes de gouvernement de la démocratie locale » *in* Le Duff R., Rigal J.-J., Schmidt G., *Démocratie et management local*, Paris, Edition Dalloz, p. 49-68.

BAKER T., SIMPSON P., SIGUAW J. (1999), The impact of suppliers' perceptions of reseller market orientation on key relationship constructs, *Journal of the Academy of Marketing Science*, 27 (Winter), p.50-57.

BALL A. TASAKI L. (1992), The role and measurement of attachment in consumer behavior, *Journal of Consumer Psychology*, 1, 2, p.155-172.

BARDIN L. (1977), *L'analyse de contenu*, Paris, Editions Presses universitaires de France.

BERGAD M., GRABER S., MÜHLBACHER H. (1999), « La confiance dans la relation tripartie vendeur-client-entreprise », *Actes du XVème Congrès de l'AFM*, Strasbourg, Mai.

BLATRIX C. (1999), « Le maire, le commissaire enquêteur et leur «public» : la pratique politique de l'enquête publique », *in* CURAPP/CRAPS, *La démocratie locale. Représentation, participation et espace public*, Paris, PUF, p.161-176.

BOUCKAERT G. (1995), « Measurement of Public Sector Performance : Some European Perspective », *in* H alachmi, A., Bouckaert, G. *Organizational Performance and Management in the Public Sector*, London, Quorum Books, p.223-237.

BOLTANSKI L., CHIAPELLO E. (2002), *Le Nouvel esprit du capitalisme*, NRF Essais, Paris, Gallimard.

CALLON M., LASCOUMES P., BARTHE Y. (2001), *Agir dans l'incertain, Essai sur la démocratie technique*, Paris, Editions du Seuil.

CHADWICK A., MAY C. (2003), Interaction between States and Citizen in the age of the Internet: e-government in the United States, Britain and the European Union Governance, *Journal of policy, administration and institutions,* vol. 16, n°2, p.271-300.

COLEMAN S. (2000), *Democracy Online: what do we want from MP's websites?,* Londres.

CRAWFORD A.B., (1982), Corporate electronic mail – A communication intensive application of information technology, *MIS Quarterly*, September, p.1-13.

CROZIER M. (1963), *Le Phénomène bureaucratique : essai sur les tendances bureaucratiques des systèmes d'organisation modernes et sur leurs relations en France avec le système social et culturel*, Paris, Editions du Seuil.

DAFT L., LENGEL H, (1986), Organizational information requirements, media richness and structural design, *Management Science*, vol. 32, p. 554-571.

DAVID A. (1996), Structure et dynamique des innovations managériales, *Cahiers de recherche du CGS*, juillet, p.1-38.

DAVIS L. (2003), The Division of Labor and the Growth of Government, *Journal of Economic Dynamics and Control*, 27, p.1217-1235.

DE QUATREBARBES B. (1996), *Usagers ou clients ? Marketing et qualité dans les services publics*, Paris, Editions d'Organisation.

DUPUY F. (1988), *Le client et le bureaucrate*, Paris, Dunod.

DUPUY F.,THOENIG J.-C. (1983), *Sociologie de l'administration française*, Armand Colin, Paris.

EIGLIER P., LANGEARD E. (1987), « *Servuction, Le Marketing des Services* », Paris, McGraw-Hill.

GANESAN (1994), Determinants of long term orientation in buyer seller relationships, *Journal of Marketing*, 58, p.1-19.

GODENER A., GONTHIER-BESACIER N. (1999), Intranet, un outil d'avenir pour les services de comptabilité et contrôle de gestion, *Revue française de comptabilité*, n°317, décembre, p. 27-38.

GUENOUN M. (2009), *Le management de la performance publique locale : étude de l'utilisation d'outils de gestion*, thèse en Sciences de Gestion soutenue le 25 mars, à l'IMPGT, Aix en Provence.

GUERIN L. (2001), *Introduire la mesure de la performance dans la régulation des services d'eau et d'assainissement en France. Instrumentation et organisation*, thèse ENGREF.

GUILLOUX V., GAUZENTE C., KALIKA M. (2000), Grandeurs et limites de la communication électronique : analyse d'un cas de projet de recherche marketing, *CREPA, Cahier de recherche*, n°56, p.1-18.

HENNIG-THURAU T., GWINNER, K., GREMIER D. (2002), Understanding relationship marketing outcomes: An integration of relational benefits and relationship quality, *Journal of Service Research*, 4(3), p.230-247.

HURON D. (2002), « Le citoyen au cœur de l'évaluation des politiques publiques locales », *in* Tremblay M., Tremblay P., Tremblay S. (ed.), *développement local, Economie sociale et démocratie*, Presses de l'Université de Québec, Sainte Foy, p.277-292.

JAGLIN S. (2002), « La participation au service du néolibéralisme ? Les usagers dans les services d'eau en Afrique subsaharienne », communication au colloque international Gestion de proximité et démocratie participative : les « nouveaux » paradigmes de l'action publique ?, Paris, 27-28 septembre 2002.

JEANNOT G. (1997), « Les sources de la performance : public et privé en miroir », *Revue de l'IRES*, n° 25, automne, p.67-87.

JACQUELIN L. (2004). *Les nouveaux pouvoirs de l'Internet de la relation*. http://grit-transversales.org/article.php3?id_article=52

KALIKA M. (2003), «TIC et stratégie », *in* Kalika (ed.), *E-management, quelles transformations pour l'entreprise?*, Liaisons, p.71-96.

LEHTINEN J., LAITAMAKI J. (1984), « *Applications of Service Quality and Services Marketing in Private Hospitals»*, Finland, Service Management Institute.

LE LIDEC P., DE MONTRICHER N. (2004), *Décentraliser et gérer*, Paris, la Documentation Française.

LEWIS R.C., BOOMS B.H. (1993), « The Marketing Aspects of Service Quality », *in* Berry L.L., Shostack, *Emerging Perspectives on Service Marketing*, Chicago, American Marketing Association, p.99-107.

MALHORTA S., ROGERS E., (2000) *Computers as Communication: the Rise of Digital Democracy*, p.10-29.

MICHEL H. (2008), « La mise en place de la gestion de la relation au citoyen : d'une philosophie de la performance publique à une philosophie de l'apprentissage ? », *in* D. Huron D., Spindler J., *Le management public en mutation*, Paris, L'Harmattan.

MINTZBERG H. (1982), *Structure et dynamique des organisations*, Paris, Editions d'Organisation.

MITRA A. (2001), Marginal voices in cyberspace, *New Media and Society*, vol.3, n°1, p.29-48

MULLER P. (1990), *Les politiques publiques*, Paris, PUF.

NICHOLSON C, COMPEAU L., SETHI R. (2001), The role of interpersonal liking in building trust in long-term channel relationships, *Journal of the Academy of Marketing Science,* 29, 1, p.3-15

NORRIS P. (2001), Digital Divide: Civic Engagement, Information Poverty, and the Internet Worldwide, Cambridge, Cambridge University Press.

OSIMO D. (2008), *Web 2.0 in Government: Why and How?* Institute for Prospectice Technological Studies (IPTS), JRC, European Commission, http://ipts.jrc.ec.europa.eu/publications/pub.cfm?id=1565

PEUGEOT V. (2001), *Réseaux humains, réseaux électroniques. De nouveaux espaces pour l'action collective*, Paris, Editions Mayer.

PLOTTU E. (1998), « De la prise en compte des externalités sociales à la définition de nouveaux objectifs: la politique des transports complémentaires des politiques sociales catégorielles ?" », *Communication au XVIIIèmes journées de l'A.E.S.*, Marseille, 10-11 septembre.

POLAT R. (2005), The Internet and Political ParticipationExploring the Explanatory Links, *European journal of communication,* vol. 20, n°4, december, p.435-459.

SCHEDLER K., FELIX J. (2000), Quality in Public Management: the Customer Perspective, *International Public Management Journal*, vol. 3, n° 1, p.125-143.

SCHURR P., OZANNE J. (1985), Influences on exchange processes: buyer's perceptions of a seller's trust-worthiness and bargaining toughness, *Journal of Consumer Research*, 11, 4, p.939-953.

SELNES F. (1993), An Examination of the Effect of Product Performance on Brand Reputation, Satisfaction and Loyalty, *European Journal of Marketing*, vol. 27, n°9, p.19-35

SMETS P. (2005), *La Légitimité au Quotidien. L'idéologie dans le discours managérial,* Thèse pour l'obtention du doctorat en Sociologie des Organisations, Université Libre de Bruxelles.

STENGERS I., (1993). *L'Invention des Sciences modernes*, Paris, Flammarion.

VEDEL T. (2000), *L'Internet et les villes : les trois approches de la citoyenneté*, Paris, Hermès, n° 26-27, p.247-262.

VEDEL T. (2003), « L'idée de démocratie électronique : Origine, Visions, Questions », *in* Perrineau P., *Le désenchantement démocratique*, La Tour d'Aigues, Editions de l'Aube, p.243-266.

VIGODA E. (2002), From Responsiveness to Collaboration: Governance, Citizens, and the Next Generation of Public Administration, *Public Administration Review,* vol. 62, n°(5), p.527-540.

YILDIZ H., (2002), «Internet : un nouvel outil de communication multidimensionnel », *in La démocratie en ligne : utopie ou réalité future ?* Strasbourg, Editions PUS, p.275-290.

ZEITHAML V., BERRY L., PARASURAMAN P. (1990) The behavioral consequences of service quality, *Journal of Marketing*, vol. 60, n°2, p.31-47.

L'odeur d'Internet :
ce que les forums de discussion apportent à l'anthropologie des sens

Olivier WATHELET[112]

L'*anthropologie des sens* désigne un ensemble foisonnant de travaux qui, sous l'impulsion de David Howes depuis le début des années 1990, vise la connaissance des dimensions culturelles du « sensible ». Au-delà d'un objet de recherche commun, et l'existence de quelques principes très généraux (tels ceux formulés par Constance Classen 1997), à savoir : les sens sont autant biologiques que culturels, les sens ne sont pas des fenêtres sur monde, la vision ne doit pas être le modèle pour penser les autres sens), force est de reconnaître que les recherches se réclamant de ce titre peinent à se réunir autour d'un paradigme unifié (Howes et Marcoux 2006). Trois tendances, au moins, traversent le paysage anthropologique en la matière. Pour la première, étudier le sensible revient, avant tout, à donner à l'anthropologie « a more sensual gaze » (Stoller 1989), c'est-à-dire à enrichir le travail ethnographique d'une attention supplémentaire aux expériences sensorielles en général. Conduit à cette seule fin, l'exercice risque cependant de se borner à viser un impossible principe de réalité : une description exhaustive de l'expérience par les sens (voir la critique de Howes 2003 : 56-8). La seconde tendance entend, quant à elle, faire usage d'une ethnographie des sens pour penser à nouveaux frais des problématiques plus anciennes de l'anthropologie (Atkinson 2005). Cette voie de recherche connaît aujourd'hui un réel succès. Paradoxalement, nous soutenons que ces deux options conduisent à rendre impossible un traitement ethnographique des perceptions elles-mêmes. Dans le premier cas de figure, c'est l'expérience humaine qui est visée, la phénoménologie du ressenti du monde par l'intermédiaire des informations sensorielles. Dans le second cas, les perceptions sont les indices des phénomènes sociaux étudiés, des révélateurs de structure sociale, outils méthodologiques pour accéder à des formes sociales que le visuo-centrisme académique empêcherait de saisir.

---

[112] Docteur en anthropologie, ses recherches portent sur l'anthropologie des sens et la mise en œuvre d'une démarche d'ethnographie cognitive des perceptions.
Centre de Recherche de l'Institut Paul Bocuse (Ecully), Centre de Recherche en Nutrition Humaine Rhône-Alpes (Lyon) et Laboratoire d'Anthropologie et de Sociologie : Mémoire, Identité et Cognition sociale (LASMIC) de l'Université de Nice-Sophia Antipolis (Nice).
olivier.wathelet@institutpaulbocuse.com

1. L'ethnographie des sens et ses outils

Une troisième tendance, l'ethnographie des sens à proprement parler, entend au contraire approcher de manière spécifique ce que signifie sentir, percevoir, et ainsi tenter de décrire comment chaque sens est porteur de culture. Le choix de la méthode à mettre en œuvre pour ce faire dépend naturellement de la visée analytique. Dans le cas de notre travail de thèse ayant porté sur la transmission familiale des patrimoines olfactifs, en France et en Belgique francophone, notre projet était d'étudier la façon dont des compétences perceptives sont misent en œuvre dans le cadre d'activités domestiques, selon une démarche que nous avons proposé d'appeler *ethnographie cognitive des perceptions* (Wathelet 2009). Son objectif est de décrire les jugements perceptifs qui interviennent dans l'action ainsi que les opérations cognitives sous-jacentes aux traitements conscients des informateurs.

A cette fin, les outils ethnographiques classiques présentent d'importantes limites. S'agissant en particulier des méthodes d'observation, participante ou non, qui sont souvent citées comme centrales dans la démarche ethnographique, on comprend la difficulté d'observer une perception en train de se faire, en particulier lorsqu'il s'agit d'odeurs. De même, le fait d'éprouver soi-même une perception n'informe que très peu de ce qu'autrui a lui-même perçu, sauf à évacuer tout ce qui relève de singulier dans l'exercice des sens. Or, c'est précisément cette dimension que nous souhaitions saisir.

Paradoxalement dès lors, le recours à la parole ordinaire constitue une entrée privilégiée. Souvent critiqué par les partisans d'une anthropologie plus sensuelle – il transformerait et trahirait l'expérience sensorielle (Serres 1985) – le langage est pourtant constitutif de l'activité des sens, à la fois en tant que ressource dans l'action pour agir, à la fois en tant qu'outil pour le partage des compétences olfactives entre individus. A cet égard, l'entretien constitue une ressource clef. En suscitant la recollection de souvenirs perceptifs, l'interviewer collecte un ensemble d'anecdotes olfactives, c'est-à-dire de descriptions de courtes séquences d'activité, impliquant un ensemble d'acteurs, d'intentions et de ressources mobilisées dans une activité de perception olfactive. L'accumulation d'un grand nombre d'anecdotes olfactives permet ensuite de faire émerger des invariants et des différences significatives dans la façon dont les individus créent des odeurs en tant qu'objets cognitifs temporaires et en font découler des comportements, comme cela est pratiqué dans le domaine de l'éthologie cognitive (Schaal 1998 pour une première proposition de transposition de cette technique à l'anthropologie).

Pour que ce mode de production de données aboutisse, il s'agit tout d'abord que « la description (soit) crue et (prime) sur l'interprétation.

L'épisode anecdotique doit être livré en association avec le contexte culturel et le milieu de vie quotidien de l'informateur, aussi bien que de ceux de l'observateur. » (Schaal 1998 : 51). Le matériau ainsi produit est alors analysé selon les enjeux de l'étude : dans notre cas, nous avons visé une décomposition des différents niveaux de traitement cognitif de l'information olfactive mis en œuvre (d'après Candau 2000 : sensation, attention, perception, ressenti, dénomination, mémoire, catégorisation et prototype) et les types d'interactions sociales dans lesquels ces opérations prennent forme. Ceci exige donc l'obtention d'anecdotes à la fois riches et précises quant à la nature des jugements olfactifs formulés.

Or, en situation d'entretien, semi-directif et compréhensif (pour être au plus près du déploiement de l'activité ordinaire, voir Kaufmann 2004), le nombre d'anecdotes impliquant une description riche de l'activité est relativement faible, et leur lien avec le moment de l'expérience vécue parfois ténu, car distant dans le temps, ou ayant fait l'objet d'un important traitement bibliographique, telle une réorganisation de la mémoire à des fins identitaires. Ces données s'avèrent dès lors moins pertinentes pour appréhender le quotidien de l'expérience olfactive et des moyens de sa transmission. Une solution intéressante à ce problème nous a été proposée lors de premiers entretiens à l'occasion desquels le thème des forums Internet et de leurs contributions dans la résolution de problèmes inhérents à la vie domestique a été évoqué. Outre le fait de rendre accessible un nombre important d'anecdotes olfactives, les forums donnent accès à des échanges conversationnels non suscités entre individus, dont on découvrira en phase d'analyse qu'ils contribuent aux processus de transmission familiale des patrimoines olfactifs qui constituait l'objet de notre étude. Afin de systématiser ces apports, nous avons travaillé à partir d'un total de six forums de discussion portant sur des domaines distincts des savoir-faire domestiques et des activités quotidiennes d'où nous avons extrait 2775 tours de paroles ; des unités de conversation au sein des espaces de discussion. Elles correspondent à un commentaire écrit qui s'affiche dans la succession des messages auxquels ils constituent une réponse, un ajout ou une interprétation. Les éléments qui suivent sont une première formalisation d'une démarche ethnographique prenant l'Internet comme terrain.

2. Faire de l'ethnographie à l'aide des forums en ligne

L'approche que nous avons développée pose plusieurs questions au regard des usages actuels d'Internet en anthropologie. On en distingue deux au moins : une « virtual ethnography » – l'étude des communautés dites virtuelles (à l'instar des travaux consacré à la formation des avatars de Second Life, Boellstorff 2008, Vicdan & Ulusoy 2008) – et une « cyberethnography » qui saisit les interactions entre virtuel et réel (Teli,

Pisanu & Hakken 2007). Dans les deux cas, les chercheurs appréhendent l'espace virtuel comme un domaine spécifique, doté de qualités propres, mais qui est connecté à des enjeux dépassant ce cadre strict, telle la formation des identités, se déployant au sein des activités humaines en général (Slater 2002, Dourish & Bell 2007, Boutet 2008). On définit les forums de discussion Internet comme des espaces sociaux dotés d'une matérialité propre, c'est-à-dire disposant de propriétés temporelles, sociales et communicationnelles réelles. Ces espaces sont en relation avec d'autres cadres sociaux, connectés entre eux à l'aide de dispositifs technologiques spécifiques (ordinateurs, systèmes de son, etc.) : ils participent donc du quotidien en tant que composante intégrée du monde social. Néanmoins, parce qu'ils reposent sur des dispositifs sociaux et matériels distincts, contraignant de manière significative les formes de communication et de transmission de l'information, on différencie les espaces domestiques et les espaces forums en se gardant de les hiérarchiser ou encore de diluer le virtuel dans le réel (comme le proposent Daniel Miller et Don Slalter, 2000). Chacun de ces espaces est doté de modes de fonctionnement propres et est susceptible de servir de ressource pour alimenter ou transformer l'autre.

Ceci posé, on peut dès lors se demander, comme d'autres avant nous (on pense en particulier au sociologue canadien Marshal McLuhan, 1967, 1993) si la technologie de communication, ici Internet, ne contribue pas à modifier les compétences perceptives des individus. Des travaux plus récents tendent en effet dans cette direction, soulignant notamment l'importance de « la mobilisation du corps comme le facteur privilégié d'un ancrage dans une réalité, quelle que soit la nature de cette réalité - virtuelle ou non. Autrement dit, [...] ce n'est pas tant la nature de la réalité qui intervient que sa capacité à mobiliser l'individu à travers son activité sensori-motrice. » (Sauvageot 2003 : 252) Au sein de ce question, notre contribution porte sur les compétences olfactives. S'agissant des pratiques quotidiennes en particulier, l'exploitation rapide d'un moteur de recherche suffit pour illustrer la quantité et la diversité de sites qui se consacrent à la transmission des savoirs et savoir-faire, via la discussion et des protocoles collaboratifs de résolution de problème. Cela vaut pour des univers hautement techniques, mais également dans des champs d'activités *a priori* plus triviales, telles les compétences domestiques ménagères que nous avons étudiées. Ana Martinez Perez et Sarah Pink (2005a, 2005b) ont ainsi entamé un travail auprès des acteurs du site espagnol *Telemadres.com*, dont l'objet est la mise en contact des « mamans virtuelles » avec des usagers afin qu'elles préparent – et expédient par taxi – des plats « faits maison » à ces internautes qui n'ont pas le temps et/ ou les compétences de les préparer. A vocation commerciale, ce site fait usage de l' « expert housewifely knowledge » (Pink & Martinez Perez 2005a : 5), dont une des principales propriétés est de reposer sur la maîtrise d'une gamme étendue de compétences perceptives.

Les forums que nous avons étudiés se situent dans la lignée de ces dispositifs technologiques à partir desquels les usagers disposent d'un environnement technologique leur permettant de diffuser et de stocker un nombre important de descriptions de savoirs et de savoir-faire sous une forme écrite et, dans certains cas, visuelle (lorsque des photographies sont autorisées). Dans le cadre de notre recherche, ces forums apportent deux formes complémentaires de données qui tendent par ailleurs à montrer le rôle significatif d'Internet dans la formation et le partage des compétences olfactives.

D'une part, ils identifient les perceptions olfactives qui font l'objet d'un traitement pratique et cognitif dans l'espace quotidien, ainsi que la qualité de ce traitement (cf. anecdote). L'intime s'y révèle de manière contiguë avec les événements vécus dans l'espace domestique, parfois simultanément à l'usage d'Internet, comme en témoigne une forumeuse : « *J'ai oublié ma préparation pendant que je surfais, c'est une bonne odeur qui m'a rappelé que le dîner était prêt.* » (Femme, Nord[113])

D'autre part, ils illustrent l'organisation de la transmission horizontale des savoirs et savoir-faire olfactifs, ses motivations lorsqu'elle est intentionnelle et ses liens avec les formes verticales de communication. En particulier, les échanges autour de la description d'une odeur montrent comment s'élaborent, de manière dialogique et coopérative, certaines catégories olfactives qui serviront au développement de compétences perceptives domestiques.

Pour ce faire, nous avons choisi de coupler les données d'entretiens et les données Internet, sans qu'il ait été nécessaire de travailler avec des personnes identiques dès lors que notre projet était de collecter et analyser des formes de possibles, pas de valider une hypothèse au regard d'une population définie. En outre, on a veillé à ne pas hiérarchiser les données en assignant aux verbatim issus d'entretiens un statut supérieur car supposément plus « réel » (voir Sollberger Jeolás 2008). Il y a au contraire complémentarité, car si les entretiens en face à face manquent de profondeur écologique, la densité biographique fait défaut sur Internet, malgré quelques indices contenus dans le texte des tours de paroles et la description accompagnant les avatars (âge, région d'habitation, statut dans la communauté, etc.). S'agissant des anecdotes olfactives issues d'Internet, leur interprétation a donc été réalisée à

---

[113] Les verbatim extraits des forums sont indiqués en italique. Dans la mesure de leur affichage dans les forums, nous renseignons les informations suivantes : genre, âge, lieu de vie (ville, département ou région selon le cas).

l'aune de plusieurs précautions qui font que les discussions en ligne ne sont précisément pas – c'est un de leur intérêt – le miroir des pratiques hors lignes.

3. Sélection et traitement des anecdotes sur les forums

Nous avons travaillé à partir de six sites Internet[114] dans le but d'épuiser différentes thématiques dont nos entretiens, conduits en parallèle, révélaient l'existence. Deux de ces sites sont structurés sous la forme de fiches rédigées par des usagers. Quatre autres sont des forums collaboratifs dans ce sens qu'ils sont organisés en tant qu'espaces de résolution de problèmes (Arriazu Muñoz 2007 : 7), à partir desquels des échanges prennent des formes très libres, déviant fréquemment de l'objectif pratique initial. Les conversations sont organisées en tours de paroles qui se succèdent au sein d'une même arborescence thématique, consacrée à la réponse ou à un commentaire d'un premier post (dans les forums consultés, elle se présente sous la forme d'un espace de texte, d'un titre et d'informations sur l'auteur).

Pour extraire l'information, nous avons utilisé les moteurs de recherches internes aux forums, en faisant usage des mots clefs « odeur* » et « parfum* », l'usage de l'astérisque ouvrant aux déclinaisons des termes en question. Les sites contenant des fiches ont été traités avec un plus grand nombre de mots clefs : « odeur* », « odorant* », « parfum* », « encens* », « senteur* » mais sans que cet apport n'implique un accroissement significatif du nombre d'anecdotes extraites. Au total, 3616 descripteurs d'odeurs, dont 1014 différents, ont été explicitement nommés sur ces forums. Durant l'analyse, nous avons préservé le double ancrage des anecdotes, sur les forums (les modalités de son émergence au sein du dispositif numérique qu'est le forum) et dans le quotidien des individus (des échanges d'informations qui font sens dans des pratiques, et témoigne par ailleurs de précédents événements). A cette fin, nous avons établi un ensemble de recommandations auxquels nous nous sommes tenus :

> 1. Conserver, et critiquer par recoupement d'informations, les informations biographiques accessibles concernant les forumeurs ;

---

[114] A savoir : trucsmaison.com (partage d'astuces pour l'entretien de la maison, 158 tours de paroles extraits), supertoinette.com (dédié à la cuisine, au partage de recette et d'informations sur les cultures alimentaires, 1455 tours de parole), toutclean.com (différentes formes d'entretiens domestiques, 32 tours de parole), auféminin.com (Site généraliste, ouvert en priorité mais sans exclusive aux femmes. Nous avons consulté en particulier les rubriques relatives au corps, à la cuisine et à l'entretien de l'espace domestique, 805 tours de parole), cyberbricoleur.com (bricolage, 290 tours de parole) et le forum de toildepices.com (usages des épices, 35 tours de parole).

2. Relever chaque tour de parole comprenant des informations sur un événement olfactif ou la présence d'un odorant dans l'espace domestique;
3. Retranscrire l'ensemble de la discussion dès lors que celle-ci apporte des informations supplémentaires sur le contexte perceptif, c'est-à-dire l'identification de l'activité, de la problématique dans laquelle l'odeur s'inscrit et la description des relations sociales entre acteurs impliqués sur les forums et hors forum.

Une fois recueilli, le matériel produit a été traité afin de répondre à quatre objectifs :

1. Une ethnographie de la culture matérielle odorante ;
2. Une description des savoirs et savoir-faire en lien avec des activités ;
3. Une analyse des pratiques, essentiellement discursives, de transmission et de production des savoirs et savoir-faire ;
4. Une analyse des rapports sociaux structurants et structurés par ces savoirs et savoir-faire tels qu'ils apparaissent dans ce matériel.

Dans la suite de cet article, nous illustrons ce principe par deux exemples d'analyse élaborée grâce à ce type de données : la définition des formes de l'expertise domestique en général, et la connaissance du rôle de la mémoire olfactive dans la transmission des compétences culinaires familiales... par des pairs non apparentés rencontrés en ligne.

3.1. Premier exemple: caractériser les expertises domestiques

A partir des anecdotes olfactives extraites, nous avons fait émerger, de manière inductive, trois formes d'expertise transverses aux activités domestiques que nous avons qualifiées « du bricoleur », « d'entretien » et « professionnelle ». En l'état, il s'agit de types idéaux de formes de compétence, et non des catégories d'experts. Synthétiques, ces modèles nous permettent néanmoins de rendre lisibles trois modes de communication en lien avec trois modalités de l'expertise olfactive réalisées hors de l'espace Internet, bien que forgées en partie par ce médium.

L'*expertise du bricoleur*, tout d'abord, est le fait d'« un autodidacte qui entend bien le rester » (Dupont-Beurier 2006 : 61). Celui-ci, qui sur les forums est avant tout une femme, procède par tâtonnement, approximation, en fonction des circonstances et des enjeux de la situation. En tirant bénéfice des ratés : « (...) *en revanche, par erreur, la personne qui s'occupe de la cuisine à la maison a mis dans le pain de la levure de boulanger ... à la place de la levure chimique ... eh bien c'est super !* » (Femme), il améliore les « trucs » imparfaits pour accroître leur *potentiel d'usage* (Norman 2002 : 78-9) : « *J'utilise souvent le vinaigre blanc pour le ménage et je le trouve très bien, seulement c'est l'odeur ! Alors voilà, j'ai essayé de mettre dans le flacon des fleurs de lavande et là, surprise, enfin une odeur agréable pour ce vinaigre.* » (Femme). Pour y parvenir, il engage deux stratégies : rechercher l'information utile sur les forums, en faisant usage de prototypes perceptifs : « *Je suis en permanence en quête du Graal de la douceur textile : celui qui sent bon et dont l'odeur ne s'affadit pas.* » (Femme, 32 ans, Lyon) et valoriser ses propres erreurs au bénéfice d'un apprentissage constant : « [Mauvaise odeur « de renfermé » de boites de conservation] *En fait, mon erreur est d'avoir fermé mes boites. Promis, je ne recommencerai plus.* » (Femme, 36 ans, Lot).

Le bricolage nécessite de ce fait un travail d'expérimentation, parfois partagé par la communauté familiale : « *Vendredi et samedi ma maison s'est transformée en laboratoire d'expériences en boulangerie. Ou plutôt de recherche appliquée.... en pleine campagne normande. Exposé pour ceux qui ont dix minutes... Objectif: tester le comportement des quatre types de levure disponibles: Levure fraîche, SAF-levure, Levain fermentescible, briochin sur poolish dans les mêmes conditions d'utilisation et tout autre paramètre identique.* » (Femme, 32 ans, rurale, Eure). En privilégiant la manipulation et la mise à l'épreuve, cette forme de compétence procède par la combinaison de plusieurs produits ou matériaux : « *Hello! je prends depuis quelques mois l'assouplissant de chez* Cajoline *à l'aloe vera combiné avec la lessive* Skip Aloe Vera*: la senteur reste intacte toute la journée !* » (Femme, Paris). De très nombreuses anecdotes indiquent comment des « trucs » appris sont détournés de leur usage initial pour être ainsi amélioré : « *Pour nnettoyer un lave-vaisselle, une laveuse et un rideau de douche, Utiliser une enveloppe de Tang ce qui enlèvera le surplus de savon aux parois et donnera une bonne odeur. Truc donné par un homme d'entretien d'appareils électroménagers et adapté par moi pour le rideau de douche. Excellents résultats.* » (Homme). A terme, la compétence de bricolage permet ainsi l'élaboration d'un style personnel : « *Ce n'est pas une « vraie » recette, je la fais à ma façon !* » (S2, femme), qui est l'aménagement d'une forme générique connue et dont la compétence maternelle est un modèle revendiqué : « *Ma mère y ajoutait une ou deux pommes de terre râpées crues (grosse râpe), et laissant cuire une vingtaine de minutes. C'était un peu plus consistant, mais tellement bon.* » (Femme, 56 ans, rurale, Var).

Au contraire, *l'expertise d'entretien* privilégie avant tout la reproduction du connu plutôt que la création et l'innovation : « *N'étant pas très créative, je n'ose pas l'utiliser sans savoir ce que c'est.* » (Femme, 24 ans, Drôme). Face à un problème particulièrement tenace, l'innovation alors rendue nécessaire par l'échec des techniques routinières repose non pas sur le détournement du connu, mais sur la multiplication des « trucs » déjà expérimentés : « [Pour laver un ustensile de cuisine] *Ce soir je m'y mets, Javel + citron + bicarbonate, si ça ne marche pas je le jette par la fenêtre.* » (Femme), « *Je crois qu'en mettant toutes les solutions contre les petites mauvaises odeurs, tu vas bien finir par les éliminer, non.* » (Femme, 30 ans, Belgique). La reproduction à l'identique et le maintien d'un ordre sont les principaux objectifs de la formation de nouvelles routines, ce qui n'empêche pas l'élaboration d'un style personnel, plus ou moins durable : « *En ce moment j'ai la « rage » du propre à la maison.* » (Femme, 40 ans, Eure-et-Loir).

Enfin, *l'expertise professionnelle* repose sur l'articulation des compétences dans un savoir propositionnel, théorique, qui est systématisé : « *Je me suis intéressée de très près aux pouvoirs « magiques » du vinaigre blanc, en « feuilletant » les différents post du site et depuis peu j'ai remplacé le liquide de rinçage, acheté dans le commerce pour mon lave-vaisselle, par du vinaigre blanc.* » (Femme, 41 ans, Annecy) et l'exercice de tours de main privilégiés qui en assurent l'efficacité : « [Préparation d'une brioche] *J'ai maintenant l'habitude de cette recette et je ne la rate jamais.* » (Femme, 48 ans, Saint-Nazaire).

L'expertise professionnelle est souvent attribuée à autrui, des forumeurs qui sont clairement identifiés, notamment en raison d'une identité professionnelle qui sert d'étalon aux autres interventions : « *Je ne suis pas du métier contrairement à l'apprenti pâtissier* [un autre forumeur très actif], *mais je vais avancer une théorie.* » (Femme, Ile-de-France). Malgré son fort ancrage théorique, cette expertise est clairement située et renvoie à une pratique spécifique, associée à un dispositif technologique, plutôt qu'à des compétences « tout-terrain » : « *Comme je ne suis pas une vraie mappeuse* [utilisatrice de machine à pain], *je ne pourrai pas vous indiquer le programme (c'est à vous de le déterminer avec votre expérience).* » (Femme, 36 ans, Alsace).

3.2. Deuxième exemple: transmettre par l'odeur les savoir-faire culinaires

Pour jouer un rôle dans l'activité culinaire, les odeurs doivent être associées à des opérations, des étapes de l'activité culinaire. Ces connections procédurales sont données sur les forums où l'ancrage maternel (et parfois grand-maternel) du savoir-faire est valorisé : « *Il y a encore vingt ans, à Paris, les poulets étaient vendus juste plumés. Les mères de famille devaient savoir les vider. Ma mère incisait la peau au bas du cou pour le couper au ras du corps. Ensuite, elle retournait le poulet sur le ventre, introduisait sa main dans l'orifice, et ramenait à elle le jabot et le gésier. Puis elle coupait le croupion et, de l'index, le dépouillait des intestins et des viscères. Elle allumait le plus gros feu de la gazinière, saisissait les pattes du poulet d'une main, de l'autre le tronçon du cou, et le flambait rapidement. Une odeur de chair brûlée envahissait la pièce. Ma mère reniflait un petit coup. L'odeur aussi était un indice de fraîcheur et de qualité.* » (Femme, 27 ans, Val-d'Oise). Ces souvenirs sont ponctués de nombreux : « [Mode de cuisson d'une ratatouille] *C'est ce que fait ma maman.* » (Femme, 26 ans, Essonne) !

Complémentaires aux descriptions d'odeurs culinaires, les recettes postées et discutées sur les forums offrent une trame pour intégrer ces savoirs et savoir-faire olfactifs acquis et encadrés dans le contexte familial au sein de nouvelles routines qui, à terme, permettront l'abandon de l'usage de ce guide car : « *Une vraie cuisinière cuisine au nez, pas avec une recette.* » (S2, femme, 45 ans, Lens). Au début de l'apprentissage, la recette permet néanmoins de gérer ce qui est, à ce moment encore, mal connu : « *C'est un fromage blanc spécial par chez nous on n'en trouve plus beaucoup, je ne sais pas comment le cuisiner. Je demanderai la recette à ma mère.* » (S2, femme). L'opération de transmission familiale repose donc sur la capacité des individus à organiser leurs propres savoirs et savoir-faire perceptifs, et plus largement des traces de différentes natures (mémorielles, outils culinaires donnés, culture matérielle, etc.) dans le cadre de nouvelles activités culinaires. En effet, une reproduction à l'identique des compétences, olfactives et culinaires, est tout simplement impossible pour deux raisons au moins. La première concerne les *spécificités locales des moyens technologiques* de l'acte culinaire, comme l'explique un professionnel sur un forum Internet : « *Pour la cuisson, lorsqu'on est du métier, on cuit souvent à l'odeur et à la couleur ainsi qu'au toucher. Je crois que c'est la meilleure façon car chaque four est différent. On ne peut pas donner de temps exact pour une recette. Je pense que « Papy » sera de mon avis.* » (Homme, 58 ans, Marseille). La seconde est inhérente aux spécificités de la *fidélité de la mémoire* humaine : « *Bon, je dois dire que l'on ne trouve presque plus les greubons au temps d'aujourd'hui, généralement chez le boucher, mais on peut donc utiliser du lard coupé en petits cubes. Je me souviens plus exactement, j'avais vu ma grand-mère les faire elle-même. Mais moi-même, j'utilise du lard que je coupe en petits morceaux.* » (Femme, Suisse). La transmission opère dès lors par des opérations de créativité qui permettent tout à la fois d'enrichir la singularité du cuisinier et la préservation d'un lien avec les recettes dites d'origine : « *(…) ensuite deux variantes : 1/ recette de ma grand mère (moelleuse et très bonne au goût) (...) 2/ ma recette (plus sèche, plus forte en goût).* » (Homme, Réunion).

La création de pratiques inédites, l'acquisition de nouvelles compétences perceptives, permet donc de concilier l'impossibilité de transmettre à l'identique et la préservation du lien familial qui est plus ou moins recherché selon les informateurs. Mais son rôle est plus important encore. Au-delà de la contrainte technique et mémorielle, le résultat de la cuisine est toujours dépendant de la personne qui la réalise et qui la définit ce faisant. Chaque cuisinier marque en effet son activité d'une touche personnelle reconnaissable. Et dans cette économie sensorielle, la cuisine maternelle se signe d'une particularité olfactive dans les souvenirs de l'enfance qui, plus facilement que la recette, sera mémorisée : « [Potage à la farine grillée] *J'ai également le souvenir de la bonne odeur de cette soupe, surtout en hiver. Ma mère y ajoutait une ou deux pommes de terre râpées.* » (Femme, 44 ans, Rhénanie, Allemagne).

Pour retrouver ces indices olfactifs, il faut donc accepter de se méprendre et « faire comme si » les odeurs présentes étaient identiques à celles expérimentées jadis. La créativité, c'est donc la possibilité de mettre en place un lien entre les univers olfactifs et culinaires de la mère et de l'enfant malgré une culture matérielle alimentaire et culinaire plus ou moins différente et l'absence d'une transmission de compétences perceptives telles quelles. A ce niveau, les discussions en lignes sur les forums agissent sur ce lien complexe entre créativité et transmission non seulement en offrant des ressources pour paliers aux absences revendiquées d'apprentissage maternel, mais aussi pour prolonger les interrogations suscitées à l'occasion des échanges entre mères et filles : « *Ma maman me demande aujourd'hui au téléphone si je me souviens de ces drôles de pastilles « chaussons » vendues en pot vert avec un couvercle rouge? C'était des cubes bouillons (enfin pas cube plutôt forme de pastille ovale) très foncés genre* Viandox *niveau goût et odeur.* » (Femme) ou au-delà, en contribuant aux dynamiques familiales d'apprentissages de compétences olfactives. « *Mille fois bravo pour ton expérience très enrichissante, cela conforte mon idée au sujet du levain fermentiscible dont je ne peux plus me passer. Par contre, j'ignorais qu'on pouvait le mettre en poolish, les conseils de* Burgonde[115] *sont judicieux, ceux de* Thierry65*, et tous les autres aussi. Moi je trouve qu'on progresse bien dans l'ensemble, j'ai des retours au niveau des testeurs familiaux (au début tout le monde est ravi), après quelques semaines les critiques s'affinent et s'affirment, on finit par ne plus avoir le droit à l'erreur. (…) Ce que j'ai appris et qui me sert bien: vérifier son pâton, être exigeante sur son aspect, même son odeur, son toucher, ne pas hésiter à arrêter le programme pour laisser lever un peu plus s'il faut et faire un programme cuisson, savoir*

---

[115] Les pseudos sont, comme dans le cas des entretiens classiques, transformé pour préserver l'anonymat.

diminuer l'eau, la levure, ou augmenter, bref tâtonner et recommencer souvent. Je crois qu'un essai par jour c'est le minimum. » (Femme, 55 ans, Bouches-du-Rhône).

Conclusion

Dans ce chapitre, nous avons tenté d'apporter des éléments nouveaux pour, d'une part, poursuivre le programme de recherche de l'anthropologie des sens et, d'autre part, enrichir la boite à outil ethnographique d'une démarche encore peut pratiquée quoi que, croyons-nous, porteuse d'innovations passionnantes. S'agissant du premier de ces objectifs, nous avons montré le rôle d'Internet dans la production et la transformation des compétences olfactives. Si les thèmes discutés ne nous ont pas donné l'occasion de discuter du détail des dimensions cognitives à l'œuvre dans le cadre des jugements olfactifs contemporains, ils ont néanmoins montré leur présence dans le cadre d'activités domestiques ordinaires, et une des logiques de partage intergénérationnel des savoirs qui contribue à la formation des cultures olfactives.

Concernant le second objet, méthodologique, nous espérons ainsi contribuer quelque peu à la clarification des enjeux et outils de l'ethnographie des forums de discussion en ligne. Notre position est qu'il s'agit là d'un objet de recherche extrêmement riche, non seulement en tant que problématique sociale à part entière – ce qu'un nombre croissant de travaux reconnaît et étudie aujourd'hui – mais également comme source de matériaux ethnographiques légitimes. Cette posture ne va pas de soi. Une limite contre laquelle nous espérons avoir apporté des éléments, tient dans la critique qui voudrait que ce matériau soit naturellement plus « suspect », « critiquable », que celui obtenu en situation d'observation, de participation ou d'entretien. Nous préférons plutôt mettre en avant ce que celui-ci a de spécifique, de la même manière que chaque matériau ethnographique est tributaire des conditions de sa production. A ce titre, c'est en croisant et comparant les données obtenues par ces trois approches que nous avons pu affiner nos modèles et observations en matière de compétences olfactives. A l'heure où se développe dans l'univers des études-consommateurs le champ des nethnographies (Kozinets 2010), il nous semble opportun, voir urgent, d'engager une réflexion sur les apports et enjeux de données ethnographiques élaborées sur la base de forums de discussion pour le développement de l'anthropologie en tant que telle, autant que vis-à-vis de sa capacité à être un acteur pertinent et écouté de la vie sociale et économique.

Bibliographie

ARRIAZU MUÑOZ R. (2007), « ¿Nuevos medios o nuevas formas de investigación?: Una propuesta metodológica para la investigación social *on-line* a través del foro de discussion », *Forum Qualitative Sozialforschung/ Forum: Qualitative Social Research*, vol. 8, n° 3, en ligne : http://www.qualitative-research.net/index.php/fqs/article/view/275/606 [consulté en janvier 2008].

ATKINSON P. (2005), « Qualitative research. Unity and diversity », *Forum Qualitative Sozialforschung/ Forum: Qualitative Social Research*, vol. 6, n° 3, en ligne : http://www.qualitative-research.net/fqs-texte/3-05/05-3-26-e.htm [consulté en janvier 2006].

BOELLSTORFF T. (2008), *Coming of Age in Second Life*, New Jersey, Princeton University Press.

BOUTET M. (2008), « Des jeux d'adultes ? Corporéités et sociabilités dans les cyberspaces ludiques », *La pratique du jeu vidéo : réalité ou virtualité ?*, Paris, L'Harmattan, pp.99-111.

CANDAU J. (2000), *Mémoire et expériences olfactives. Anthropologie d'un savoir-faire olfactif*, Paris, PUF.

CLASSEN C. (1997), « Fondements pour une anthropologie du sensible », *Revue internationale des sciences sociales*, n° 153, pp.437-450.

DOURISH P., BELL G. (2007), « The Infrastructure of Experience and the Experience of Infrastructure: Meaning and Structure in Everyday Encounters with Space », *Environment and Planning B: Planning and Design*, vol. 34, pp.414-430.

DUPONT-BEURRIER P-F. (2006), *Petite philosophie du Bricolage*, Paris, Milan.

HOWES D. (2003), *Sensual relations. Engaging the senses in culture and social theory*, Ann Arbor, The University of Michigan Press.

HOWES D., MARCOUX J-S. (2006), « Introduction à la culture sensible », *Anthropologie et société*, vol. 30, n° 3, pp.7-17.

KAUFMANN J-C. (2004), *L'entretien compréhensif*, Paris, Armand Colin.

KOZINETS R. (2010), *Netnography. Doing ethnographic research online*, Londres, Sage.

McLUHAN M. (1967), *La galaxie Gutenberg face à l'ère électronique. Les civilisations de l'âge oral à l'imprimerie*, Montréal, Mame.

McLUHAN M. (1993), *Pour comprendre les médias. Les prolongements technologiques de l'Homme*, Montréal, Bibliothèque québécoise.

NORMAN D. (2002), *The Design of Everyday Things*, New York, Basic Books.

PINK S., MARTINEZ-PEREZ A. (2005a), « A Fitting » Social Model »: Culturally Locating telemadres.com», document de travail, séminaire virtuel du réseau *Media Anthropology*, en ligne : http://www.media-anthropology.net/workingpapers.htm [consulté en juin 2006].

PINK S., MARTINEZ-PEREZ A. (2005b), *Comments on* « A fiting » Social Model »: Culturally Locating telemadres.com », document de travail, séminaire virtuel du réseau *Media Anthropology*, en ligne : http://www.media-anthropology.net/pink_perez_eseminar.pdf [consulté en juin 2006].

SAUVAGEOT A. (2003), *L'épreuve des sens. De l'action sociale à la réalité virtuelle*, Paris, PUF.

SCHAAL B. (1998), « Les fonctions de l'odorat en société : le laboratoire et le terrain », in *Anthropologie du sensoriel. Les sens dans tous les sens*, Paris, L'Harmattan, pp.35-59.

SERRES M. (1985), *Les cinq sens*, Paris, Grasset & Fasquelle.

SLATER D. (2002), « Making Things Real. Ethics and Order on the Internet », *Theory, Culture & Society*, vol. 19, n°5-6, pp.227-245.

SOLLBERGER J. (2008), « Les courses illégales de voitures : le cyberspace comme terrain ethnographique », *Altérités*, vol. 5, n°1, pp.54-64.

STOLLER P. (1989), *The taste of ethnographic things. The senses in anthropology*, Philadelphia, University of Pennsylvania Press.

TELI M., PISANU F., HAKKEN D. (2007), « The Internet as a Library-of-People: For a Cyberethnography of Online Groups », *Forum Qualitative Sozialforschung/ Forum: Qualitative Social Research*, vol. 8, n° 3, en ligne : http://www.qualitative-research.net/index.php/fqs/article/view/283/622 [consulté en juillet 2008].

VICDAN H., ULSOY E. (2008), « Symbolic and Experiential Consumption of the Body in Virtual Worlds: From (Dis)Embodiement to Symembodiement », *Journal of Virtual World Research*, vol. 1, n°2, en ligne : http://journals.tdl.org/jvwr/article/view/347/257 [consulté en janvier 2009].

WATHELET O. (2009), *Anthropologie de la transmission des savoirs et savoir-faire sensoriels. Etude de cas : la transmission d'un patrimoine olfactif à l'intérieur de la famille*, thèse de doctorat en anthropologie, sous la direction de Joël Candau, Université de Nice-Sophia Antipolis.

Forums de discussion et réception de la lecture

Magali BIGEY[116]

Formidables espaces d'échanges, les forums de discussion sont devenus en quelques années les lieux de rencontre de nombre d'internautes désespérant de trouver des personnes partageant leurs goûts. Cet espace accessible et facile d'utilisation a permis de donner son avis sur tout, à tout moment, sous couvert d'un salvateur anonymat puisqu'on y communique principalement sous un pseudonyme. Cette facilité d'accès et de maîtrise des codes utilisés permet à tous de s'y reconnaître, d'oser s'exprimer et de défendre ses opinions, malmenant souvent le politiquement correct ; les thèmes qui habituellement sont montrés du doigt ou subissant systématiquement un déclassement sont reconnus, décortiqués, critiqués, encensés... On retrouve dans les forums matière à extraire les représentations de certains objets, et pour ce qui nous intéresse la littérature sérielle et la littérature populaire, répondant à certaines de nos interrogations sur les représentations de ce type de littérature, de la lecture et des pratiques de lecture.

1. Le lecteur

Nous identifions les lecteurs réels, « coopérants »[117] par opposition aux lecteur-modèle, et nous travaillons sur ce qu'Internet leur permet d'exprimer :

> le lecteur réel, l'individu fait de chair et d'os qui tient le livre entre ses mains. C'est le seul moyen [...] de rendre compte de la lecture effective du texte littéraire. [...] Le lecteur réel, loin d'être désincarné, est une personne à part entière, qui, comme telle, réagit pleinement aux sollicitations psychologiques et à l'emprise idéologique du texte. (Jouve, 2003 : 34)

---

[116] Laboratoire LASELDI, UFR SLHS, Université de Franche-Comté. Docteur, chercheur associé. Principaux thèmes de recherche : sérialité, blogs, forums de discussion, littérature populaire, réception de la lecture, sémio-linguistique, lexicométrie. Voir aussi : BIGEY Magali, 2010 - 2, « Discorde et règlements de comptes autour du romanesque sentimental : une analyse de blogs », in *Les blogs, écriture d'un nouveau genre ?*, Paris, L'Harmattan
magali.bigey@univ-fcomte.fr
[117] Cette notion de lecteur coopérant est développée par Umberto Eco dans *Lector un fabula* (Grasset, trad. franç. 1985).

Pour H-R. Jauss, la réception dépend « d'un destinataire actif et libre » car le « lecteur ne peut retirer une expérience de sa lecture qu'en confrontant sa vision du monde à celle impliquée par l'œuvre » (Jouve, *op.cit.*). Nous verrons comment les lecteurs parlent de leurs lectures et par là même de leur réception.

2. Approche méthodologique de la lexicométrie

C'est par le biais de l'analyse de discours, de la lexicométrie et des analyses appliquées sur les textes des forums de discussion que nous avons pu réunir les résultats qui vont être présentés. L'important est d'utiliser le lexique en contexte, dans le forum, afin de dégager les idées et parfois les constantes qui apparaissent lors de la phase d'analyse. Dans une conférence donnée à l'université d'Osaka en 1998[118], Dominique Maingueneau souligne que

> L'analyse de discours a pour ambition d'étudier toute production verbale, d'analyser tous les énoncés en situation, par opposition à l'étude de la langue hors contexte. Sachant qu'un discours est une structure transphrastique, orientée, active et interactive, tous les corpus sont possibles, des conversations à table aux traités eux-mêmes d'analyse de discours. (1998 : 1)

C'est dans cette optique que nous utiliserons l'analyse de discours, en considérant le texte des forums comme production verbale digne d'être étudiée.

3. Les forums de discussion

Nous allons donc considérer le lexique des forums de discussion comme un observable qui permet d'éclairer nos objets, c'est-à-dire les romances, les lectures contemporaines et l'acte de lecture, et comme un discours de réception à partir duquel révéler les caractéristiques et les attentes du lectorat. Ces lecteurs, les usagers des sites et forums de discussions, développent des stratégies de navigation et de découverte de l'information, se donnant des conseils et des liens à suivre, partageant avec les autres usagers les découvertes qu'ils ont faites ; nous verrons que le forum de discussion dédié à une forme particulière de littérature, la romance, est un très fort lieu d'échanges. L'autre forum auquel nous nous sommes intéressée pour cette recherche peut

---

[118] Dominique Maingueneau, « Les tendances françaises en analyse du discours », compte rendu d'une conférence donnée à l'université d'Osaka le 18 novembre 1998, p.1.

aussi être considéré comme lié à la littérature populaire, non sérielle cette fois, puisqu'il s'agit d'un forum de discussion de *Yahoo! France* sur lequel Daniel Pennac a posé en 2007 la question suivante :

« Que voulez-vous dire quand vous dites j'aime lire ? »

Contrairement à la plupart des autres questions posées sur ce forum, où le temps pour répondre est limité à quelques semaines, voire quelques mois, ici les réponses ont été acceptées pendant plus d'une année, et grâce à l'identité du demandeur célèbre qui s'est prêté au jeu, 1137 réponses ont été obtenues, ce qui est un résultat tout à fait important et inhabituel, qui nous permet d'exercer les logiciels dans la contrainte du chiffre. En effet, pour que les analyses soient pertinentes, il est nécessaire d'obtenir un minimum de lexique[119].

Notre interrogation concernant le type de littérature sérielle que sont les romances vient d'un paradoxe. En effet, malgré quelque 10 millions de romans vendus chaque année en France (et sachant que chaque roman est passé en moyenne par quatre à cinq mains par le circuit des bouquinistes et des sites de ventes par Internet), personne n'en a jamais lu, ou n'avoue en avoir lu. Cela peut piquer la curiosité du chercheur et entraîner des questionnements légitimes : que sont donc ces romans, à quoi ressemblent-ils, qui sont les personnes qui les lisent, sont-ils tous les mêmes comme on l'entend souvent ? Nous savons que les romances ont une grande importance auprès de leurs lectrices assidues, elles en lisent ou en acquièrent plusieurs dizaines par an, parfois plusieurs centaines ; devant une telle profusion, nous nous sommes donc également interrogée sur l'aspect et la réception visuelle de l'objet-livre.

4. Avis de lecteurs

Quand il s'agit de littérature populaire sérielle, il n'est pas toujours évident d'obtenir des informations par le biais de questionnaires passés de manière artisanale. Souvent raillés, voire décriés, les romans subissent le dédain des lecteurs « éclairés », ce qui rejaillit forcément sur le lectorat extrêmement méfiant quand il s'agit de s'exprimer sur ses lectures, et la plupart des personnes que nous avons tenté d'interroger en face-à-face ont refusé de parler. C'est donc sur les forums de discussion que nous avons trouvé matière à répondre à nos

---

[119] Par exemple, si on obtient sur un texte court une occurrence du mot racisme, et qu'on obtient ce même terme deux fois sur un autre texte, il est facile de tirer la conclusion que le second texte présente deux fois plus le mot racisme que le premier, et les conclusions erronées qui vont avec.

interrogations concernant la réception des romances contemporaines. Nous avons remarqué que les lectrices, habituées à se faire attaquer sur leurs choix de lectures, sont très enclines à répondre à leurs détracteurs, à tel point qu'elles sont toujours sur la défensive quand on leur demande « à découvert » de parler de ce qu'elles aiment, comme si elles s'attendaient à chaque fois à être dénigrées. Après avoir montré patte blanche, nous avons pu discuter avec elles sur les forums et elles ont répondu facilement à notre questionnaire. Avec l'analyse des co-occurrences, nous avons découvert des associations lexicales à partir desquelles nous avons repéré des indications comportementales de lecture ou de réception. Pour ce faire, l'objectivité est essentielle, et il faut éviter de généraliser les associations thématiques. Ainsi, nous sommes passée à côté de l'écueil des choix arbitraires de ces analyses, soulevé par Jean-Marie Viprey :

> De cette manière, on finira immanquablement pas intégrer noir au thème de la mort, blanc à celui de la virginité, noir et blanc ensemble aux thèmes de la virginité, du racisme, de l'éthique, du cinéma, etc. ; c'est-à-dire en fait par projeter sur la trame parfois arachnéenne du texte l'appareil mathétique chaque jour appesanti des associations thématiques. (Viprey, 1997 : 296).

Nous verrons que les discussions des forums analysées sur base d'A.F.C.[120] font ressortir les avis des lecteurs sur le genre ou les pratiques de lecture, avis parfois très critiques.

Le forum, « Les-Romantiques.com »[121], comprend une vingtaine de thèmes différents, à l'intérieur desquels on peut retrouver de quelques centaines à plusieurs dizaines de milliers de billets correspondant à des centaines de sujets aussi divers que « élections présidentielles », « à la recherche du titre perdu », « cinéma » ou encore « les chroniques des livres en vo ». Pour notre analyse, nous nous sommes intéressée aux thèmes regroupés sous la désignation de *Parlons de nos lectures*…desquels nous avons extrait huit sujets entiers, actifs pendant plusieurs mois.

Une première A.F.C. de lexique fait apparaître principalement quatre pôles distincts de vocabulaire, le premier dont le thème principal est les personnages, le second qui évoque le lectorat, l'éditeur, le troisième qui

---

[120] Une A.F.C. de vocabulaire présente les co-occurrences et les proximités lexicales dans les textes, dans le but « d'indiquer quels sont les vocables qui, dans leurs environnements lexicaux, présentent des profils associatifs analogues, plus ou moins proches, ou au contraire fortement différenciés. » (Viprey, 1997 : 117)
[121] Consultable à l'adresse suivante : http://lesromantiques.yuku.com/

recense particulièrement un lexique autour du forum de discussion et le quatrième qui évoque les romans en version originale qui sont de plus en plus plébiscités par les lectrices.

Figure 1 – A.F.C. de vocabulaire – Forum *Les-romantiques.com*[122]

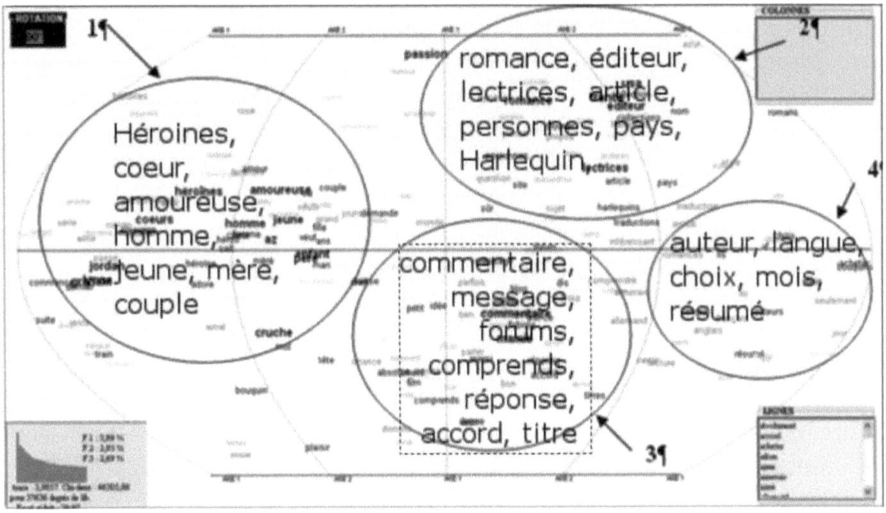

Elles ne sont pas dupes des mécanismes des romans qui fonctionnent toujours sur un même mode, « Boy meets girl[123] » (Bettinotti, 1986 : 69), chacun d'entre eux étant basé sur ce même schéma. D'ailleurs, elles aiment à commenter les titres des romans qu'elles trouvent souvent un peu mièvres, preuve qu'elles lisent avec une certaine distanciation, même si elles avouent facilement être souvent « bon public ».

Il est intéressant de remarquer que l'idéologie véhiculée par les romances est acceptée sans conteste. En effet, parce qu'elle leur fait du bien, les lectrices – quelles qu'elles soient – adhèrent toutes à la vision idéalisée du monde, vision basée sur la valorisation du sentiment amoureux et renforçant les représentations sentimentales collectives que leur propose la romance, comme d'autres produits médiatiques d'ailleurs. Toutefois, de manière générale, cette adhésion plus ou moins forte, dépendant des modes et motifs de lecture ainsi que du profil des lectrices, n'est jamais que temporaire et, même si elle n'est pas sans influence sur l'imaginaire du lectorat, n'est en aucun cas synonyme

---

[122] Pour des raisons de lisibilité, le lexique le plus saillant a été mis en surimpression sur l'AFC initiale.
[123] C'est par ce terme que Julia Bettinotti et son équipe désignent la rencontre systématique d'un homme et d'une femme dans le schéma narratif de ces romans.

d'aliénation. Pratiquant certes une « lecture ordinaire » plus qu'une « lecture critique », une lecture euphorisante proposant des investissements fantasmatiques, la lectrice de romances, loin d'être dupe toutefois du genre qu'elle apprécie, n'est pas Emma Bovary.

Le pôle 4 de l'A.F.C. a pour thème central les romans en version originale : *romances, bouquins, vo, anglais, allemand*, l'acte d'achat *choix, acheter* et les préliminaires à cet acte avec *résumé*. Les membres du forum se donnent divers conseils et avis pour les achats ultérieurs, particulièrement pour les achats de romans en vo (presque exclusivement découverts sur des sites de ventes du type Ebay ou Priceminister). Elles commentent également régulièrement les incohérences du péritexte (couvertures qui ne correspondent pas au roman, résumés de quatrième de couverture remplis d'erreurs et révélant que l'auteur du résumé n'a pas lu le roman...). Cette analyse nous montre que les lectrices de romances partagent leurs expériences de lectures, leurs expériences de vie et qu'elles n'ont aucune complaisance pour les romans qui les déçoivent d'une manière ou d'une autre. Pour elles, littérature sérielle, même bon marché, ne rime pas forcément avec littérature bâclée. Contrairement à ce que pense l'opinion commune, les lectrices de romances ne sont ni des personnes illettrées, ni inintelligentes. Elles s'opposent en outre farouchement aux détracteurs du genre, qui souvent méprisent, aujourd'hui encore, sans les avoir lus, les romances présentées comme faciles d'accès et divertissantes :

> « Vous serez contentes d'apprendre que les lectrices d'Harlequin sont un sujet d'information sociologique pour cette demoiselle.[124] Enfin bref, je ne m'estime pas comme étant lobotomisée parce que je lis de la romance, je pense que le niveau intellectuel sur le forum est très satisfaisant, même le plus souvent très intéressant. »

> « Je viens de le lire, et j'ai bien envie de lui répondre, non mais t'as vu elle a donné l'adresse des Romantiques pour dire qu'on était les débiles qui lisent cette littérature de seconde zone. Je suis en colère »

> « Je viens de lire ce billet d'humeur, qui n'est rien qu'un ramassis pseudo-intellectuel. Une fois de plus, des "gens brillants et intelligents" jugent de façon prétentieuse et

---

[124] http://blogdifferent.canalblog.com/archives/2006/06/06/437139.html. Il est ici question d'une bloggeuse qui dénigre ouvertement et violemment les lectrices de romances et leurs lectures, et qui malgré un premier post qui date de 2006, continue à faire des émules en 2010. (Bigey, 2010-2 : 108)

> condescendante mes lectures. Et je continue à me poser la question, en quoi gêne-t'on ces bien-pensants ? Ou alors, faut-il y voir l'expression d'une rancoeur larvée pour ne pas avoir pu "se faire du fric vite et facilement" en écrivant un roman Harlequin ? J'ignore encore si cela vaut la peine de jeter un pavé dans la mare en leur disant ce que je pense de leur prose ! »

> « Bon encore une fois, on en revient à la même chose... La seule chose qui m'étonne dans les propos de cette personne et dans ceux qui répondent: c'est la violence de leurs propos. Il y est question de nausée, de profonde répulsion, d'ennui souverain...et sous jacent, il y a à chaque fois une sorte de soulagement: "heureusement je n'ai pas ce vice!". Il y a même un message où l'auteur nous cite ce qu'elle lit en ce moment, histoire de bien nous le confirmer! [...] Personnellement ces genres de ricanement sont presque suspects je trouve. Il me rappelle ceux des gens qui disent ne jamais lire la presse people dont pourtant les chiffres de vente explosent mais sont au courant de tout. »[125]

En revanche, elles n'hésitent pas à critiquer ce qui leur semble irréaliste, les personnages (en particulier les héroïnes trop soumises), les scénarii invraisemblables ou trop alambiqués. Les internautes sont parfois même très critiques et parlent de leurs romans sur base de leurs auteurs, jugent fréquemment les traductions et le péritexte ou n'hésitent pas à exprimer leur désaccord avec certaines pratiques éditoriales. Contrairement à une idée communément acquise, les lectrices de romances ne sont donc pas des lectrices sans compétences même si leurs compétences concernent leur genre de prédilection. Néanmoins, elles ne semblent pas critiquer l'idéologie sentimentale ; ce qu'elles critiquent et rejettent, c'est parfois la manière aisée et rapide qui aboutit à la fin heureuse, à l'« amour-toujours ».

5. L'émergence d'un éthos

L'implication des lectrices de romances n'est plus à démontrer pour défendre leurs lectures. On trouve souvent des avis radicaux, on aime ou on n'aime pas, on développe des critiques parfois très virulentes. Par l'analyse de la présence des pronoms personnels et de leur co-occurrences avec le lexique, nous pouvons facilement déduire les sujets les plus investissants qui sont ceux où on délaisse le collectif, par

---

[125] Ces extraits sont tirés du forum *Les-romantiques.com*

exemple un sujet sur celles qui abandonnent les romans traduits pour leur préférer les versions originales, achetées sur Internet. *Je* est principalement entouré de *vf, avoue, envie, adore, lu, vo, souviens, lis, aime, résumé, historique, temps* : ce lexique est celui de l'expression de l'opinion personnelle, de l'implication des lectrices dans l'acte de lecture et dans les échanges qu'elles ont entre elles.

6. Aimer lire, qu'est-ce que c'est ?

Les résultats des analyses lexicométriques, par le repérage de lexique saillant et d'un retour au texte, ont montré que les lectrices de romances contemporaines aiment lire pour se détendre, s'évader, parfois s'instruire ou se cultiver.

Pour ce qui concerne l'autre forum consacré à l'acte de lecture et la lecture « en général », plusieurs pôles se dégagent concernant les internautes qui ont répondu à la question « Que voulez-vous dire quand vous dites j'aime lire ? »

Figure 2 – A.F.C. de vocabulaire – Forum *Yahoo!*[126]

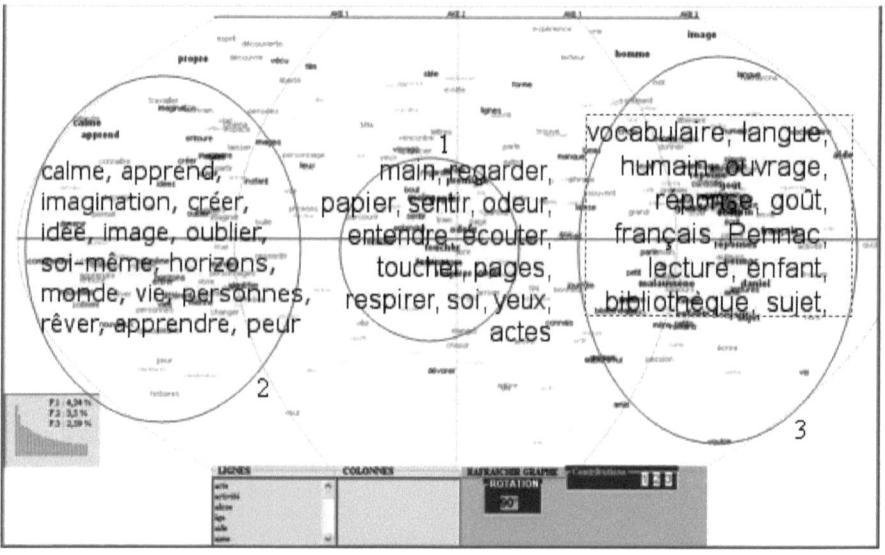

A partir de ces proximités lexicales, il est possible de mettre au jour les principaux thèmes évoqués par les internautes, et par là même certaines pratiques de lectures. Par exemple, le premier pôle concerne les sensations physiques provoquées par la lecture (*sentir, odeur,*

---

[126] De la même façon que précédemment, les termes les plus saillants ont été ajoutés en surimpression.

respirer, tourner, page...), le deuxième ce qui est attendu par la pratique de l'acte de lecture (*calme, apprend, découverte, rêve*...), enfin le dernier évoque plutôt la connaissance et le style (*ouvrage, style, écrit, auteur, lectures, bibliothèque*...). En affinant l'analyse, on peut remarquer vers le centre gauche de l'A.F.C., un vocabulaire lié à ce qu'apporte la lecture :
- *oublier, monde, imaginer, univers, bulle, fil, ressentir*
- plus concret : *mondes, personnages, identifier, quitter, rire, rêve, raconte, vivre, sortir, changer*
- *soi-même, voyager, horizons, différent, entrer, vies, personnes, pleurer, découvrir*
- *aventure, réfléchir, évader, apprendre, enrichir, nouvelles, partager, devenir, permet*

Comme nous l'avons vu pour les forums de discussion consacrés aux romances, les internautes proviennent de tous horizons. Tous ne peuvent être « catégorisés », on ne peut prétendre créer des classes dans lesquelles chacun des internautes pourrait entrer, mais cependant il existe des thématiques récurrentes, des comportements et des attentes similaires que nous avons identifiés, et nous verrons que quel que soit le type de lecture, et quoi qu'en disent les *lettrés*, les classiques comme les romans sériels ou populaires sont lus souvent pour des raisons analogues.

Excepté le lexique identifié plus haut, les termes qui reviennent le plus fréquemment quand on évoque l'idée d'aimer la lecture sont logiquement quelques mots-outils, où nous retrouvons sans réelle surprise *de, est, et, un*, mais immédiatement derrière, apparaissent des mots sémantiquement pleins : *je, aime, lire*. Dans le forum *Yahoo !*, la réponse est parfois suivie d'un titre de livre, d'une explication ou parfois d'une justification. En effet, certains tentent de se dédouaner quant à leurs lectures, et s'adressent directement à Daniel Pennac :

> « J'aime lire oui mais pas tout ! J'aime vous lire vous monsieur Pennac, j'aime les histoires que vous me racontez, le ton que vous prenez, les mots que vous utilisez....
> [...] Je crois aussi que c'est une forme de prétention, lire c'est plus intello que de regarder la télévision, c'est se donner bonne conscience. Moi je lis, je ne regarde pas les émissions débiles.... »

Et l'opposition télévision / lecture est récurrente :

> « J'ai appris à lire à l'âge de 4 ans. Depuis, je ne me sépare pas des livres. Je préfère les classiques et j'essaie de les lire en

original (français, russe, anglais). Aimer lire, c'est préférer la lecture avant la TV...avoir des personnages, des auteurs, des histoires qui vous ont marqué....Enfin, dire "j'aime lire" et ne lire que des bandes dessinées et les magasines, c'est un peu fort. »

Cette opposition est brandie pour dénigrer la télévision en général, ce qui est différent de ce qu'on peut trouver sur le forum consacré aux romances. Une partie de ce forum est justement dédiée aux émissions, films et autres documentaires sur lesquels les internautes souhaitent faire des commentaires, et on ne repère à aucun instant ce déclassement des « loisirs populaires », la télévision ou la bande dessinée étant considérées comme des médias fournissant loisir et distraction.

D'autres internautes n'hésitent pas à éditer des listes ou à quantifier leurs lectures pour prouver qu'ils lisent, donc que leur avis est à prendre en considération. Nous sommes ici dans une forme de gestion des représentations, malgré un pseudo protecteur :
« bonjour, ça veut dire au moins plus de 2 livres lit par semaines »
Ici, l'internaute répond à la question par cette seule remarque, alors que d'autres quantifient leurs lectures par des nombres de pages :
   « Pendant les vacances, lorsque j'ai un peu plus de temps il n'est pas rare de me voir avaler trois ou quatre livres en deux semaines soit plus de 1000 pages ingurgitées très vite. »
Nous pouvons remarquer que nous avons également trouvé cette idée de « consommation » littéraire beaucoup plus importante pendant les vacances au sujet des romances.

Viennent ensuite les mots *lecture, livre(s), moi, temps, histoire, lire, plaisir, personnage, auteur, plonger, apprendre, évader, roman, amour, voyager, comprendre, imagination, découvrir, écrire*. Comme nous l'avons vu précédemment, certaines co-occurrences mettent en évidence les principales motivations exprimées par les internautes pour la lecture. On trouve l'idée d'aimer *apprendre*, où la lecture se confond pratiquement avec l'apprentissage :

   « apprendre quelque chose de nouveauté, j'aime enrichir mes idées, approfondir mes connaissances »

   « Apprendre tout simplement... »

   « J'aime lire enfin parce que j'aime apprendre. Certains livres se sont littéralement incrustés en moi au point de voir le monde autrement. »

« J'aime apprendre de nouvelles choses, étendre mon savoir »

« c'est le plaisir de s'instruire, d'apprendre, d'en savoir toujours plus »

Cette idée de s'instruire est très présente, et souvent avancée avant celle qui semble tout de même intéresser la plupart des internautes, l'idée d'évasion et de voyage. Certains expriment directement les deux idées, côté à côte :

« Deux mots: apprendre et voyager. »

« Finalement, j'aime apprendre et découvrir ... lire est sûrement une façon économique de «voir» le monde. »

La lecture est vue comme une évasion, de façon similaire à ce que nous avons remarqué pour le forum sur les romances :

« Aimer lire c'est aussi aimer s'évader »

« Lire, c'est s'évader. Voila la première réponse qui me vient à l'esprit, qui est pour moi l'évidence même. S'évader non pas pour fuir, mais pour découvrir d'autres horizons, partager les idées et les pensées des autres, quitter pour un temps l'ordinaire de sa vie et ses routines pour quelque chose d'autre, de nouveau, de différent. »

« j'aime lire ...quand je sors de moi-même, que mon esprit s'évade dans un monde où tout est possible... j'aime lire... quand je deviens Anna, Emma, Edouard, Lolita... »

« Et puis j'aime lire pour m'évader, vivre d'autres vies par procuration »

Cette idée de vivre d'autres vies par procuration est vraiment redondante, à tel point que certains présentent la lecture comme seule échappatoire à une vie difficile ou qui ne les satisfait pas ; on arrive à une expression de l'ethos qui plonge le lecteur dans le pathos :

« j'aime lire, car c'est le seul moyen d'évasion dont je dispose, j'ai pas d'argent, j'ai une vie des plus tristes, alors lorsque je lis, j'ai l'impression de m'évader de ma prison »

> « On aime lire parce-que la lecture nous offre a peu de frais la possibilité de s'évader du quotidien parfois ennuyant et morne. »

> « […] Il y a deux ans, mon conjoint s'est suicidé. J'ai trouvé le réconfort dont j'avais besoin dans cette phrase du Petit Prince :"Et quand tu seras consolé (on se console toujours) tu seras content de m'avoir connu." J'aime lire parce que je peux y trouver ce genre de réponse. »

L'idée de fuir le présent et de voyager à faible coût revient régulièrement. La lecture est parfois envisagée comme une thérapie, ce que nous avons aussi remarqué avec le forum sur les romances. Ces pratiques de lectures ne sont pas isolées ; Annik Houel cite un rapport IFOP de 1959 et en conclut que « littérature et presse fonctionnent comme des drogues, ou plutôt comme des "antidépresseurs" en permettant à la lectrice de lutter contre son mal de vivre » (Houel, 1997 : 68). Ainsi, couplée à l'idée d'évasion, on trouve l'idée de plaisir, qui est très souvent mentionnée :

> « Peu importe la quantité, il y a les boulimiques mais aussi les les "dégusteurs"; peu importe le genre de littérature, l'important c'est le plaisir... »

> « c'est le plaisir de s'instruire, d'apprendre, d'en savoir toujours plus, et puis c'est aussi le plaisir de relire. »

> « C'est déjà le plaisir de choisir un livre, de se l'approprier... Puis le plaisir de l'ouvrir, de tourner les pages et de se passionner pour une histoire. »

> « C'est sans doute le plaisir de se plonger dans un univers différent qui nous fait oublier la vie quotidienne ou encore s'identifier à un personnage qui nous plaît. »

Enfin, un internaute se méfie de cette notion de l'agréable, alors que dans le forum sur les romances c'est une chose extrêmement importante.

> « Je dis rarement "j'aime lire", je préfère dire "j'aime bien lire".Non, ce n'est pas fendre les cheveux en quatre ! C'est juste que je suis méfiant face à une lecture trop agréable. Il faut quand même que le livre apporte autre chose que du plaisir de lecture. »

Il ne nous explique pas en quoi il faut se méfier d'une lecture trop agréable, alors que c'est souvent ce que demande le lecteur à l'acte de lecture en tant qu'acte de détente, de loisir. De plus, certains poussent la notion de plaisir jusqu'à un extrême puisqu'ils évoquent la drogue :

« le livre, l'écrit, c'est [..]
la drogue dure sans les effets pervers,
les vapeurs de l'alcool sans la gueule de bois […] »

« La lecture est ma drogue la plus puissante. Romain Gary mon fournisseur préféré. Marguerite Yourcenar et son Hadrien les partenaires de mon extase et........ Daniel Pennac le pétillant de ma joie. »

« Les livres ont été des compagnons de solitude, une drogue qui me permettait de m'échapper un moment de mon univers ordinaire, ils ont stimulés mon imagination. »

« lecture est une drogue douce de l esprit et bien qu on puisse y devenir accroc cette dépendance n a rien de néfaste au contraire. »

On voit parfois apparaître une personnification des livres, vus comme des « compagnons », comme des « amants » ou encore comme des « amis fidèles », mais le plus souvent, il s'agit d'une personnification des personnages, éléments importants s'il en est. Le personnage voit donc nombre de contraintes peser sur ses épaules, qui sont imposées « d'une part par le "genre" ou mieux le "projet" ou le "pacte" réaliste » (Hamon, 1998 : 27). Un personnage se doit donc d'être construit, plausible et vraisemblable. Il doit au mieux correspondre au rôle qu'on lui donne et être en accord avec le genre auquel il appartient. Pour Jean-Philippe Miraux, le personnage « organise les rythmes, les lieux, les actions de l'univers romanesque. […] il est un marqueur typologique, un organisateur textuel et un lieu d'investissement » (1997 : 9). Yves Reuter va dans le même sens et pour lui, « les personnages ont un rôle essentiel dans l'organisation des histoires. […] D'une certaine façon, toute histoire est histoire des personnages » (2000 : 27). Les personnages donnent donc des points de repère, et chaque avis de lecteur concernant ce pilier essentiel est clairement exprimé, parfois de manière empathique. En effet, on trouve souvent liés un lexique autour du fait de *se reconnaître,* autour des *émotions,* de l'*identification,* des *rencontres*… autant de termes qui définissent des relations qu'on pourrait assimiler à des relations entre êtres réels.

> « Les personnages me font rêver »

> « Que les idées, les personnages soient mes amis pendant quelques heures »

> « vivre les joies, les peines, les peurs, les passions des personnages, vivre leurs vies et voir le monde à travers d'autres yeux que les miens. »

> « il me semblait sentir, toucher les pensées des personnages. J'avais le pouvoir au delà des pages, de leurs prendre la main, les consoler, les défendre, les accompagner dans leurs interminables voyages, les réprimander, les détester... »

> « L'histoire, les personnages et moi formons une bulle impossible à pénétrer. »

Les personnages sont donc, après le plaisir et l'évasion, un réel moteur de réflexion. D'ailleurs, dans les forums consacrés aux romances, les personnages sont détaillés, leurs profils sont critiqués, leurs actes et leurs excès passés aux cribles des critiques parfois les plus acerbes, sans condescendance ni concession que pourrait apporter l'adhésion parfois complète des lecteurs. Enfin, certains internautes s'adressent directement à Daniel Pennac et lui présentent leurs réflexions sur la question :

> « Vaste question, Daniel. Il est clair que ça ne veut pas dire "j'aime découvrir des textes écrits, étiquettes de produits divers, devantures de boutiques, affiches électorales, publicitaires ou informations officielles". Je suppose que celui qui passe ses journées à parcourir l'annuaire des téléphones ne sera pas compté comme qqn qui "aime lire", ni celui qui passe (avec plaisir) ses journées à parcourir des revues techniques ou des textes officiels pour s'instruire. L'expression sous-entend qu'on lit des textes littéraires, plus ou moins profonds (littératures de "genres" incluses), qu'on fait travailler son imagination autant que ses yeux et ses capacités de déchiffrement, et qu'on essaye de partager des idées nées de l'imagination de l'auteur.... Après tout, "j'aime lire", c'est bien "j'aime partager les idées qui ont été émises par un auteur", non? »

> « Du fond du coeur, merci, Monsieur Pennac, d'avoir su partager cette magie de la classe, vos bons coups, tout comme les mauvais de vos collègues et d'avoir démontré qu'un bon

cancre était une bien belle graine, pour peu qu'on la considère. »

« Ca veut dire que je vous aime. Je vous connais et je vous lis. Je me remets entre vos mains, je me laisse guider. Je m'interroge, je vous engueule. Vous me touchez, je vous écorne. Je vous abime. Je vous prends, je vous quitte. Je vous trompe parfois aussi. Vous sussurez à mon oreille et je vous écoute de tous mes yeux. Je vous tourne le dos quand vous me quittez sur le mot fin, et je me console avec Bernard Werber, mon autre amant du livre... Quand je lis, je vis un moment avec vous. Votre livre, quand vous l'écrivez, devient MON livre quand je le lis. Merci pour cet amour par la lecture. »

Enfin, il y a ceux qui retournent la question sans donner vraiment d'élément de réponse :

« Que voulez-vous me demander lorsque vous me posez cette question-là ? »

« Excellente question ! je n'en attendais pas moins de vous ! […] J'en conclus que vous nous demandez à demi-mot quel est notre style de lecture favorite ? […] Un bouquin raté, selon moi, est donc un livre « qui n'a rien à dire » (comme disait Coluche : « de tous ceux qui n'ont rien à dire, les meilleurs sont ceux qui se taisent !») , ou qui nous endort avant d'avoir terminé son explication. Ils sont en cela très proches de nos politiciens, d'ailleurs... Et vous qui écrivez, qu'en pensez-vous ? »

« Daniel Pennac ... le vrai ? celui dont j'ai dévoré les premiers livres qui m'ont été offerts et les suivants que j'ai pourchassé ? noOOOON ! je n'y crois pas .j'aimerai que vous aussi vous nous disiez ce que vous vous voulez dire quand vous dites " j'aime lire " »

Enfin, les internautes qui eux-mêmes écrivent ou rêvent de le faire :

« j'aime lire ... quand je suis jalouse de ne pas avoir écrit moi-même... »
« Aimer lire c'est aussi désirer écrire à son tour. Assembler des mots choisis avec soin, avec difficulté souvent, pour tenter la construction d'un puzzle à cent mille pièces. La plupart s'arrêtent en chemin. Quelques heureux seulement parviennent au bout du chemin. Pour la plupart il reste

l'amour de la lecture comme la nostalgie des vaines tentatives mais comme l'espoir aussi un jour peut-être d'y arriver. »

Ce dernier mêle l'acte de lecture et l'acte d'écriture, et reprend de manière claire ce que plusieurs choisissent d'exposer, la lecture comme palliatif à l'incapacité d'écrire ou d'être publié.

Conclusion

L'analyse de la réception a permis de repérer certaines pratiques de lecture, différentes selon les forums. Celui consacré plutôt aux romances met en avant l'importance de l'évasion, de la fabula, des personnages, alors que le forum de *Yahoo !* fait ressortir l'idée de l'apprentissage. Etonnamment, les critiques concernant la « qualité littéraire » sont quasi inexistantes dans le forum *Yahoo !*, où l'idée *d'aimer lire* ne renvoie pas à une idée de qualité des textes (à un moment, les magazines sont évoqués, mais pas les publications de type roman). En revanche, dans les forums sur les romances, l'idée de qualité de la fabula, des personnages et même du péritexte est très souvent évoquée. Nous pouvons affirmer que de tous les lecteurs que nous avons approchés ici par ce procédé, une grande majorité met en avant l'idée de l'évasion, de l'apprentissage et du plaisir. Très rarement ont été citées les contraintes liées à la lecture (nous avons repéré quelques très rares liens aux lectures scolaires imposées), mais dans l'ensemble, les lecteurs qui disent aimer lire le font dans un but heuristique puis de divertissement. C'est d'ailleurs dans le forum *Yahoo !* qu'on trouve des références à une littérature classique *rébarbative*, et les débats sur la qualité ont majoritairement lieu dans le forum sur les romances.

Bibliographie

BETTINOTTI J. (1986) *La corrida de l'amour : le Roman Harlequin*, Montréal, Université du Québec.
BIGEY M. (2010 – 2), « Discorde et règlements de comptes autour du romanesque sentimental : une analyse de blogs », *in Les blogs, écriture d'un nouveau genre ?*, Paris, L'Harmattan, Itinéraires. Littérature, textes, cultures.
ECO U. (1985), *Lector in Fabula*, Paris, Grasset.
HAMON T. (1998), *Le personnel du roman : le système des personnages dans les Rougon-Macquart d'Emile Zola*, Genève, Drot.
HOUEL A. (1997), *Le roman d'amour et sa lectrice : une si longue passion : l'exemple Harlequin*, Paris, L'Harmattan.

JAUSS H-R. (1978), *Pour une esthétique de la réception*, Paris, Gallimard.

JOUVE V. (1993), *La lecture*, Paris, Hachette.

MAINGUENEAU D. (1998), « Les tendances françaises en analyse du discours », Compte-rendu d'une conférence donnée à l'université d'Osaka le 18 novembre 1998, http://www2005.lang.osaka-u.ac.jp/~benoit/fle/conferences/maingueneau.html.

MIRAUX J.-P. (1997), *Le personnage de roman,* Paris, Nathan.

REUTER Y. (2000), *Introduction à l'analyse du roman*, Paris, Nathan.

VIPREY J-M. (1997), *Dynamique du vocabulaire des Fleurs du mal*, Paris, Honoré Champion.

Les participants des forums de discussion électroniques des partis politiques à travers la mise en scène discursive de leur(s) identité(s)

Gersende BLANCHARD[127]

Ce chapitre[128] se propose d'analyser la manière dont se manifestent les productions d'identités sur les forums de discussion des sites web officiels de partis politiques français.

En effet, les forums de discussion électroniques publics, comme les *chats*, sont présentés par les partis politiques français comme un moyen de donner la parole aux internautes, au-delà des seuls membres du parti. Dès lors, nous pouvons nous demander qui sont ces internautes qui prennent la parole sur les forums de discussion électroniques des partis politiques. Comment se présentent-ils ? Au nom de quoi et à quel(s) titre(s) s'expriment-ils ? Comment est géré (ou instrumenté ?) le « caractère a-contextuel [de l'échange], limitant les possibilités de connaissance de l'autre » (Hauch in Guéguen et Tobin, 1998 : 106) par les participants des forums de discussion électroniques des partis politiques ?

Dans la mesure où la participation aux forums de discussion électroniques est caractérisée par l'anonymat[129], ce n'est pas tant de l'identité "réelle" des contributeurs des forums de discussion des partis politiques dont il va être ici question, mais bien de l'analyse de l'identité

---

[127] Maître de conférences en Sciences de l'Information et de la Communication à l'UFR Infocom de l'université de Lille 3 et membre du Groupe d'Etudes et de Recherche Interdisciplinaire en Information et Communication (GERIICO).
Ses recherches portent principalement sur l'Internet politique, et l'ont conduite à s'intéresser à la médiatisation électronique de la communication et des échanges politiques dans le cadre de l'appropriation de l'Internet par les partis politiques français. Cf. BLANCHARD, G. (2009), « La mise en œuvre de la communication électronique des partis politiques français : le poids des pratiques politiques et organisationnelles », in *Les Enjeux de l'information et de la communication*. gersende.blanchard@univ-lille3.fr

[128] Ce chapitre, fondé sur les résultats d'une recherche doctorale, a été en partie réécrit à partir de la thèse, effectuée au sein du Gresec sous la direction d'Isabelle Pailliart, soutenue en novembre 2007 sous le titre *La communication politique partisane : des stratégies et des pratiques nouvelles ?*

[129] En effet, la participation aux forums de discussion électroniques des partis politiques, par l'intermédiaire de « la communication médiatisée par ordinateur implique une forme de dématérialisation de l'échange reposant sur l'anonymat partiel ou total des participants » (Marcoccia, 2003 : 20).

construite par ceux-ci, dans leurs discours publiés sur ces forums de discussion[130]. L'objectif consiste donc à essayer de saisir qui sont les internautes-usagers des forums de discussion des partis à partir de leurs manifestations sur ceux-ci, et plus exactement à travers « la mise en scène discursive » de leur identité (Marcoccia, 2003). Car la présentation de soi, comme le fait remarquer Valérie Hauch, bien que différente de celle de l'échange en face-à-face, est bien une réalité sur les réseaux informatiques (Hauch, *op.cit.* : 115). Si, comme le précise effectivement l'auteur, « de multiples possibilités sont offertes aux acteurs pour exprimer leur identité et pour se faire une impression de celle des autres » (*ibid.*), sur le forum de discussion électronique des partis, la présentation de soi revêt une dimension stratégique, qui a même parfois valeur d'engagement. Pour étayer notre propos, nous nous appuierons sur les résultats de l'analyse du contenu d'un corpus de 1018 messages, publiés entre janvier 2003 et avril 2004, sur les forums de discussion de la version "grand public" des sites web de cinq partis politiques : ceux de l'UMP, du PS, du PRG, de l'UDF et de la LCR.

1. Les participants des forums de discussion électroniques des partis politiques : comment se présentent-ils ?

1.1. L'identité : une question à l'origine de controverses et de polémiques

Malgré les précautions prises par certains partis[131], les renseignements[132] communiqués par les internautes dans les formulaires d'enregistrement au forum de discussion, comme cela est le cas pour les

---

[130] Un certain nombre de travaux se sont intéressés à la construction et à la mise en scène de l'identité sur les réseaux informatiques (cf. Beaudoin et Velkovska, 1999 ; *Les Carnets du Cediscor* n°8, 2004 ; Hauch in Guéguen et Tobin, 1998 : 104-119), ou plus spécifiquement sur les forums de discussion politiques (cf. Marcoccia, 2003 ; Matuszak, 2006 ; Wojcik, 2005), en référence auxquels la présente analyse de la construction de leur identité, par les participants des forums de discussion électroniques des partis, a été conduite.
[131] En effet, parmi les « petites règles à suivre » édictées dans la rubrique « Forum » du site web de la LCR, il est indiqué qu' « Il n'est pas nécessaire de s'inscrire au forum pour envoyer des messages. En revanche, nous ne publions pas de courrier anonyme: alors pensez à nous indiquer vos noms et prénoms. Vous pouvez aussi nous indiquer votre lieu d'habitation. Bien sûr, sauf indication contraire, seules vos initiales ou votre nom d'internaute apparaîtront en signature de vos messages », tandis que sur le site web du PRG il est précisé aux futurs participants du forum de discussion que « Rien ne vous oblige à prendre votre vrai nom mais vous êtes tenu de mettre votre véritable adresse E-mail ».
[132] Tels que le nom d'utilisateur, l'adresse email, la localisation géographique, mais aussi le type d'emploi ou de loisirs pour ce qui concerne le forum de l'UMP.

forums de discussion l'UMP[133], de l'UDF, du PRG[134], ou pour chacun des messages envoyés à la LCR, peuvent être fictifs. Sur les forums de discussion électroniques des partis politiques, du fait du caractère anonyme de la communication, les internautes ont donc le loisir de s'abriter derrière des pseudonymes et des adresses électroniques peu éclairantes quant à leur réelle identité, comme l'illustre l'adresse suivante « qin221@ » donnée par « fisher » sur le forum de discussion de l'UDF, tandis que sur le forum de discussion de l'UMP, ceux qui ne se sont pas enregistrés apparaissent, quant à eux, uniquement en tant qu'« Invité », sans obligation de donner de plus amples informations pour y poster un message.

Les questions de l'identité et de l'identification des participants des forums de discussion électroniques des partis, du fait du contexte et du caractère anonyme de la communication, sont d'ailleurs à l'origine d'échanges parfois houleux entre les contributeurs sur les forums de discussion du PS et de l'UDF. Dans leur message, certains des participants font part et mettent en scène leurs doutes quant à "l'identité" des auteurs de certains *posts*. Ceux-ci cherchent alors à savoir qui se cache derrière tel(s) ou tel(s) pseudonyme(s). Sur le forum de discussion du PS, par exemple, « manu » interroge et s'interroge « Marion ? ;-)[135] » suite au message précédemment posté sous le pseudonyme « martina », tandis que d'autres, comme « ptitgaulois », insinuent de manière plus provocatrice que deux contributeurs sont une seule et même personne : « Tu en es à te répondre! [à propos de « Nicolas » et « SANCHEQUIER »]. Insinuation par ailleurs démentie par l'intéressé, « Nicolas » : « au cas où vous ne l'auriez pas compris, SANCHEQUIER ce n'est pas moi ». Les échanges peuvent donc à l'occasion dévier sur la question, ou plutôt la mise en cause, de l'usurpation de plusieurs noms d'utilisateurs par l'un des participants du forum de discussion. La suspicion alimente alors la polémique et montre bien que « la validation de l'identité d'un participant est aussi un processus interlocutoire » (Marcoccia, *op. cit.* : 41), qui peut être mise en doute par les autres *forumeurs*. En outre, ce genre d'échanges tend non seulement à montrer que certains des contributeurs sont des habitués du forum de discussion électronique du parti, mais aussi que par l'intermédiaire de celui-ci, ils développent une certaine

---

[133] Sachant qu'il n'est pas obligatoire de s'enregistrer sur le forum de discussion du site web de l'UMP pour y poster un message.

[134] Il n'existe pas à proprement parler de formulaire d'enregistrement pour poster un message sur le forum de discussion du PS. En revanche il est demandé aux *forumeurs* de communiquer leur nom et leur adresse email.

[135] Les messages extraits des forums de discussion étudiés ont été reproduits "tel quel", c'est-à-dire avec les éventuels fautes de frappe, d'orthographe, de grammaire ou omissions qu'ils peuvent comporter.

connaissance de ceux qui y participent plus ou moins régulièrement. Ainsi, certains des participants des forums de discussion électroniques des partis, à l'exception de celui de la LCR, sont "connus" en même temps qu'ils sont "reconnus", et parfois même catalogués. Comme le soulignent Valérie Beaudoin et Julia Velkovska, « contrairement à une présupposition de sens commun, le réseau n'est pas uniquement un territoire anonyme et désincarné. Les acteurs investissent les possibilités que ce cadre leur offre pour transformer certains de ses fragments en lieux connus, où ils reviennent à la rencontre de personnages familiers » (Beaudouin et Velkovska, 1999 : 166). L'identité des *forumeurs* se construit non seulement au cours des échanges et des interactions qui ont lieu sur le forum de discussion électronique du parti, mais aussi à partir des commentaires que peuvent tenir certains à propos des discours tenus par d'autres participants sur d'autres forums de discussion, dont ceux d'adversaires politiques. Ces commentaires laissent alors à penser que les participants du forum de discussion d'un parti, s'ils ne participent, tout au moins consultent d'autres forums de discussion politiques.

Les convictions politiques, de tel ou tel participant du forum de discussion, sont l'un des autres aspects vis-à-vis duquel les *forumeurs* manifestent leur défiance. Les *forumeurs* cherchent aussi à cataloguer politiquement les autres participants du forum de discussion du parti. La question des convictions et de l'appartenance politiques peut alors devenir matière à attaque ou à polémique. Au-delà du fait que certains participants du forum de discussion du PS essaient d'identifier "qui est qui", ceux-ci s'interrogent et s'accusent vis-à-vis du "qui roule pour qui" : « Tu pointes chez Le Pen ou chez Maigret ? ». Et la question de l'appartenance politique est utilisée comme un moyen pour délégitimer le discours tenu par certains contributeurs. Les internautes, lorsqu'ils postent un message, ne prennent effectivement pas systématiquement la peine, volontairement ou pas, de signaler ouvertement leur appartenance partisane. La discrétion ou la dissimulation à l'égard du penchant ou de l'appartenance partisans font d'ailleurs partie des procédés stratégiques utilisés par les internautes pour diffuser les idées et messages auxquels ils adhèrent et pour chercher à convaincre, en participant aux conversations de manière subreptice, afin de ne pas braquer les autres participants. Enfin, au-delà de la dissimulation, l'une des autres possibilités consiste, par exemple, à se faire passer pour ce que l'on n'est pas, ou plus exactement pour un partisan ou un militant du camp adverse qui serait déçu ou en délicatesse avec les siens. Ce type de procédé a d'ailleurs été relevé par le dirigeant de l'équipe des modérateurs du Monde.fr qui explique que dans la période précédant les élections présidentielles de 2007, « Pendant un moment, les partisans de l'UMP se faisaient souvent passer pour des électeurs socialistes déçus. Ça finit par se remarquer... Ces derniers temps, on voit passer de vrais-faux électeurs de droite déçus, qui appellent à voter Bayrou...» (Leloup, Piquard, *Le Monde*, 21.03.07).

Toutefois, malgré cela, l'identité partisane apparaît comme l'une des modalités dominantes de la définition et de la construction de l'identité des participants des forums de discussion électroniques des partis.

1.2. Les manifestations de l'identité partisane

Dans les discours des *forumeurs*, la construction de l'identité partisane se manifeste à partir de différentes catégories de statut. Les participants du forum de discussion des partis peuvent apparaître : comme membres ou même ex-membres d'un parti, comme militants d'un parti, comme sympathisants d'un parti ou encore, spécifiquement sur le forum de la LCR, comme abonnés et/ou lecteurs du journal du parti, et enfin comme non partisans (soit non membres ou non sympathisants d'un parti). Sachant que ces statuts peuvent être différemment convoqués par les contributeurs en fonction des objectifs de leur prise de parole, ou plus exactement des objectifs qu'ils assignent à cette identité vis-à-vis du message qu'ils veulent faire passer.

L'usage du pseudonyme, par les *forumeurs* des sites web des partis, pour manifester leur affiliation partisane, est peu fréquent. Si « soutienmordicus » se présente effectivement comme un « militant UMP depuis deux ans », deux autres *forumeurs* utilisent, quant à eux, leur pseudonyme pour signifier et revendiquer un statut d'ex-membre du parti : ainsi trouve-t-on une inscription sous « pmu ou ex-ump » sur le forum de discussion de l'UMP, et une autre sous « ex.socialiste » sur celui du PS. La signature constitue un autre espace d'expression dans lequel certains internautes précisent leurs affinités politiques[136], tandis que certaines phrases[137] s'affichent telles un credo ou comme une « devise [qui a] pour objet de faire connaître ses opinions » (Hauch, *op.cit.* : 115). Toutefois, cet espace se révèle faiblement exploité, et de manière inégale entre les différents forums de discussion électroniques des partis. C'est effectivement surtout sur le forum de discussion de la LCR que les contributeurs font expressément figurer leur statut de membre dans la signature de leur message, ceux-ci précisant même le

---

[136] A titre d'exemple, on peut citer les signatures de « Janus » : « Janus, modéré de l'UMP », de « seb » : « Soutenons le gouvernement Raffarin pour ne pas avoir un retour de la gauche aux prochaines élections ! », ou encore celle de « rex-nudus-est » : « Rex Nudus Est Association Citoyenne pour un Régime Primo-Miistériel ».
[137] Sur le forum de discussion de l'UMP, « David » signe par exemple son message avec la phrase suivante : « La réforme porte en elle les succès de demain! ».

plus souvent à quelles fédérations ou sections ils appartiennent. Plus généralement, c'est tout au long des discours tenus au sein des messages eux-mêmes que l'appartenance et l'engagement partisans se font plus évidents. Les *forumeurs* se présentent alors de manière explicite comme adhérents ou comme « militant[s] de base » du parti. Ceux-ci pouvant même se montrer plus prolixes et préciser depuis combien de temps ils ont adhéré au parti, les raisons de leur encartement, ou encore témoigner de leur expérience en tant que militant sur le terrain. Enfin, c'est à partir du marqueur de personne « nous », qui permet à l'internaute de se présenter comme faisant partie des adhérents du parti, que l'appartenance partisane est identifiable et révélée.

Le statut de sympathisant du parti apparaît également comme l'un des traits de l'identité partisane construite sur les forums de discussion électroniques des partis, et comme distinct de celui de membre ou de militant du parti. Les contributeurs exposent ainsi, parfois de manière détaillée, les relations qu'ils entretiennent avec le parti, la façon dont ils se positionnent favorablement par rapport à celui-ci, bien qu'ils stipulent ne pas en être membres, comme le montre cet extrait issu du forum de discussion de la LCR : « je suis politiquement très proche de vos idées, sans pour autant appartenir à un parti ». Enfin, c'est aussi à partir de la qualité d'électeur du parti que la sympathie à l'égard de celui-ci apparaît mise en scène et que les contributeurs se présentent. Ceux-ci expliquent et témoignent de leur histoire personnelle pour présenter, et finalement renforcer, la nature de la relation et leur positionnement vis-à-vis du parti, comme l'illustre ce message posté sur le forum de discussion de la LCR :

> « ma famille est dans l'extrême-droite à fond... Un frère qui a milité au FNJ, un père qui a failli se présenter à des municipales sous l'étiquette FN, un oncle qui a commis des atrocités pendant la guerre d'Algérie, quasiment toute la famille qui a des idées de ce genre...J'ai eu une éducation dans LEURS idées, j'ai même été dans un lycée catholique intégriste, aux scouts d'Europe, etc. Eh bien ça n'a pas marché, ils ne m'ont pas eue ! Voilà, je suis fière d'avoir MES idées, d'avoir voté Besancenot à la présidentielle et de certainement militer à vos côtés très bientôt ».

Par conséquent, la mise en scène discursive de la sympathie, dans la façon dont les contributeurs se présentent sur le forum de discussion, constitue une possibilité "innovante" pour le parti de pouvoir montrer à "tous" ses sympathisants, ou même simplement ceux qui se montrent bienveillants à son égard : c'est-à-dire ceux qui se trouvent être par ailleurs difficiles à agréger, et donc particulièrement difficiles à valoriser. Le forum de discussion électronique du parti se révèle ainsi comme un espace innovant d'expression et de visibilité pour ceux qui restent en marge du parti, mais qui se sentent proches des idées qu'il défend et qui font partie de son environnement.

Ainsi, bien que ces forums de discussion soient accessibles à partir du site web *du parti,* ou encore que certaines thématiques proposées pour la discussion soient plus directement liées aux projets ou à l'organisation interne du parti, les contributeurs qui s'expriment sur ces sujets, et donc qui participent au forum de discussion, ne sont pas uniquement membres ou militants du parti qui en est à son initiative. Et de la même manière que certains contributeurs s'attachent à expliciter ce qui les relie au parti qui est à l'origine du forum de discussion sur lequel ils interviennent, d'autres prennent le soin de s'afficher comme des non affiliés, comme « *un simple citoyen* », tandis que d'autres se revendiquent comme sympathisants ou militants de partis adverses. En effet, l'appartenance ou la sympathie pour un parti ou une tendance politique opposée participent aussi à la construction de l'identité partisane sur les forums de discussion électroniques des partis, à l'image de « jj.BIZOS » qui se déclare ouvertement de « droite » sur le forum de discussion du PS, ou de « S.B. » sur le forum de discussion de la LCR qui spécifie : « je ne suis pas militant de la LCR mais du PCF. Cependant, la tendance à laquelle j'appartiens : celle de Maxime Gremetz, est pour moi la plus proche de vos idées ». L'attention particulière de ces contributeurs à se situer comme non membres, non militants ou non sympathisants du parti ou de son idéologie est bien destinée à signifier la façon dont doit être considérée leur intervention sur le forum de discussion, comme l'illustre la tournure employée par « A.B. » sur le forum de discussion de la LCR : « (je suis "Attacienne") (…) Et c'est une socialiste qui vous parle ».

Par ces différentes précisions relatives à l'identité partisane, les *forumeurs* se représentent en même temps qu'ils présentent "d'où" ils parlent. Mais l'identité partisane, bien que dominante, ne constitue pas le seul type d'identité construite par les participants des forums de discussion électroniques des partis politiques. C'est aussi en fonction de leur profession que les *forumeurs* se caractérisent eux-mêmes.

1.3. Les manifestations de l'identité socioprofessionnelle

Selon le dispositif du forum de discussion électronique, le statut professionnel constitue un critère de définition du profil des participants. C'est notamment le cas pour le forum de discussion du site web de l'UMP. Les internautes, lorsqu'ils enregistrent leur profil, sont notamment invités à indiquer leur « emploi », bien que contrairement à leur situation géographique, cette donnée ne s'affiche pas de manière automatique dans leur message. Pour autant, l'ensemble des participants du forum de discussion de l'UMP ne précise pas leur profession, tandis que ceux du forum de discussion de la LCR le font spontanément, bien qu'ils ne soient pas spécifiquement incités à le faire. Que ce soit dans le message lui-même ou dans leur signature, les contributeurs du forum de discussion du site web de la LCR contextualisent leurs propos en spécifiant leur profession, ceci parfois en complément de leur statut partisan. Cet aspect de la présentation de soi à partir de son statut professionnel n'apparaît pas sur l'ensemble des forums de discussion électroniques des partis[138], ni avec la même acuité. Toutefois, comme cela peut être le cas par rapport au statut partisan, certains contributeurs se racontent à partir de leur statut professionnel :

> « Enseignante depuis 4 ans et en grève reconductible depuis le 6 mai (…) » (forum de discussion de la LCR) ;
> « Retraité,82 ans, j'ai une disponibilité de temps qui me permet, depuis une vingtaine d'années, pour assouvir une véritable passion: assister aux débats politiques,pour les répercuter auprès de ma nombreuse descendance, les actifs n'ayant malheureusement pas cette même disponibilité » (forum de discussion de l'UMP).

L'identité professionnelle s'énonce également comme une identité argumentative sur les forums de discussion de l'UMP et de la LCR, c'est-à-dire une identité à partir de laquelle les contributeurs situent leur prise de parole sur le forum de discussion.

Par contraste, le statut professionnel, c'est aussi celui que l'on ne représente pas, mais par rapport auquel on se positionne et que l'on critique. Ce que l'on observe par exemple vis-à-vis du statut de fonctionnaire sur les forums de discussion de l'UMP et du PS[139]. Mais dans ce cas, le statut professionnel, critiqué pour ce qu'il représente, sert surtout à alimenter une prise de position idéologique dans la discussion.

Au-delà de l'identification de ces identités construites, il est intéressant d'analyser le lien qui existe entre la façon dont les *forumeurs* se présentent et leur manière de présenter leur parole et le rôle qu'ils tentent de jouer sur le forum de discussion. La question du statut ou du positionnement pris par les contributeurs sur les forums de discussion électroniques des partis, par l'intermédiaire de leur(s) message(s) et de la manière dont ils se présentent eux-mêmes, devient une « identité situationnelle (à quel titre intervient-on dans le forum ?) » (Marcoccia, *op. cit.* : 43).

---

[138] Sur le forum de discussion du site web du PRG, celle-ci n'est ainsi pas objectivée.
[139] On observe le même phénomène vis-à-vis du statut des agents EDF-GDF sur le forum de l'UMP.

2. Expressions à titre personnel et expressions à titre collectif

2.1. Un discours en « je »

Le discours des *forumeurs*, sur les sites web des partis politiques, comme cela a pu l'être constaté pour d'autres forums de discussion politiques (Marcoccia, 2003 ; Wojcik, 2005 ; Matuszak, 2006), est marqué par la présence d'un discours en « je ». Le discours des *forumeurs* des sites web des partis est exprimé à titre personnel, ce que différentes tournures et postures révèlent. Le forum de discussion électronique des partis politiques est un lieu où l'on parle de soi et pour soi (au sens de : « de son propre point de vue »).

Ainsi, la parole des *forumeurs* est présentée par eux-mêmes comme leur témoignage, en attestent notamment les formulations telles que « ce n'est qu'un témoignage ! » ou encore « Je souhaiterais apporter le témoignage suivant ». Les *forumeurs* se racontent aussi à partir de leur histoire personnelle :

> « Ayant vécu en partie ma prime enfance dans le Cameroun des années 50, du temps où un gouverneur s'appelait Pierre Messmer, ancien légionnaire, je me suis longtemps interrogé sur les longues et fréquentes "manœuvres en brousse" de mon père qui était militaire. Ce n'est qu'un quart de siècle plus tard que je découvrais au travers d'un article du Monde Diplomatique le combat tragique de l'Union des Populations du Cameroun(UPC) et de son leader, Ernest Ouandié. Plus tard, je découvrais par un témoignage proche les circonstances de son exécution : traqué "en brousse", il a finalement été capturé par un groupe de soldats camerounais commandé par un sous-officier tchadien. (…) » (forum de discussion la LCR).

Le forum de discussion électronique du parti est donc l'occasion pour ses participants d'apporter un peu de leur vécu. Le forum de discussion électronique constitue un espace de témoignage par rapport à son expérience en tant que militant sur le terrain ou même candidat local : ainsi l'un des contributeurs du forum de discussion du site web de la LCR, par exemple, narre son engagement et ses différentes activités menées suite à sa candidature aux élections législatives. Au-delà de leur valeur de présentation de soi, ces discours de témoignages, de « mise en récit des engagements » (Cardon et Granjon, 2003 : 73), de l'expérience du vécu de ces contributeurs en tant qu'encartés ou militants, sont intégrés et mis au service d'une démarche argumentative. Le témoignage est donc exploité pour ses valeurs monstratives autant que démonstratives.

Le forum de discussion électronique du parti se révèle aussi comme un espace où sont donnés l'avis, l'opinion et l'analyse personnelle des *forumeurs* sur la société, sur la chose politique, sur l'actualité, où est signifié ce qui est important pour eux : « Je m'explique, pour moi, un service public est (…) » ; « (…) c'est ce que j'ai retenu de l'idée républicaine !!! ». La parole des *forumeurs* est donc explicitement présentée comme un « avis » ou une « opinion » dont ils font part aux autres *forumeurs* mais aussi au parti et à tous les lecteurs du forum, et qu'ils proposent comme ouverture à la discussion sur le forum ou même au sein du parti, comme l'illustre ce message posté sur le forum de discussion de l'UMP : « Je vais donner ici mon avis , lequel est bien sur discutable , et j'éspere qu'il sera discuté ». Ces témoignages, avis, opinions ou analyses, lorsqu'ils sont accompagnés et contextualisés par le signalement de l'identité socio-professionnelle de leur auteur, sont donc ceux d'un « je-professeur de philo », d'un « je-cheminot », d'un « je-étudiant », mais aussi "tout simplement" d'un « je-citoyen ». C'est bien à partir de ce qu'ils disent être et de la façon dont ils se définissent sur le forum de discussion électronique du parti que les *forumeurs* présentent, et par là même légitimant, leur discours et leur droit à dire et à parler sur. La présentation de soi constitue alors une présentation de la position dans le débat (Marcoccia, *op. cit.* : 43). Il s'agit, certes, d'un discours qu'écrivent les auteurs en leur nom propre (Marcoccia, *op. cit.* : 47), mais aussi d'un discours qui, au-delà, vise à incarner le statut (social, professionnel) qu'ils cherchent à représenter sur le forum de discussion électronique du parti. On est face à un discours du « je/en tant que » : « En tant que mamyboomer née en 1946 » ; « Moi même, surveillant dans un collège, je sais que mon rôle n'est pas celui du simple maton d'école (…) ».

2.2. Un discours « au nom de »

Mais la parole des *forumeurs* des sites web des partis ne se limite pas au témoignage personnel, elle est une recherche de l'universalisation du particulier. Cette parole peut certes être présentée par leurs auteurs comme l'expression d'une parole citoyenne – comme celle d'un « un simple citoyen » –, et parfois, au-delà, se vouloir expression de ce que veulent *les* citoyens. Le discours en « je » laisse la place à un discours qui peut être rapporté au niveau du collectif (« les Français », « ceux d'en bas »), comme cela apparait par exemple dans le message suivant posté sur le forum de discussion de l'UMP : « je vous garantie que la France d'en bas souhaite plus d'humilité ». Certains *forumeurs*, de par leurs remarques, se positionnent donc parfois de manière revendiquée, ou non, comme des "porte-parole" ou des analystes autoproclamés de ce que veulent, pensent ou attendent les Français, ou certaines catégories sociales (« les chômeurs[140] » ou encore les « enseignants[141] »). Michel Marcoccia voit d'ailleurs dans cette possibilité pour des internautes, qui ne sont ni des politiques, ni des experts, de « mener une analyse à visée objectivante », l'une des caractéristiques des forums de discussion politiques, ce qui les distingue par exemple des forums télévisés. Pour cet auteur, les forums de discussion politiques favoriseraient donc « l'émergence d'un discours analytique ordinaire » (Marcoccia, *op. cit.* : 47).

Au-delà du discours de témoignage dont ils font part, les *forumeurs* tentent d'attribuer à ce discours une portée supérieure : une portée collective. Ils présentent alors leur cas particulier comme une préoccupation partagée par d'autres, comme l'illustrent les extraits suivants issus des forums de discussion du PS et de la LCR :

> « il y a une masse de gens comme moi qui travaillent, qui sont honnêtes, et qui sont demandeurs de sécurité pour leur personne et leurs biens. Leur revendication mérite d'être entendue (…) » ;
> « Bien sur il y a des causes plus importantes que mon petit souci de santé mais quand même cela en dit long sur les priorité et la façon dont on traite la population sur un sujet qui conerne tout le monde je ne veux pas parler du temps mais de la santé ».

Ils tentent de s'instituer eux-mêmes comme représentatifs de cas, de situations, de sentiments généraux, qui transcendent leur propre cas, situation, sentiment. Ainsi, par certains de leurs discours, les *forumeurs* se positionnent en tant que défenseurs de l'intérêt général : de l'intérêt des citoyens français ou d'une partie d'entre eux, ceux qui sont comme eux. A l'instar de Stéphanie Wojcik, on peut voir dans ce type de procédé de montée en généralité, une façon pour les contributeurs de légitimer leur contribution au regard des lecteurs du forum de discussion électronique du parti (Wojcik, *op. cit.* : 400).

Enfin, l'emploi du « nous » met également en scène la recherche de la dimension collective. Le « révoltons nous » lancé par « Arnaud j'ai 18 ans » sur le forum de discussion de la LCR s'adresse aux lecteurs du message et au-delà, aux responsables de la LCR ainsi qu'à ses membres, en même temps qu'il incarne un « nous-les citoyens français ». Le « nous » est alors emblématique du collectif des citoyens français, auquel l'auteur s'intègre lui-même, en même temps qu'il se représente en tant que citoyen et s'exprime en leur nom, comme

---

[140] « Les chômeurs, n'ont pas décidés d' être au chômage et moi non plus » (forum de discussion de la LCR).
[141] « (…) ces enseignants qui ne font pas que s'accrocher à leurs acquis sociaux mais qui veulent sauvegarder un bastion de la liberté et de l'égalité dans ce pays » (forum de discussion de la LCR).

l'illustrent également les deux extraits suivants issus des forums de discussion de l'UDF et de l'UMP :

> « Cela fait 20 ans que les acteurs de la vie politique nous comprennent, nous promettent le changement, nous proposent un nouvelle manière de faire de la politique, nous prennent à partie "les français savent, veulent, refusent, ceci cela etc..."... » ;
> « Alors cessons de critiquer pierre paul ou jacques (sans jeu de mot) nos gouvernants ne sont que le reflet de notre population ».

Le « nous », ici, permet à l'auteur du message de « demeurer dans le registre de la première personne, tout en se démarquant du caractère individualisant qu'implique le JE » (Maingueneau, 1991 : 128). Le contributeur se pose en délégué d'une collectivité (Maingueneau, *op. cit.*), il parle et présente son discours comme celui de l'ensemble de la communauté, celle des citoyens. Le « nous », à la fois collectif et inclusif, constitue ainsi l'un des procédés linguistiques souvent employés pour mettre en scène et matérialiser l'appartenance à une même communauté, celle de la nation française[142], ou encore, tel qu'évoqué précédemment, l'appartenance partisane, comme l'illustrent les extraits suivants :

> « Nous sommes un mouvement populaire (...) » (forum de discussion de l'UMP) ;
> « Enfin c'est évident pour nous les militants... c'est déjà ça » (forum de discussion du PS) ;
> « Un parti, un syndicat, une association, un groupe est ce que ses membres en font et veulent en faire ! A nous de faire du PRG le parti humaniste, réformiste, laïc et européen que la France mérite ! » (forum de discussion du PRG) ;
> « Ok pour discuter avec Méhaignerie. Mais pas avec Douste ni Longuet. IL existe des limites ne pas dépasser tout de même. En partant, ces personnes ont permis de clarifier l'UDf qui est un parti Centriste et pas de Centre Droit fait pour donner la majorité au RPR. Espérons que l'UMP écoute la bonne parole de Madelin. Cela nous fera de la place » (forum de discussion de l'UDF).

Et avec la même visée, l'emploi du marqueur possessif « notre » peut également se révéler un marqueur de l'appartenance partisane. Il est alors question de « notre porte-parole Besancenot » ou de « nos dirigeants UDF actuels ». Ces marqueurs participent de la mise en scène discursive de l'appartenance partisane : d'un « nous-membres du parti »

---

[142] Le marqueur possessif « notre » est de la même manière usité pour manifester l'appartenance à la société française, il est ainsi question de « notre pays ».

ou d'un « nous-militants du parti », auquel le contributeur se réfère en même temps qu'il s'y inclut. De cette manière, le contributeur montre alors qu'il partage ce statut, de membre ou de militant du parti, avec d'autres (Montes in Charaudeau et Montes, 2004 : 59).

Ce type de discours, dépassant le caractère individuel de celui qui le prononce, tend alors à positionner son énonciateur comme une figure représentative d'un collectif, et son énoncé comme supplanté de la valeur individuelle qu'il comporte. On se trouve donc bien, ici, face à une forme de construction discursive d'une identité, partisane ou sociale, qui « ressemble aux formes habituelles des discours sociaux et politiques, généralement caractérisés comme des discours produits par des locuteurs parlant "au nom de" » (Marcoccia, *op. cit.* : 44). Ce dépassement implicite du niveau individuel personnel fait partie des formes classiques de l'expression de l'opinion politique, puisqu'elle conduit à renforcer la légitimité d'un propos.

Conclusion

Les messages sur les forums de discussion électroniques des partis politiques français apparaissent donc comme ceux de "simples" citoyens, de sympathisants ou de militants. Dans leurs interventions, les contributeurs, en même temps qu'ils construisent leur discours, construisent l'image qu'ils souhaitent se donner, et donner aux autres, sur le forum de discussion du parti, mais aussi en fonction du message qu'ils souhaitent faire passer, au parti comme à l'ensemble des internautes.

Les internautes qui participent aux forums de discussion électroniques des partis politiques se montrent et se présentent parfois eux-mêmes comme des citoyens, pour certains engagés - qu'ils soient ou non adhérents d'une organisation politique -, ou encore intéressés par la politique. Intérêt par ailleurs confirmé ne serait-ce que par leur simple participation au forum de discussion d'un site web de parti politique[143]. Et les interventions des *forumeurs* peuvent comporter une analyse renseignée des situations politiques. Par conséquent, plutôt que de paroles profanes, il semble que les discours des internautes des forums de discussion électroniques des partis politiques puissent davantage être considérés comme des discours d'initiés.

---

[143] Ne disposant pas de données chiffrées sur la période correspondant à celle de l'étude (2003 et 2004), on peut toutefois, à titre indicatif, se référer aux résultats de l'enquête quantitative réalisée en ligne en septembre 2006 par Opinionway, selon laquelle seuls 10% des internautes interrogés déclarent avoir participé à une discussion ou un forum politique par Internet, sachant que 3% déclarent l'avoir fait plusieurs fois et 7% une seule fois. (Source : http://www.opinion-way.com/pdf/pj1782-forum-e-democratie-diffusion.pdf).

Bibliographie

BEAUDOUIN V., VELKOVSKA J. (1999), « Constitution d'un espace de discussion sur Internet (Forums, pages personnelles, courrier électronique), in *Réseaux*, n°97, p.123-177.

BLANCHARD G. (2007), *La communication politique partisane sur Internet : des pratiques et des stratégies nouvelles ?*, Thèse de doctorat en Sciences de l'Information et de la Communication, Université Stendhal Grenoble 3.

CARDON D., GRANJON F. (2003), « Peut-on se libérer des formats médiatiques ? Le mouvement alter-mondialisation et l'Internet », in *Mouvements*, n°25, p.67-73.

HAUCH V. (1998), « Présentation de soi et expertise dans les réseaux informatiques », in *Communication, société et internet*, Paris, L'Harmathan, p.105-119.

LELOUP D., PIQUARD A. (2007), « Des militants en ordre de bataille », in *Le Monde*, édition du 21 mars.

MAINGUENEAU D. (1991), *L'énonciation en linguistique française*, Paris, Hachette.

MARCOCCIA M. (2003), « Parler politique dans un forum de discussion », in *Langage et société, Ecrits électroniques : échanges, usages et valeurs*, n°104, p.9-55.

MATUSZAK C. (2006), *Stratégies cybermédiatiques des mouvements anarchistes et nationalistes révolutionnaires : parcours sémiotique dans l'internet de mouvements transgressifs*, Thèse de doctorat en Sciences de l'Information et de la Communication, Université Charles de Gaulle Lille 3.

MONTES R. (2004), « Les multiples tiers du débat politique », in *La voix cachée du tiers*, Paris, L'Harmattan, p.53-77.

MOURLHON-DALLIES F., RAKOTONOELINA F., REBOUL-TOURE S. (coord.) (2004), *Les discours de l'internet : nouveaux corpus, nouveaux modèles ?*, Les Carnets du Cediscor, n°8, Paris, Presses de la Sorbonne Nouvelle.

WOJCIK S. (2005), *Délibération électronique et démocratie locale. Le cas des forums municipaux des régions Aquitaine, Languedoc-Roussillon et Midi-Pyrénées*, Thèse de doctorat de Science Politique, Université Capitole Toulouse 1.

Parler de l'Autre
dans les discours identitaires en ligne :
l'exemple turc

Eléonore YASRI-LABRIQUE[144]

Entre le 1er mai 2004 (date de l'élargissement de l'Union Européenne à 10 nouveaux Etats-membres) et le 31 mai 2005 (surlendemain du non français au Traité de Constitution Européen), les discours sur la Turquie et son éventuelle entrée dans l'UE se sont multipliés, tant sur le plan politique que médiatique. Cette période est aussi caractérisée au niveau de la communication interpersonnelle et interculturelle par l'émergence et surtout la diffusion de plus en plus massive de sites publiés sur Internet. Il semble que toutes les connaissances et croyances soient partagées sur la toile et que la liberté d'expression atteigne son point culminant par la publication d'une idée ou d'une conviction sur ce réseau d'extension mondiale. Comme le signale Sacriste, « nombreux y ont vu le moyen de réaliser un "village planétaire" fondé sur la liberté, la fraternité et l'égalité » (2007 : 203), en particulier par la participation à des forums de discussion. A la suite du même auteur, on peut définir ceux-ci comme « de vastes agoras où domine *la doxa* [et qui] permettent d'entrer en relation avec des individus sans connaître leur adresse et d'échanger des opinions sur des sujets divers et variés » (*ibid.* : 210). C'est pourquoi, la lecture et l'analyse des échanges disponibles sur certains forums de discussion nous paraissent susceptibles d'éclairer, de façon appropriée, le regard de l'opinion publique sur les Turcs et la Turquie ainsi que le lien entre doxa historique et doxa contemporaine. Rappelons qu'une des caractéristiques de ces lieux virtuels est l'*anonymat* des interlocuteurs et l'impossibilité d'identifier les énonciateurs. Comme d'autres auteurs (Nicolaci-Da-Costa, 1998 ; Da Silva Junior *et al.*, 1998), nous pensons que cet échange entre internautes quasiment désincarnés est marqué par plus de *liberté* et de *spontanéité* que la plupart des autres relations

---

[144] Eléonore Yasri-Labrique, docteure en Sciences du Langage, chercheure rattachée à l'EA DIPRALANG, enseignante à l'Institut d'Etudes Françaises pour Etrangers (Université de Montpellier 3). Ses recherches s'articulent essentiellement autour des deux axes suivants : pratiques pédagogiques du FLE et didactique des langues et cultures d'une part ; sociolinguistique, études des représentations interculturelles, analyse de discours d'autre part.
Elle est l'auteur de *La Turquie et nous – Enquête sur l'imaginaire turc de la France*, Paris, L'Harmattan, 2010. eleonore.yasri@univ-montp3.fr

interindividuelles (Yasri-Labrique, 2010b : 390). C'est pourquoi nous nous sommes intéressée aux forums sur la Turquie et à l'interdiscours qu'il nous livre, marqué par la fougue et la passion, même si la participation à ces discussions suppose le respect de certaines règles de conduite.

Cette contribution est basée sur 9 forums de discussion publiés entre 2002 et 2006 (voir « sites étudiés » en fin d'article), à propos desquels nous avons constaté qu'ils reflétaient une diversité susceptible de représenter l'opinion publique française : d'une part, « l'unité d'ancrage est effectivement confirmée et l'emploi récurrent du pronom déictique de la première personne du pluriel manifeste le sentiment d'appartenance à une communauté nationale, voire supranationale », d'autre part, « l'usage extrêmement fréquent du "ils" pour désigner les Turcs ou du "elle" pour se référer à la Turquie maintient cette entité dans l'altérité » (Yasri-Labrique, 2010a : 155-156). Nous avons effectué une analyse séparée pour chacun des sites et avons procédé à un recueil systématique des citations significatives des modes de positionnement et de l'instabilité caractéristique de "l'air du temps" :

> Plus on pénètre dans la socioculture la plus actuelle, plus on trouve des faits de mode : *l'air du temps* (la « rhétorique d'époque » selon Barthes) et plus on découvre des clivages, de l'instabilité et la manifestation d'identités de groupes qui s'affrontent plus ou moins clairement. (Boyer, 1998 : 7)

Ce qui retiendra notre attention ici, c'est le discours sur l'Autre, la désignation de l'altérité dans ces messages empreints d'un fort investissement identitaire.

1. L'identité turque : une définition impossible ?

Dès qu'il s'agit d'identité, l'*investissement affectif* de l'énonciateur dans son discours est amplifié car il projette dans sa parole une partie de lui, même quand il évoque l'Autre. Comme le souligne Geneviève Vinsonneau, « l'identité est un processus d'élaboration d'un système signifiant, chez un acteur qui interagit à la fois avec d'autres acteurs et avec le système symbolique dans lequel ils évoluent ensemble » et elle « se réalise comme un processus dialectique, au sens d'intégrateur des contraires » (2002 :12). Dans notre corpus, certaines projections identitaires renvoient au *double ancrage* de ces forums : la France et l'Europe. Mais elles se focalisent également sur l'identité turque et ses tentatives de définition, symptomatiques d'hétéro-représentations plus ou moins figées.

1.1. La Turquie, « un pays d'histoire, d'art et de culture »

Si on reprend les éléments mis à jour dans d'autres travaux (Yasri-Labrique, 2008, 2010a), on constate qu'un consensus dominé par une forme de binarité se dessine pour définir la Turquie. C'est un pays musulman et laïc ; c'est un pays dont le régime politique est qualifié tantôt de démocratique, tantôt d'autoritaire ; c'est un pays relativement stable économiquement, avec un marché en pleine expansion mais un niveau de vie encore faible ; c'est un pays où les droits de l'homme (et de la femme) ne semblent pas respectés ; c'est un pays dont l'identité européenne est mise en question. En se référant aux passages qui évoquent cette nation dans son altérité par rapport aux pays européens, on note que les internautes mettent en place un *paradigme identitaire* à la fois descriptif et normatif comme dans les passages suivants extraits du forum n°2 :

> « C'est une belle culture, une belle histoire. » (justeleblanc),
> « Culturellement parlant c'est un pays totalement européen. » (Fingon Fel agund)
> « C'est un pays qui n'est pas compatible économiquement et culturelement avec l'europe. » (daddykille r)
> « La Turquie un pays d'histoire, d'art et de culture. » (CHEHRI)
> « La Turquie est également un mélange de peuples, de cultures et de religions. » (itsioria)

En ce qui concerne la Turquie elle-même, l'image n'est guère contrastée et s'appuie sur des *lieux communs* ; les aspects historiques, artistiques et culturels sont reconnus, mais les interprétations diffèrent. Pour certains, cela en fait un pays européen, pour d'autres pas. La vision de ses habitants paraît également consensuelle, mais avec des représentations nettement plus défavorables. L'utilisation récurrente dans les différents forums analysés, du pronom « ils » et des possessifs qui en dépendent, les installe à la fois dans l'altérité et la généralisation auxquelles s'ajoutent la condamnation : ce sont des gens susceptibles, des « fous », des « arriérés » ; les hommes sont violents, les femmes sont battues et les enfants sont exploités :

> « Des fous ces gars la. » (kryogen)
> « Les turcs n'ont pas le même esprits, les mêmes traditions, la même facon de vivre...» (LOUTZ)
> « Je dis pas que les turcs sont des arriérés mais qu'une partie des turcs (l'Est de la Turquie) n'a rien avoir avec les

> Europeens. Les femmes sont soumises au mari, les enfants travaillent tres jeunes... » (susy)
> « On peut pas intégrer un pays à l'europe, en loccurence la Turquie, alors que les hommes battent leur femmes, la mentalité est encore bien arriéré et surtout le niveau de vie est très moyen voire pauvre. »
> « La Turquie c'est un véritable pays d'arriérés! On ne compte plus les touristes condamnés à mort ou à perpette pour 3gr de Hash ou les filles kidnapées par leur pères et jamais revues! c'est le moyen âge là-bas! » (imseb99)

On note toutefois cette réaction virulente sur le forum n°7, qui enchaîne sur un rythme haletant des *réfutations* sous forme de phrases négatives. Elles mettent en valeur le caractère absurde de certaines interventions antérieures, pour terminer sur une assertion dont la dimension morale, voire moraliste, paraît incontestable :

> « Alors MERDE, la Turquie n'est pas un pays pestiféré, elle n'a pas ordonné aux oiseaux migrateurs de venir foutre la grippe aviaire, elle ne s'amuse pas à avoir parmi ses habitants des MINORITES extrémistes, elle a fait des erreurs MONUMENTALES que je ne remet bien entendu pas en question (génocide arménien, enfin un argument qui est très fort et intéressant), mais face à nous, elle mérite autant de rentrer dans l'Europe lorsqu'elle aura rempli toutes les conditions nécessaires à son entrée (respect des Droits de l'Homme...(bon argument également)). » (remibetin)

Mais ce sont surtout les échanges sur l'identité des Turcs qui semblent intéressants car ils aboutissent à une sorte d'impasse : peut-on vraiment définir ce que signifie être turc ?

1.2. « Comment peut-on être turc ? »

Certains internautes remontent aux origines du peuplement de la Turquie et affirment :

> « Les Turcs sont quand meme une ethnie venue de l'est qui ont envahi les Byzantins, peuple en grand partie grec...» (Der Wind [Loynis])
> « Les turcs sont à la base une ethnie du meme type que les mongols (qu'ils ont assimilé en partie), à savoir une civilisation à tendance ultra-militariste aggressive..."Turk" du mot "Turuk" veut dire en turc "Fort") Au cours de l'histoire comme

les Mongols ils se sont imposés à nous par la force et à mon avis ils ne voient pas de raison que ça change.... » (Nemesiss)

L'*exposé historique*, avec références étymologiques, dérape rapidement en un étalage de clichés et d'impressions personnelles, qui confirment l'idée de violence (agressivité, force...) évoquée plus haut. Mais d'autres ne formulent pas l'origine asiatique du peuple turc (par ignorance ou par oubli) et cherchent d'autres moyens d'identification. Les échanges suivants, extraits du forum n°4, sont tout à fait significatifs :

> « Si la Turquie rentre dans l'ue ce sera plus un pays arabe ? » (FraYe)
> « Qu'est-ce que tu racontes ? c'est pas Arabe la Turquie. » (pascal-san)
> « C pas des juifs non plus.. c quoi alors. » (FraYe)
> « Bah... des Turcs. » (pascal-san)
> « Je crois que c des turcs. Sinon, 'ottomans' si tu préfères. » (VX911)
> « Les Turcs c pas des europeens, c des Turcs ottomans. » (FraYe)
> « Les Turcs et les Arabes nont rein à voir tu sais. » (dju)
> « Les Turcs,tout comme les Israeliens et les Berbères sont des Arabes. » (liberte)
> « N'importe quoi Les berbères et les turcs sont pas arabes hein. » (Ascaso)
> « Ce ne sont pas non plus des Blancs,ni des Noirs ni des Asiatiques. » (liberte)
> « Les turcs sont tout autant européens que les russes hein. » (dju)

Les internautes ont donc beaucoup de difficultés à s'accorder pour classer les Turcs *sur le plan ethnique ou racial*. La tentation de les considérer comme des Arabes est grande mais elle est balayée catégoriquement par certains participants. Il est possible de dire ce que les Turcs ne sont pas (arabes, juifs, blancs, noirs, asiatiques) mais impossible de dire ce qu'ils sont. On en arrive ou bien à une *tautologie* : « les Turcs sont des Turcs », avec sa variante « les Turcs sont des Ottomans », ce dernier terme n'étant pas défini autrement que par sa synonymie avec le lexème « Turcs » ; ou bien à une *contradiction* : « les Turcs ne sont pas européens mais ils sont tout autant européens que les Russes ». Ainsi à défaut de pouvoir rattacher les Turcs à une identité plus globale, la seule qui s'impose avec des hésitations, c'est la catégorie des Européens.

1.3. Européens ou pas ?

Dans le forum n°2 (où apparaissent les termes « turcophone » et « panturquisme »), la question de l'identité turque fait véritablement débat. On trouve notamment un échange, nettement plus long, qui fait écho à celui précédemment cité :

> « pkoi pas dire simplement que c'est un pays arabe/musulman et que beaucoup de gens n'en veulent pas ?!?! » (KRUMLI)
> « Attention la turquie n'est pas du tout arabe. » (newbie_argent)
> « Ottoman » (MaxoOo)
> « Effectivement, dire qu'un turc est arabe est aussi absurde que de dire a une chinois qu'il est arabe. » (newbie_argent)
> « Ce sont des perses, c'est ça ? » (sire de Bo tcor)
> « Originellement les perses viennent d'Iran, les Ottomans de Turquie, et les arabes d'Arabie. Mais à des époques différentes quand même. » (MaxoOo)
> « Quelle est la différence physique entre perse, arabe et ottoman ? » (sire de Bo tcor)
> « Comment veux tu repondre a ca , quel est la difference pour toi entre un francais et un allemand, tu peux pas le dire, c'est impossible. » (newbie_argent)
> « tu sais reconnaître ? (un allemand c'est grand blond et ça parle carré) » (sire de Bo tcor)
> « ben oui je peux faire la difference vaguement entre un arabe et un turc mais je peux pas l'expliquer, comme un nigerian peut reconnaitre un nigerian d'un camerounais, il peut differencier mais il ne peut pas l'expliquer » (newbie_argent)
> « Déjà leur type physique est différent de celui des arabes. C'est franchement pas compliqué de distinguer un Turc d'un arabe. » (panzemeyer)
> « y'a plusieurs versions de turcs tu peux faire la difference au niveau physique "typique" mais tu peux tres bien confondre les turcs avec les occidentaux .» (*PIKACHU*)
> « certainement pour dire type européen on dit souvent caucasien en anatomie mais la vision qu'on a des turcs c'est souvent celles des anatoliens assez typés. » (bonnano)
> « hé bien c'est ce que je dis,ces peuples n'ont rien d'européen,ils l'etaient avant les conquétes ottomanes et arabes,carthage,constantinople etaient habité par des peuples slaves ou d'origine grecque,plus aujourd'hui! Donc un enorme fossé s'est creusé au fil des siécles avec l'europe! donc plus rien à voir avec l'europe. » (Malkuth)

Bien qu'il n'y ait pas l'expression aussi nette d'une tautologie, le dialogue sur l'identité ethnique des Turcs tourne court : certes, les participants sont d'accord pour dire que ce ne sont pas des Arabes et que ce sont des Ottomans (qui viennent de Turquie...), mais ils ne peuvent donner davantage de précisions. Du coup, le débat enchaîne sur les *caractéristiques physiques et anthropomorphiques* des Turcs et aboutit à des clichés sur le type turc et le type européen pour lesquels aucune distinction flagrante n'est en définitive proposée. On en arrive plutôt à des propos quelque peu absurdes et à tendance raciste (voir ci-dessous) mais à une conclusion inverse par rapport à celle du forum n°4 : les Turcs sont tout *sauf* européens. Ceci conduit à l'expression d'un discours qu'il ne faut peut-être pas prendre au premier degré mais qui relève d'une certaine forme de racisme (1), ce qui ne manque pas susciter des réactions indignées (2) :

(1) « Les turcs ils sont forts , ils sont gros à force de bouffer des kebabs, ils ont une moustache et ils boivent un café dégueulasse » ; « depuis qu'ils nous ont pété saint sophie pour en faire la mosquée bleue ils arrêtent pas de nous embêter ces turcs et si c'était pas grâce à ces barbares de bohémiens , magyars, bulgares et autres sentinelles de l'occident chrétien, ils nous auraient tous convertis au café non filtré. Donc maintenant ils vont pas se ramener la bouche en coeur aussi. » (bonnano)

« Dans le genre ennemi de l'Europe on peut difficilement faire mieux que les turcs. Les pays des balkans se sont battus (et ont ete occupes pour certains) pendant des siecles contre l'empire Ottoman pour defendre l'Europe. Pour les remercier on les laisse tomber et on integre la Turquie a l'Europe, ils vont etre heureux... » (Grith)

(2) « "c'est fourbe et lâche un turc" - un peu de calme stp tu peux être anti-Turc ce n'est pas une raison pour être bête. » (alper aga)

« nan mais arretez, tlm sait que c'est ça la raison principal même si c'est faux et incorrect la turquie serait rempli de suedois et avec l'historique de la suede, il n'y aurait aucune polémique » (krumli)

« excuse moi mais je peu te demande ce qu est la turquie pour toi ??? Un pays arabe pas civilisé dont tu as vu qq photos et tu a entendu parler a la tele. ??? Mais est ce que tu t es renseigne personnellement pour avoir 1 opinion propre a toi ???? » (mahir)

C'est peut-être ce qui conduit l'un des locuteurs à citer un long article sur l'identité turque, à la fois savant et partisan, point de vue défendu également par d'autres internautes :

> « Peuple nomade venu d'Asie centrale, les Turcs se sont immiscés dans l'Histoire européenne dès le XIVe siècle en traversant le détroit du Bosphore et conquérant la péninsule des Balkans, les Carpathes et une grande partie du bassin du Danube. Jusqu'au XIXe siècle, les sultans ont colonisé ces régions de façon généralement brutale, les empêchant de s'associer au développement social, technique et culturel du reste de l'Europe. (…) Aujourd'hui, le sens commun situe la Turquie en Asie. Asiatiques sont de toute évidence les régions d'Anatolie, de Cappadoce, du Kurdistan, de Cilicie,... Les organisations internationales comme l'ONU ne s'y trompent pas qui classent dans leurs statistiques et leurs rapports la Turquie en Asie Occidentale, avec l'Arabie, l'Irak, la Syrie ou encore Chypre... » (bonnano)

Dans le forum n°6, on retrouve à propos de l'identité turque la plupart des conceptions que nous avons évoquées dans les paragraphes précédents. Il y a aussi de très longues interventions qui retiennent point par point les arguments opposés à l'entrée de la Turquie dans l'UE pour les démonter un à un, d'autres plus courtes qui définissent la Turquie comme un « club musulman » (groos_bisous) ou un « peuple aussi guerrier » (Damballa). On retiendra également ce message qui offre un regard ambivalent (positif puis très négatif) :

> « Qu'est-ce que la Turquie?
> Un pays, une civilisation, singulière, qui a longtemps dominé la sphère musulmane et une partie de l'Europe. Un monde à la croisée de l'Asie centrale et du monde musulman. Un monde qui nous a combattu, nous, européens, sans relâche et sans la moindre exception pendant 1000 ans. (…)Et cela les Turcs en sont conscients. Comment peut-on imaginer un seul instant qu'une civilisation, des gens fiers, qui a été leader dans un monde oriental puisse accepter d'être un parent pauvre du monde occidental (ce qui arrivera invariablement au moins au début) malgré son poids démographique? Il ne faudrait pas sous-estimer le poids de l'histoire dans l'inconscient collectif. Les Turcs sont des conquérants. Ils avaient annoncé: d'abord Jérusalem, puis Constantinople, et enfin Rome. (…) Je ne doute pas un seul instant que les Turcs sont des gens courageux, laborieux et méritants, comme je ne doute pas un seul instant que dès qu'ils auront l'occasion de nous montrer

leur puissance, nous en serons les premiers et (hum) heureux témoins, à nous ou aux Russes. Sivaslikiz dit que les Turcs sont des loups. C'est exactement ça, alors évitons de les faire entrer dans la bergerie européenne. » (Fonzy98)

Des interventions à tendance xénophobe, marquées par un ton emporté qui laisse peu de place au second degré, sont aussi à relever (1), ainsi que les réactions qu'elles suscitent (2) :

(1) « g vai vous dire franchement la turquie c' est vraiment un pays de merde rien a foutre dans leurope ca kesk 1 population a 75% musulmane viendrai foutre en europe non ms sans blagues!!! pa assez de ressources pour rentrer ds leurope on va encore devoir payer pour tous ces connards de l est ca rique pa en + la turquie » (bipbip4)

« la turquie est un pays musulman, qui n'a pas l'air de connaitre les droits de l'homme et du citoyen. leurs pratiques fasse a la femme est ignobles! il n'est pas normal de voir une femme battue par son pere, son frere ou son mari parce qu'elle a decidée de vivre librement.Enfin, si l'UE accepte la turquie (pays musulmans) ou vont s'arreté les limites? n'oublions pas que c'est en turquie que le trafic d'enfants est le plus elevé! » (aurelie7)

« la turquie n'as qu'a fraterniser avec ses frères d'idées a savoir maghreb et moyen orient . moi et certainement la majorité des européens n'ont pas envie de cautionner un pays a la mentalité préhistorique. » (marie23)

(2) « franchement je suis choqué par certains arguments jparle pr ceux ki st contre! c abusé komen vos propos st pa fondé (pr certains) vs pensé vraimen ke la turquie est 1 pays si arriéré ke ça?! mais vs voyé ke ce ke vs voulé voir é vs vs laissé influencé par les préjugés. certains parlent kom si toute lé fam de la turquie se fesait battre! vs croyé ken france ça n'existe pas? biensur ke si ça existe sauf kon en parle pa! alors arrété de dire n'importe koi! » (mishoway)

Malgré la longueur et l'intensité des échanges, une définition claire de l'identité turque ne parvient pas à émerger. Certes, des pistes, notamment historiques et religieuses, sont avancées mais elles semblent aboutir à des impasses. Toutefois, un certain consensus se dessine au-delà des réflexes normatifs : quels qu'ils soient, les Turcs appartiennent non seulement à *un autre monde* mais également à *un autre temps*.

Si l'on reprend les propositions de Boyer concernant les hétéro-représentations en tant que composantes de tout imaginaire ethnosocioculturel (2003 : 35-36), on s'aperçoit que l'interdiscours que nous avons exploré dans ces neufs forums de discussion met en scène les différents éléments qui en sont constitutifs. Toutefois, dans la perspective qui nous intéresse, il nous semble pertinent de nous attarder seulement sur les deux premiers champs représentationnels : la perception globalisante du peuple et du pays d'une part, et l'identification institutionnelle d'autre part. En effet, ce sont eux qui, d'une part, présentent un fonctionnement stéréotypique maximal, et d'autre part, émergent le plus nettement de l'analyse que nous avons effectuée.

2. Analyse des positionnements identitaires

2. 1. La perception globalisante du peuple et du pays

Dans notre corpus, de nombreux énoncés caractérisants sont produits. Ils concernent :

1. *les traits physiques des Turcs.* Cette caractérisation, abordée dans le forum n°2, est une tâche apparemment ardue dans la mesure où, selon (*PIKACHU*), « y'a plusieurs versions de turcs », et où finalement très peu de qualificatifs sont proposés en-dehors de « moustachu » (krumli). Certes, l'un des intervenants annonce, sur un ton provocateur : « Les turcs ils sont forts , ils sont gros (…), ils ont une moustache » (bonnano), mais cela reste marginal. On trouve en revanche des comparaisons suggérant des oppositions (« leur type physique est différent de celui des arabes » (panzemeyer)) ou des identifications (« tu peux tres bien confondre les turcs avec les occidentaux » (*PIKACHU*)). Mais la dimension anthropomorphique est loin de représenter la principale préoccupation des intervenants, ce qui semble éloigner le spectre du racisme au sens premier du terme ;

2. *les comportements sociaux des Turcs.* Leur évocation traverse l'ensemble du corpus, et comme nous l'avons signalé, ce peuple est appréhendé à travers ses différences. Qu'il s'agisse de culture, mentalité, mode de vie…, tous ces paramètres sont placés sous le signe d'un double éloignement : éloignement dans l'espace, qui place la Turquie dans une sorte d'extraterritorialité planétaire résumée dans le forum n°2 par la constatation : « nous ne sommes pas du même monde... » (sire de Bo tcor) ; éloignement dans le temps qui confine les Turcs à l'anachronisme : « c'est le moyen âge là-bas » (imseb99, forum n°1) ; « un pays a la mentalité préhistorique » (marie23, forum n°6). Dans les deux cas, même si tous les positionnements ne sont pas aussi radicaux, la notion d'altérité reste prépondérante, l'identité de Soi a tendance à être valorisée tandis que l'identité de l'Autre est

généralement dénigrée comme le confirme l'actualisation de termes très connotés comme « fous » ou « arriérés » ;

3. *la religion musulmane.* Bien que certaines hésitations apparaissent dans le corpus, les internautes, dans l'ensemble, ne confondent pas l'islam en tant qu'ensemble de croyances et l'islamisme en tant qu'idéologie politique. Ils assimilent certes Turcs et musulmans et considèrent généralement que le gouvernement est islamiste, sans qu'aucune définition précise ne soit proposée pour les termes appartenant au champ lexical de la religion. Ce qui domine toutefois, c'est le sentiment de peur et de rejet car, qu'il s'agisse de croyance ou d'idéologie, la dimension religieuse est associée à la crainte d'un prosélytisme sauvage et au fantasme de conversions massives et forcées, comme le signale de la façon la plus véhémente, l'internaute (Chaumont) dans le forum n°5 : « Dans quinze ou vingt ans l'islamisme ne sera ni mort ni enterré (…). Par contre, il est bien possible qu'à cette époque-là tu sois cul-de-jatte ou manchot par suite d'attentat, réveillé tous les matins vers 4h par le chant du muezzin (…) ou que ton supermarché favori ne vende plus de porc ». L'islam est donc également associé au terrorisme, nouveau visage de la barbarie ;

4. *la situation socio-économique.* Si l'on opère une synthèse des interventions concernant ce domaine, la Turquie est plutôt perçue comme un pays en émergence, ce qui implique à la fois du retard et du potentiel sur le plan économique. C'est une vision mitigée qui maintient toutefois ce pays dans l'altérité. Celle-ci est encore renforcée lorsque les internautes évoquent l'état de la société turque. Pour la majorité d'entre eux, c'est un pays qui ne respecte pas les droits de l'homme et qu'il est difficile de qualifier de démocratie. L'effet de contraste avec les pays de l'UE est donc accentué à tous les niveaux, avec une valorisation axiologique favorable au groupe dont sont issus la plupart des intervenants.

2.2. L'identification institutionnelle

De nombreuses interventions font aussi ressortir, parallèlement à l'appartenance confessionnelle de la population et aux orientations conservatrices du parti au pouvoir, le caractère laïc de l'idéologie kémaliste. Certaines allusions sont faites aux réformes d'Atatürk, mais peu d'autres indications sont fournies quant au fonctionnement des institutions turques. Il flotte néanmoins une impression générale selon laquelle la Turquie – dont la capitale Ankara est plusieurs fois citée, notamment à propos de son ancrage asiatique – a conservé un régime autoritaire, marqué par une présence visible de l'armée. Par ailleurs, *l'identification ethnographique, folklorique, gastronomique et touristique*, est relativement limitée dans ces forums dont la discussion tourne autour de l'éventuelle adhésion de la Turquie à l'UE. Il n'y a par exemple que peu d'allusions aux kebabs et au café turc, et aucune aux loukoums... On note quelques références à Istanbul, à Sainte-Sophie et à la Mosquée bleue, illustrations stéréotypées du lieu commun selon lequel la Turquie est « un pays d'histoire, d'art et de culture », mais les autres grands sites touristiques, la mosaïque des peuples habitant cette terre aux paysages contrastés, les coutumes régionales, les fêtes locales, les traditions ou les spécialités... ne sont quasiment jamais évoqués. On peut se demander si ces dimensions sont ignorées dans les échanges parce qu'ils ont pour thème une problématique qui ne concerne pas directement ces divers aspects ou si leur évitement est significatif de la méconnaissance du pays. Le manque de précisions définitoires caractéristique des interventions spontanées (par opposition au discours savant cité parfois comme argument d'autorité) nous incite à envisager que la deuxième hypothèse est fort vraisemblable.

2. 3. Une stéréotypie réactualisée

L'approche de ces deux champs représentationnels montre que la perception des Turcs par des Français anonymes plus ou moins représentatifs de l'opinion publique se base encore sur *une vision globalisante à forte teneur stéréotypique*. Comme pour la doxa historique, le noyau central de cette représentation, est constitué des schèmes de l'*altérité* et de la *menace*, transposées sous une forme moderne dans les domaines politiques, socio-économiques et religieux. La notion de barbarie, parfois verbalisée comme dans le forum n°7 par l'internaute (Herse) qui suggère : « Il faudrait aussi savoir si la Turquie, qui fait des efforts pour y entrer, ne ferait justement pas des efforts exclusivement pour y entrer et une fois acceptée, régresserait vers le statut de barbare qu'elle était dans le passé », réapparaît dans une version réactualisée : atteintes aux droits de l'homme, usage de la torture, maltraitance des femmes et des enfants, islamisme radical, terrorisme, refus de reconnaître le génocide arménien... On y retrouve la composante religieuse au détriment de la composante militaire, qui investit cependant le champ de l'identification institutionnelle. Les Turcs, parfois assimilés dans ces forums à des bêtes, comme dans la métaphore suivante extraite du forum n°6 : « Sivaslikiz dit que les Turcs sont des loups. C'est exactement ça, alors évitons de les faire entrer dans la bergerie européenne. » (Fonzy98), demeurent, dans la représentation collective des ennemis susceptibles de nous engloutir. Ils sont assimilés à « l'Autre par excellence », pour qui nos référents culturels et philosophiques sont à jamais inaccessibles.

Toutefois, comme nous avons pu le constater à travers l'identification des marques linguistiques et des stratégies discursives propres au discours polémique[145], cet imaginaire ethnosocioculturel contemporain ne se caractérise pas par son homogénéité. Au contraire, à chaque étape – ou presque – nous avons mis en lumière des clivages significatifs d'une grande instabilité. Thème, support et stéréotypes sont communs, mais les modes de pensée sociale que révèlent les positionnements individuels exprimés dans ces forums à propos de l'adhésion de la Turquie à l'UE présentent des différences notables à plusieurs niveaux. L'imaginaire turc de la France est donc bien constitué de représentations intracommunautaires dont nous allons tenter d'appréhender le fonctionnement.

3. Les forums, révélateurs d'un déficit de sens partagé

Comme nous l'avons souligné au cours de notre analyse, on constate que les intervenants ressentent une nécessité souvent impérieuse de définir l'objet dont ils parlent, que ce soit la Turquie, l'Europe ou tout élément s'y rapportant. Mais l'exercice de *définition* est apparemment mal aisé et conduit rapidement à des impasses qui finissent par enfermer les énonciateurs dans un raisonnement stéréotypique. On peut aussi considérer que ce sont les stéréotypes, en tant que schémas de pensée préexistants, qui retiennent les locuteurs prisonniers de certains pièges. Le fonctionnement est sans doute dialectique dans la mesure où les positionnements langagiers s'opèrent sur la base de représentations et que celles-ci prennent corps à travers les mots. En ce qui nous concerne, nous pouvons observer des mécanismes discursifs qui montrent que les tentatives de définition sont souvent vouées à l'échec et ont pour résultats trois types de procédés qui s'en éloignent : la *classification*, la *tautologie* et l'*évaluation*. L'impression dominante qui se dégage en effet de cet interdiscours est la suivante : tout le monde utilise les mêmes mots mais tout le monde ne se représente pas la même chose, ce qui renvoie aux réflexions de Charaudeau sur la production de sens et les processus de transformation, transaction et interprétation, mis en place entre « monde à signifier » et « monde signifié » (2005 : 30). Prenons *un exemple* pour chaque impasse évoquée ci-dessus :

1. *la classification* : certains internautes classent la Turquie parmi les pays démocrates, d'autres lui préfèrent la catégorie des régimes autoritaires, voire dictatoriaux. Parallèlement, de nombreux intervenants font des pays membres de l'UE les champions de la démocratie et des droits de l'homme mais d'autres contestent cette vision et leur refusent cette étiquette. Classer ne permet pas de définir,

---

[145] La matérialité discursive (ponctuations particulières et modalités argumentatives des énoncés) que nous avons décrite ailleurs correspond d'ailleurs point par point aux exemples proposés par Windisch (1982 : 106).

cela soulève d'autres interrogations. Qu'est-ce que la démocratie ? Que recouvre l'appellation « droits de l'homme » ?

2. *la tautologie* : nous avons remarqué que la définition de l'identité turque était véritablement problématique pour les participants aux forums. Rejetant les critères physiques, ils alignent des explications historiques ou culturelles qui permettent en partie de dire *ce que les Turcs ne sont pas*, d'où ils viennent, où ils se sont installés...mais *pas ce que les Turcs sont*. Non seulement cela conduit aux expressions tautologiques suivantes : « les Turcs sont des Turcs » et « Les Turcs sont des Ottomans, les Ottomans sont des Turcs » qui n'apportent aucune information, mais cela autorise aussi deux conclusions contradictoires : pour certains, cela signifie que les Turcs sont européens ; pour d'autres, que les Turcs sont tout *sauf* européens. Trois termes d'une importance primordiale sont actualisés, mais le sens de « turc », « ottoman » et « européen » n'est posé à aucun moment.

3. *l'évaluation* : l'une des grandes interrogations que soulève la question turque consiste à se demander s'il est possible d'intégrer un grand Etat musulman dans une union marquée par des siècles de christianisme, ce qui renvoie au questionnement identitaire sur l'islam et sur les racines chrétiennes de l'Europe. Dans cet interdiscours, la négociation ne se porte pas sur le sens de ces deux entités, mais sur leur valeur axiologique. Ainsi certains tentent de définir la Turquie et le projet européen en faisant référence aux fondements religieux mais l'expression de la normativité l'emporte sur l'explication comme dans le forum n°7 : « C'est un pays qui a une histoire musulmane (...) mais en France c'est le christianisme et entre nous, c'est pas spécialement mieux ! » (remibetin) ou le forum n°9 : « L'islam n'est pas plus dangereux que les religions chrétiennes.» (tienouchou)

Conclusion

Bien que la définition de l'identité turque ne soit pas le principal axe de réflexion et de débat dans les forums de discussion consacrés à l'éventuelle intégration de la Turquie dans l'UE, cette thématique fait l'objet d'échanges significatifs quant à l'évocation de l'altérité dans des discours identitaires en ligne, spontanés et anonymes. Malgré les désaccords et les polémiques, un certain consensus se dessine et permet d'observer que l'Autre, souvent méconnu, n'est perçu qu'à travers ses différences et selon une vision stéréotypique à forte teneur normative. Au-delà de ce constat, il est important de souligner que ces hétéro-représentations se font jour ici à travers l'analyse d'une parole parfois délégitimée et pourtant symptomatique de tensions intra-communautaires s'exprimant à travers un outil de communication accessible au plus grand nombre. Il paraît donc légitime que les

Sciences du Langage, et notamment la sociolinguistique, investisse ces discours et leurs contenus énonciatifs ainsi que les enjeux représentationnels ou identitaires qu'ils mettent en scène.

Bibliographie

BOYER H. (2003), *De l'autre côté du discours*, Paris, L'Harmattan

CHARAUDEAU P. (2005), *Les médias et l'information – L'impossible transparence du discours*, Bruxelles, De Boeck Université

DA SILVA JUNIOR N. et al (2009), « De l'inquiétante étrangeté des relations sur internet », in *Représentations sociales et communication*, numéro spécial de la revue *Ileti-ş-im* sous la direction de J. Minibaş Poussard et N. Ülbay Aytuna, Istanbul, Université de Galatasaray

NICOLACI-DA-COSTA A. M. (1998), *Na malha da rede: os impactos íntimos da internet*, Rio de Janeiro, Campus

SACRISTE V. (2007), *Communication et médias – Sociologie de l'espace médiatique*, Vanves, Editions Foucher

VINSONNEAU G. (2002), *L'identité culturelle*, Paris, Armand Colin/VUEF, Collection U –Psychologie

WINDISCH U. (1982), *Pensée sociale, langage en usage et logiques autres*, Lausanne, Editions L'Age d'Homme, 127 p.

YASRI-LABRIQUE E. (2008), « La Turquie, terre eurasiatique et république bicéphale. *Ankara* et *Istanbul* dans la presse française », in *Mots* n° 86, pp.37-52

YASRI-LABRIQUE E. (2010a), *La Turquie et nous – Enquête sur l'imaginaire turc de la France*, Paris, L'Harmattan, Coll. « Sociolinguistique »

YASRI-LABRIQUE E. (2010b), « Des fonctionnements discursifs et des enjeux socioculturels dans les forums de discussion », in *Pour une épistémologie de la sociolinguistique (Actes du colloque international de Montpellier des 10-12 déc. 2009)*, Limoges, Lambert-Lucas, pp.389-396

Sites étudiés

Forum n°1:
http://www.forum-auto.com/les-clubs/section7/sujet51609.htm

Forum n°2:
http://forum.hardware.fr/hfr/Discussions/Societe/turquie-dans-ue-sujet_27480_1.htm

Forum n°3:
http://www.lexpansion.com/isforum/default.asp?page=forumM&rub=fo&idD=13&idF=46&idM=30522

Forum n°4:
http://www.presence-pc.com/forum/ppc/LeBistrot/apres-turquie-partie-sujet-11246-1.htm

Forum n°5:
http://groups.google.fr/group/fr.soc.politique/browse_thread/thread/3de7a1a0eaf33d5a/426994e12eebd804%23426994e12eebd804

Forum n°6:
http://www.etnoka.fr/static/page/communaute/magazine/turquie_UE/intro?popup=&comment_page_id=33301&comment_template=&comment_page_nb=18

Forum n°7:
http://www.jeuxvideopc.com/forums/jeux/actu/turquie-dans-europe-sujet_49386_1.htm

Forum n°8:
http://help.berberber.com/forum78/12362-la-turquie-dans-lue-oui-ou-evet.html

Forum n°9:
http://forum.ados.fr/actu/actualites/turquie-sujet_7758_1.htm

Epilogue :
pourquoi s'intéresser aux forums de discussion ?

Dans cet épilogue, je procéderai en deux temps. Je proposerai une synthèse des chapitres composant cet ouvrage avant de m'interroger sur ce qui fonde l'intérêt des forums de discussion en tant qu'objets d'études en sciences humaines et sociales.

Grâce au travail de coordination d'Eléonore Yasri-Labrique, cet ouvrage collectif manifeste la place importante accordée aux forums de discussion dans le champ des études francophones sur la communication médiatisée par ordinateur (CMO).

Certes, les chercheurs francophones s'intéressent à de nombreux autres dispositifs de communication en ligne (du courrier électronique à *Facebook*) mais, néanmoins, le forum de discussion paraît être un objet d'étude primordial, tant d'un point de vue « historique » (les premières publications, au milieu des années 90, traitaient le plus souvent des forums ou du *tchat*) que quantitatif (au bout du compte, le forum est sans doute l'objet qui a été le plus étudié en une quinzaine d'années). Le forum de discussion est en quelque sorte un objet premier (voire primitif) pour le champ des études francophones sur la CMO.

1. La diversité des approches et des problématiques

Cet ouvrage symbolise bien l'hétérogénéité des approches et des problématiques choisies dès lors qu'on s'intéresse aux forums de discussion. Les racines disciplinaires des travaux sont très diverses, de l'analyse de discours aux sciences de gestion, de l'anthropologie à la psychologie du travail, de la didactique aux sciences politiques, et j'en passe. Rares sont les objets d'étude susceptibles de rassembler dans un même ouvrage des paradigmes aussi éloignés.

Cette diversité des approches est en quelque sorte le reflet de la variété des forums eux-mêmes. En effet, les forums sur l'Internet sont hétérogènes, et même hétéroclites. Santé, sexualité, sport, politique, littérature, informatique, mais aussi super-héros, chanteurs à la mode ou démodés, films de science-fiction de série Z : chaque internaute peut trouver un forum sur ses passions, des plus nobles aux plus obscures. Et la nature des discussions est aussi très variable : de l'échange argumenté aux duels d'injures, de l'entraide bienveillante au « pourrissement de forum ».

Au-delà de cette grande hétérogénéité, les chapitres constituant cet ouvrage s'organisent autour de cinq problématiques claires et pertinentes.

Tout d'abord, le forum de discussion est abordé à travers la question de l'espace public. Ainsi, Théviot propose une étude bibliographique et dresse une liste des caractéristiques des forums de discussion par rapport à d'autres dispositifs ou situations de communication. Partant de ces caractéristiques, elle s'interroge sur la possibilité qu'offre un forum de discussion de tenir lieu d'espace d'échanges argumentés. De manière implicite (ou inavouée), elle soumet en fait les forums de discussion à une sorte d'évaluation normative, un peu comme pourrait le faire un disciple de Jürgen Habermas. De son côté, Blanchard s'interroge plus directement sur les effets des caractéristiques des forums sur la discussion politique et propose une analyse très fine de la manière dont se manifestent les constructions d'identités sur les forums de discussion des sites web officiels de partis politiques français. En dépassant la question un peu rebattue de l'anonymat, elle met en évidence les jeux de rôles que les forums rendent possibles. Avec une visée plus pratique et évaluative, Spieth étudie le rôle des forums dans la gestion publique locale en proposant en quelque sorte d'appliquer une démarche qualité pour évaluer la manière dont, grâce aux forums, les citoyens participent à la définition des objectifs stratégiques des services publics.

Les forums sont aussi abordés dans de nombreux chapitres en tant que dispositifs permettant la constitution de communautés virtuelles. Ghetty propose une grosse étude bibliographique sur les communautés virtuelles, en présentant diverses approches permettant la compréhension de ces formes de collectifs en ligne. Le rôle joué par les forums de discussion dans l'émergence, le maintien ou la dégradation d'une communauté virtuelle reste malheureusement en suspens. Paganelli et Clavier analysent la manière dont les forums de discussion relatifs à la santé sont utilisés comme ressources informationnelles par des communautés de personnes atteintes de « maladies rares et orphelines » et abordent trois aspects critiques : l'accessibilité, la validation et les propriétés des informations échangées. Toujours sur le thème de l'entraide et de l'échange d'informations entre pairs, le chapitre de Prost, Cahour et Détienne montre comment les professionnels qui vivent des situations de souffrance au travail ont investi les forums de discussion pour y échanger leurs vécus. Ce chapitre s'intéresse aux formes des échanges discursifs et à leurs effets sur le bien-être au travail, en partant d'un cas, minutieusement analysé. Sur un tout autre terrain, Lamy, dans un chapitre très documenté, analyse le rôle d'Internet, et plus particulièrement des forums, dans le développement des théories du complot en France et l'émergence d'une critique sur les médias à travers le processus de construction d'un sentiment de communauté. Ce chapitre s'inscrit brillamment dans le champ des études sur le rôle de l'Internet dans le médiactivisme.

Les forums de discussion sont aussi analysés dans cet ouvrage comme des dispositifs permettant (et parfois favorisant) l'apprentissage. On trouve ainsi trois chapitres qui s'inscrivent nettement dans le champ très fécond en France des études sur les échanges en ligne pour l'apprentissage, d'orientations didactique ou linguistique. Papi consacre un chapitre aux communautés d'apprentissage hors contexte institutionnel et s'interroge sur l'organisation des interactions et les processus de socialisation sans enseignant ou tuteur professionnel. Combe Celik rappelle dans son chapitre les particularités des forums et leurs conséquences dans un contexte pédagogique, avant de décrire les caractéristiques de l'écrit sur forum pédagogique. Enfin, Jeanneau et Ollivier analysent un exemple de forum mis en place par un enseignant dans le but de faire discuter étudiants et locuteurs francophones sur des sujets d'actualité et mettent en évidence les bénéfices mais aussi les limites de telles pratiques. De manière générale, les travaux sur les forums en situation d'apprentissage se caractérisent par une dimension évaluative : il s'agit de mesurer l'efficacité des forums. Du même coup, cette démarche présente une dimension plus pratique mais aussi parfois moins analytique que les autres travaux.

Les forums de discussion sont aussi vus comme des espaces de construction de connaissances et de représentations sociales. C'est dans cette approche qu'on peut situer le chapitre de Wathelet, qui défend l'intérêt de l'exploitation des forums de discussion pour une ethnographie cognitive des perceptions, ou la contribution de Bigey, qui utilise les forums comme corpus d'analyse de discours, afin d'étudier ce que les lecteurs de littérature sérielle et populaire disent de leurs lectures. En s'inscrivant dans une démarche similaire, Yasri-Labrique montre que l'analyse des échanges disponibles sur certains forums de discussion est susceptible d'éclairer le regard sur les Turcs et la Turquie. Dans ces trois chapitres, le forum de discussion n'est plus vraiment l'objet de l'étude mais est avant tout considéré comme un moyen d'accéder à des corpus d'une grande richesse.

Enfin, quelques chapitres se consacrent à l'étude des aspects langagiers des discussions en forums. C'est le cas de la contribution de Compagnone qui, après un retour sur les caractéristiques des forums de discussion, analyse « le langage des forums » pour montrer qu'il est proche de celui des SMS et des *tchats*. Résultat pour le moins inattendu, et qui reste à confirmer ! Enfin, Atifi, Gauducheau et Marcoccia analysent la manière dont des internautes s'adaptent aux contraintes des forums, et dépassent ses limites, pour exprimer et partager leurs émotions. Au-delà de sa dimension linguistique, on retrouve dans cette étude la question de la dimension relationnelle de la CMO et des conditions d'émergence d'un sentiment communautaire et de mécanismes d'entraide.

2. Pourquoi un forum est-il un objet d'étude intéressant ?

L'ensemble de ces études constitue un ouvrage cohérent, permettant d'aborder les forums de discussion sous différents angles. De mon point de vue, ces chapitres sont aussi l'occasion de s'interroger sur l'intérêt du forum de discussion comme objet d'études. En d'autres termes, pourquoi les forums sont-ils des objets de recherche intéressants ? Quelles sont les raisons fondamentales pour lesquelles les contributeurs de cet ouvrage ont accordé de l'intérêt aux forums de discussions, indépendamment des problématiques abordées et des effets des champs disciplinaires ?

Se poser cette question n'est pas qu'une pirouette théorique ou méthodologique. En effet, on peut sans provocation considérer que les forums de discussion ne sont pas forcément les objets d'étude les plus passionnants, si l'on se contente d'une vision superficielle. En effet, il s'agit de dispositifs de CMO assez anciens et « rustiques » : les interfaces et les fonctionnalités sont souvent sommaires. Ainsi, étudier des forums ne permet sans doute pas d'analyser pleinement ce qui caractérise la CMO de nos jours (des univers pluri-sémiotiques alors que les forums sont purement textuels, des plateformes multifonctionnelles alors que les forums ne permettent d'instrumenter qu'une activité de discussion assez élémentaire). De même, l'intérêt des forums ne peut pas résider dans la diffusion de leur usage (autrement dit leur popularité). En effet, le forum de discussion est loin d'être le dispositif de CMO le plus utilisé. A côté du courrier électronique, par exemple, il fait office de dispositif marginal. De la même manière, il ne s'agit pas d'une technologie à laquelle on associe de manière évidente des enjeux sociétaux, à la différence des plateformes de réseaux sociaux ou du journalisme participatif, par exemple. Enfin, d'un point de vue strictement sociolinguistique, le forum de discussion n'est certainement pas le dispositif qui a le plus favorisé la créativité langagière. Ainsi, celui qui s'intéresse à l'émergence de nouvelles formes linguistiques a nettement plus intérêt à analyser le texto ou la messagerie instantanée.

Mais alors, pourquoi s'intéresser aux forums de discussion ?

2.1. Le forum comme espace de communication hybride

Oral / écrit, public / privé, communication interpersonnelle / communication de masse, usagers / concepteurs, experts / amateurs : de nombreuses oppositions apparaissent inadéquates lorsqu'on essaie de les appliquer aux échanges et aux discours observables dans les forums de discussion. La nature hybride des forums est même devenue un leitmotiv de la recherche francophone, ce dont témoignent les nombreuses citations sur l'hybridité fournies par Paganelli et Clavier (« *Dispositifs hybrides de communication interpersonnelle de masse* », « *média hybride* »). L'hybridation entre l'oral et l'écrit est sans doute le phénomène le plus commenté dans les recherches linguistiques et est repris ici par Théviot ou Compagnone. Cette hybridation, même si elle devient un « cliché scientifique » et qu'elle reste discutable (dans le fond, quelles sont les parts de l'écrit et de l'oralité dans la CMO ? Quel est le dosage ?), constitue bien un des intérêts évidents des forums de discussion comme objets d'études, dans la mesure où leur analyse favorise l'examen critique de concepts et de méthodes qu'il devient obligatoire de dépasser.

Au-delà de sa pertinence descriptive (qui est discutable), l'hybridité des forums a avant tout une vertu heuristique parce qu'elle nous oblige à revisiter certaines catégories d'analyse (par exemple, l'opposition privé-public ou écrit-oral). L'hybridité amène aussi la nouveauté. Ainsi, selon certains, les discours de forums constitueraient un nouveau genre. L'hybridité peut aussi tourner au paradoxe. Atifi, Gaducheau et Marcoccia reprennent la notion de « communication interpersonnelle de masse », de Nancy Baym ; Théviot insiste sur la contradiction d'un dispositif qui favorise à la fois l'échange d'idées et l'incompréhension. En bref, l'intérêt des forums de discussion est qu'ils constituent des objets d'étude qui « font bouger les lignes ».

2.2. Le forum comme support de nouvelles pratiques

En plus d'un intérêt heuristique, le forum de discussion a un intérêt simplement phénoménologique. En effet, prendre les forums comme objets d'étude amène à observer des nouveaux phénomènes sociaux et des nouvelles pratiques. En d'autres termes, le forum est intéressant parce qu'il fait émerger, favorise (ou, au moins, accompagne) de nouvelles pratiques sociales, politiques ou pédagogiques. Ainsi, les forums sont parfois utilisés dans une logique de pair-à-pair, pour l'entraide entre professionnels qui souffrent au travail, par exemple (Prost, Cahour et Détienne) ; ils peuvent aussi correspondre à de nouveaux modèles de communication dans le domaine de l'information médicale, où les malades deviennent des énonciateurs légitimes

(Paganelli et Clavier). Les forums instrumentent souvent de nouvelles formes d'organisation collective, comme les communautés virtuelles (Ghetty), ou les communautés d'apprentissage (Papi). D'un point de vue politique, les forums rendent possible une modalité alternative d'échange d'informations : l'espace public numérique s'ouvre ainsi à de nouvelles formes d'échanges qui ouvrent le débat public traditionnel et favorisent par exemple la diffusion de « théories dissonantes » (Lamy) ou de nouvelles modalités de prise de parole pour une meilleure contribution de chacun à la configuration de l'espace public (Spieth). Enfin, les forums de discussion ont le potentiel de créer des environnements nouveaux d'apprentissage, qui combinent les attributs des modes d'enseignement à distance et en présentiel (Combe Celik). L'intérêt phénoménologique de l'étude des forums réside donc dans la possibilité d'observer de nouvelles pratiques sociales. Evidemment, on peut se méfier des recherches qui se justifieraient par la nouveauté, le caractère innovant ou révolutionnaire des phénomènes observés. Certaines communautés virtuelles sont en fait très proches des clubs d'amateurs, les modalités d'entraide entre « inconnus » ne sont pas forcément très éloignées des dynamiques des groupes de parole, les « théories dissonantes » circulaient déjà grâce à un réseau de médias alternatifs (affiches, fanzines, ouvrages auto-édités), etc. Ce que l'analyse des forums permet, c'est d'observer ces pratiques sociales auto-organisées, profanes, parfois même alternatives, au moment même où l'Internet et les forums les font sortir de la marginalité et les transforment en « nouvelles pratiques pour tout le monde ».

2.3. Le forum comme réalisation d'un idéal politique

Selon moi, l'attrait pour les forums de discussion en sciences humaines et sociales est lié au fait que ce dispositif semble doté de toutes les vertus politiques, si l'on se réfère évidemment à l'idéologie vraisemblablement dominante dans le petit monde des chercheurs en sciences humaines et sociales (la défense de la démocratie, de la liberté d'expression, du partage des connaissances, le respect des différences, etc.). Yasri-Labrique, dans l'introduction de l'ouvrage, ne masque pas son enthousiasme : « *On a l'impression que toutes les connaissances sont partagées sur la toile et que la liberté d'expression atteint son point culminant par la publication de n'importe quelle idée sur ce réseau d'extension mondiale* ». Théviot affirme que les forums offrent la possibilité de débattre en toute égalité alors que les discussions « dans la vie réelle » sont parasitées par les inégalités sociales et culturelles. Selon Spieth, la discussion en forums transcende les frontières géographiques et culturelles.

En d'autres termes, l'intérêt des forums est qu'ils réalisent dans une certaine mesure un idéal politique. En quelque sorte, l'intérêt serait idéologique et affectif : en tant que chercheur, j'aime les forums parce qu'ils reposent sur un modèle politique que je défends. De ce point de vue, les forums de discussion feraient partie des objets d'étude enthousiasmants. Evidemment, le danger est que cet enthousiasme aveugle le chercheur et le condamne à un idéalisme naïf. Ainsi, peut-on raisonnablement penser que l'Internet protège des inégalités sociales et culturelles (un forum, c'est aussi la « vie réelle ») ? L'échange d'informations et de connaissances dans les forums garantit-il leur partage et leur appropriation ? Les forums sont-ils réellement des espaces « sans frontières » ? Ne sont-ils pas, au contraire, des dispositifs favorisant l'appartenance communautaire, par exemple avec les forums de diasporas ?

2.4. Le forum comme situation de communication problématique

Au vu des chapitres composant cet ouvrage, l'intérêt du forum de discussion réside aussi dans le fait que ce dispositif instaure une situation de communication problématique : les forums posent un certain nombre de problèmes pour ceux qui les utilisent et sont, du même coup, des espaces d'expérimentation. Les utilisateurs de forums doivent mettre en œuvre diverses stratégies pour résoudre les problèmes et dépasser les limites de ces dispositifs. Ainsi, pour certains chercheurs, les forums sont intéressants non pas parce qu'ils permettent certaines activités mais, au contraire, parce qu'ils les empêchent (ou au moins les rendent difficile à réaliser), en raison de leurs spécificités (en gros, une situation de communication distancielle, textuelle, asynchrone et polylogale entre anonymes). Cet argument un peu paradoxal (un forum est intéressant parce que c'est un dispositif de communication défectueux) se retrouve dans divers chapitres de cet ouvrage.

Ainsi, il devient intéressant d'observer la manière dont les forumeurs résolvent les malentendus d'ordre linguistique, culturel ou interactionnel. Jeanneau et Ollivier montrent que les forums d'échanges linguistiques suscitent des contributions assez impersonnelles : la dimension relationnelle des échanges est apparemment faible dans un forum. Atifi, Gauducheau et Marcoccia analysent justement la manière dont les utilisateurs de forums tentent de dépasser ces limites pour arriver à instaurer une communication émotionnelle. Les faiblesses des forums du point de vue de la construction de lien social peuvent être mises en relation avec les problèmes de pratiques et d'engagement dans les communautés d'apprentissage auto-organisées, observées par Papi : comment développer des formes d'incitation ou de coordination visant à favoriser l'apprentissage en communauté ?

La qualité des informations échangées dans un forum est aussi un problème. C'est ce que montrent Paganelli et Clavier : quelle valeur ont les informations qu'on peut trouver dans un forum dédié à la santé ? Dans une perspective plus politique, la difficile évaluation des informations dans les forums est peut être un facteur d'explication du rôle de l'Internet dans le développement des théories du complot en France (Lamy).

Affirmer que l'intérêt d'un forum est qu'il rend la communication problématique revient en fait à considérer qu'il est particulièrement intéressant d'analyser la manière dont des utilisateurs exploitent, détournent ou compensent les fonctionnalités d'un système. Ainsi, l'anonymat (souvent présenté comme une limite des forums) devient une ressource stratégique, par exemple pour la mise en scène discursive des identités dans les forums de partis politiques (Blanchard).

Ainsi, on dira que le forum a un intérêt expérimental (ou ethnométhodologique) dans la mesure où c'est un objet d'étude privilégié pour analyser la manière dont des individus expérimentent des problèmes et mettent en œuvre des méthodes pour les résoudre. Ceci dit, il serait abusif d'affirmer que les problèmes que les forums permettent d'observer leur sont spécifiques : évaluer une information médicale est une activité préalable aux forums (comment fait-on pour distinguer les médecines parallèles, par exemple ?), résoudre des malentendus est ce que l'on fait quotidiennement lorsqu'on converse. Enfin, exprimer des émotions à des inconnus en utilisant l'écrit est peut être un objectif atteint depuis que la poésie existe !

2.5. Le forum comme dispositif méthodologique

Enfin, les forums de discussion peuvent présenter un intérêt, non pas pour eux-mêmes, mais en tant que dispositif de recueil de données. Parce qu'ils sont spontanés (c'est-à-dire non suscités par le chercheur), les échanges en forum sont des données de premier choix pour l'observation des processus de transmission familiale des patrimoines olfactifs (Wathelet), l'étude des représentations des pratiques de lecture (Bigey) ou l'analyse des mises en mots et des mises en scènes utilisées pour évoquer l'altérité et l'identité turques (Yasri-Labrique). Dans ces trois chapitres, le forum de discussion est plus un instrument pour la recherche qu'un objet de recherche.

Cependant, même lorsque le forum est bien l'objet étudié, son avantage méthodologique est l'un de ses intérêts évidents, ce que seule Compagnone évoque. Dire que le forum est un objet d'études intéressant d'un point de vue méthodologique, c'est reconnaître que le chercheur qui choisit d'observer les forums de discussions a une grande chance. Il a accès à des corpus facilement accessibles, et en tant qu'observateur, il ne laisse aucune trace dans l'espace qu'il scrute. Ainsi, la position du chercheur qui analyse des forums est celle d'un espion paresseux ! On comprend aisément le succès des forums de discussion comme objet d'études !

Plus sérieusement, l'intérêt pour le chercheur est qu'en observant des forums, il a accès à des corpus naturels (les messages résultent d'activités discursives qui auraient lieu en l'absence du chercheur) et déjà transcrits. En quelque sorte, les données enregistrées correspondent intégralement à l'expérience réelle des participants, dans la mesure où les échanges en ligne sont entièrement textuels. Par ailleurs, les corpus auxquels il a accès peuvent avoir une taille phénoménale et, ainsi, se prêtent particulièrement bien aux études longitudinales.

Bien évidemment, ces bénéfices pratiques pour la recherche ne doivent pas faire oublier les problèmes méthodologiques et éthiques que l'on rencontre lorsqu'on analyse des forums de discussion. Du point de vue méthodologique, l'analyse des forums doit s'accommoder d'un accès assez faible aux contextes de production des messages, au caractère « opaque » des processus de rédaction des messages eux-mêmes (analyser des forums ne permet d'avoir accès qu'au résultat et pas au processus) et des difficultés d'établir des frontières aux corpus étudiés (à partir de quel message et jusqu'à quel message vais-je donc analyser mon forum ?).

Enfin, un certain nombre de problèmes éthiques doivent être pris en compte. La facilité d'accès aux forums de discussion suffit-elle pour considérer que les données sont publiques ? Et comment échapper au paradoxe suivant : si je considère que les forums sont publics, je suis supposé alors respecter un certain nombre de principes éthiques et de contraintes juridiques, liées à la protection intellectuelle (comme citer explicitement les auteurs des messages) mais totalement incompatibles avec l'anonymat des internautes. Si je considère en fait qu'un forum est composé de messages privés, je dois alors en théorie respecter un ensemble de règles assez contraignantes : protéger l'identité des internautes observés et, même, si possible, obtenir leur consentement pour analyser leurs messages. Difficile de sortir de ce dilemme, sans doute parce que la distinction privé-public ne s'applique pas simplement aux forums, dont on peut considérer qu'ils permettent en fait un accès public à des échanges privés.

En conclusion, les forums de discussion présentent de nombreux intérêts pour le chercheur : un intérêt heuristique (analyser les forums oblige à revisiter de nombreux concepts), un intérêt phénoménologique (analyser les forums revient à analyser des phénomènes nouveaux et intéressants), un intérêt politique (analyser les forums permet d'admirer la réalisation d'un idéal politique), un intérêt expérimental (analyser les forums consiste à identifier des problèmes, la manière dont des utilisateurs les expérimentent et les résolvent) et un intérêt méthodologique (les forums sont des données riches et faciles à recueillir).

De manière plus générale, l'intérêt essentiel des travaux sur les forums de discussion – et cet ouvrage le montre bien – est qu'ils permettent de mettre en exergue une activité essentielle chez les humains, fondamentale d'un point de vue anthropologique. Lorsqu'ils s'entraident, se rassemblent, luttent ou apprennent, les humains le font grâce à la discussion.

Michel MARCOCCIA
Université de technologie de Troyes
Tech-CICO

TABLE DES MATIERES

Préface, Marinette Matthey	7
Introduction : au fil des discussions…, Eléonore Yasri-Labrique	11

PREMIERE PARTIE :
Repérages théoriques et questionnements sociolinguistiques 23

Les forums : un espace commun de discussion publique sur Internet ?, Anaïs Théviot 25

Le forum de discussion : une ressource informationnelle hybride entre information grand public et information spécialisée, Céline Paganelli et Viviane Clavier 39

Digito in foro ergo sum, Maria Rosaria Compagnone 55

L'expression et le rôle des émotions dans les forums de discussion, Hassan Atifi, Nadia Gauducheau et Michel Marcoccia 71

DEUXIEME PARTIE :
Au cœur des communautés virtuelles 89

Communautés Virtuelles : genèse, définitions et fonctionnement, Cédric Ghetty 91

Les forums comme alternative aux médias traditionnels : la construction d'une communauté de « conspirationnistes » sur Internet, Aurélia Lamy 113

La communauté de formation informelle : au cœur des apprentissages en ligne, Cathia Papi 127

Pratiques discursives en forums pédagogiques : une étude comparative, Christelle Combe Celik 141

Des limites du forum pédagogique, Catherine Jeanneau et Christian Ollivier 155

TROISIEME PARTIE :
Enjeux socioculturels et positionnements identitaires **171**

Collectifs virtuels de soutien entre professionnels : formes des échanges et vécus associés, Magali Prost, Béatrice Cahour et Françoise Détienne 173

Le rôle des forums de discussion dans la gestion des organisations publiques locales, Grégory Spieth 193

L'odeur d'Internet : ce que les forums de discussion apportent à l'anthropologie des sens, Olivier Wathelet 215

Forums de discussion et réception de la lecture, Magali Bigey 229

Les participants des forums de discussion électroniques des partis politiques à travers la mise en scène discursive de leur(s) identité(s), Gersende Blanchard 247

Parler de l'Autre dans les discours identitaires en ligne : l'exemple turc, Eléonore Yasri-Labrique 261

Epilogue : pourquoi s'intéresser aux forums de discussion ?, Michel Marcoccia **277**

Table des matières 287

L'HARMATTAN, ITALIA
Via Degli Artisti 15; 10124 Torino

L'HARMATTAN HONGRIE
Könyvesbolt ; Kossuth L. u. 14-16
1053 Budapest

L'HARMATTAN BURKINA FASO
Rue 15.167 Route du Pô Patte d'oie
12 BP 226 Ouagadougou 12
(00226) 76 59 79 86

ESPACE L'HARMATTAN KINSHASA
Faculté des Sciences sociales,
politiques et administratives
BP243, KIN XI
Université de Kinshasa

L'HARMATTAN CONGO
67, av. E. P. Lumumba
Bât. – Congo Pharmacie (Bib. Nat.)
BP2874 Brazzaville
harmattan.congo@yahoo.fr

L'HARMATTAN GUINÉE
Almamya Rue KA 028, en face du restaurant Le Cèdre
OKB agency BP 3470 Conakry
(00224) 60 20 85 08
harmattanguinee@yahoo.fr

L'HARMATTAN CÔTE D'IVOIRE
M. Etien N'dah Ahmon
Résidence Karl / cité des arts
Abidjan-Cocody 03 BP 1588 Abidjan 03
(00225) 05 77 87 31

L'HARMATTAN MAURITANIE
Espace El Kettab du livre francophone
N° 472 avenue du Palais des Congrès
BP 316 Nouakchott
(00222) 63 25 980

L'HARMATTAN CAMEROUN
BP 11486
Face à la SNI, immeuble Don Bosco
Yaoundé
(00237) 99 76 61 66
harmattancam@yahoo.fr

L'HARMATTAN SÉNÉGAL
« Villa Rose », rue de Diourbel X G, Point E
BP 45034 Dakar FANN
(00221) 33 825 98 58 / 77 242 25 08
senharmattan@gmail.com

650430 - Avril 2016
Achevé d'imprimer par